KB040021

박병창의 돈을 부르는
매매의 기술

박병창의

돈을 부르는

매매의 기 술

박병창 지음

Trading

포레스트북스

TRADING FILE

주식은
타이밍이다

• • •

그간 강연회나 투자 기법 강좌를 준비하면서 만들어둔 자료를 바
탕으로 아홉 권의 책을 썼다. 이번이 열 번째다. 초기에는 기술적
분석을 통한 트레이딩 위주의 책을 썼고, 점차 시황과 기업 가치 그
리고 시장 메커니즘을 이용한 투자 전략으로 내용을 확장해 출간
했다. 아마도 직접 투자를 하는 나 자신의 투자 스타일 변화와 맥을
같이한 듯하다. 분에 넘치는 사랑과 응원에 힘입어 오랫동안 현업
에서 투자할 수 있었고, 방송·강연·출판 등의 활동을 할 수 있었기
에 늘 감사한 마음이다.

이 책은 전작들 중 가장 인기 있었고 개정판 요청이 많았던 『시분할 데이트레이딩』을 기초로 했다. 그 책을 출간한 지도 어느덧 20년이 지났다. 그간 투자 환경이 많이 바뀌었고, 특히 최근엔 '장기 가치 투자'만이 정석이고 '차트에 의한 단기 매매'는 좋은 투자가 아니라는 정서가 지배적이다. 그런데도 많은 투자자가 『시분할 데이트레이딩』을 찾고, 높은 중고 가격에도 구입하고 있다. 투자 기업을 고르는 것은 곧 기업 가치를 판단하는 것이지만, 실전에서는 '매매 타이밍'이 수익률에 큰 영향을 미친다는 사실을 체감하기 때문일 것이다.

장기 가치 투자자는 시황과 매매 타이밍은 '모른다'라고 전제하고, 변동성은 컨트롤할 수 없는 것이라고 생각한다. 한마디로, 시황과 매매 타이밍을 알 수 없기 때문에 좋은 기업을 장기 보유해야 수익을 낼 수 있다는 것이다. 동의한다. 짐 슬레이터의 『줄루 주식투자법』에서 소개하듯이 기업의 성장 스토리에 장기 투자하는 것이 주식 투자의 정석이다. 그러나 수익률에 절대적으로 중요한 것은 '최대한 싸게 사고', '최대한 비싸게 파는' 것이다. 아무리 중장기 투자라고 하더라도 언제 매수해야 하고 언제 매도해야 하는지, 즉 '매매 타이밍의 원칙'이 있다면 수익률은 높아질 것이고 어떤 시황에도 대응할 수 있을 것이다.

주식시장의 환경은 점차 변동성이 커지고, 불확실한 이벤트의 발생 주기가 짧아지고 있다. 매매 타이밍의 출발점은 단기 거래자들의 기본 콘셉트인 '시간의 위험을 회피'하는 것이다. 주식시장의 독특한 메커니즘, 수급의 왜곡, 심리 변화에 따른 비정상적 움직임 등을 이해하면, 그것이 투영되어 나타나는 시세 움직임과 차트를 통해 최적의 매매 타이밍을 찾아낼 수 있다.

이 책을 읽는다고 해서 모든 사람이 유능한 데이 트레이더, 스캘퍼가 될 수는 없을 것이다. 그렇지만 전문 트레이더가 아니더라도 투자의 원칙은 각자 가지고 있어야 한다. 이 책에서는 당신이 스스로 발굴한 좋은 기업이나 여러 채널을 통해 소개받은 주식을 거래할 때 최대한 싸게 사고, 비싸게 팔 수 있는 기술을 전수하고자 한다. 이를 위해 시장의 위험을 감지하고 사전에 회피할 수 있는 몇몇 원칙을 소개할 것이다.

매매 타이밍의 기본은 기술적 분석을 하는 것이 아니라 시장참여자들의 심리를 읽어내는 것이다. 시장의 심리와 주가 움직임 이면에 깔린 심리를 읽고, 그에 순응하는 거래를 할 수 있어야 한다. 급등하든 급락하든 횡보하든, 주가에는 매수 및 매도자들의 심리가 투영되어 있다. 그 심리를 이해했을 때 중장기 투자든 단기거래든 적절한 매매 타이밍을 선택할 수 있다.

수개월 동안 하락한 주식을 언제 사야 할지, 급락하고 있는 시장과 주가를 보며 매수해야 할지 또는 보유 주식을 매도해야 할지, 급등하고 있는 주식을 언제 팔아야 할지에 대한 자신만의 매매 원칙이 있어야 한다. 시간의 차이만 있을 뿐, 그 원칙은 장기 투자든 단기거래든 똑같다. 그렇기에 많은 투자자가 정형화된 매매 원칙을 만들고 싶어 하며, 당신이 이 책을 선택한 것도 같은 이유에서일 것이다.

자전거 타는 법을 어렸을 때 배워두면 평생 자전거를 탈 수 있다. 한동안 타지 않았어도, 몸이 기억하고 있기에 언제든 다시 탈 수 있다. 매매 원칙은 자전거와 같다. 한번 잘 배워 원칙을 만들어두면, 평생 시황과 무관하게 투자에 적용할 수 있다. 2020년 코로나19 팬데믹으로 시장이 급락한 후 반등하는 과정에서 역사상 가장 강력한 개인 투자자의 증시 유입이 있었다. 그때 처음 주식 투자에 나선 사람이라면 심리에 의한 돈의 흐름, 간간이 발생하는 왜곡된 수급과 비정상적 가격 흐름, 머니 게임의 메커니즘 등 주식시장의 진면목을 아직 충분히 경험하지 못했을 것이다. 그분들에게 도움이 되었으면 한다. 특히 앞으로 오랫동안 주식 투자를 해야 할 젊은 투자자들이 자신만의 매매 원칙을 만드는 데 이 책이 든든한 밑거름이 되기를 바란다.

"자전거 타는 법을 한번 익혀두면
평생 자전거를 탈 수 있는 것처럼,
매매 원칙을 몸에 익혀두면
평생 모든 시황에 대응할 수 있습니다."

차례 ● ● ●

2장 매매 타이밍 판단에 핵심적인 여섯 가지 개념

3장 실전 트레이딩 스킬

1장
곰과 황소의 힘겨루기

봉의 해석과
50% 룰

황소와 곰의 싸움, 어디에 편승할까

• • •

만일 시장의 주도 세력이 어떤 주식을 매수하려 하는지를 미리 알 수 있다면 기술적 분석을 할 필요가 없을 것이다. 어쩌면 가치 분석도 필요 없을지 모른다. 그들을 추종하기만 하면 수익을 낼 수 있을 테니 말이다. 많은 투자자가 기업 가치나 수급에 관한 정보를 얻기 위해 귀를 쫑긋 세우는 것도 수익을 내기 위해서다. 그러나 실제로 수익과 연결되는 유용한 정보는 나한테 그리 쉽게 주어지지 않는다. 그래서 우리는 차트 분석을 통해 '시장을 주도하는 세력의 매매'를 알아내려고 한다.

주식시장은 매수와 매도 주체들의 힘겨루기에 의해 움직인다. 막강한 자금력과 정보를 가진 주도자들이 방향을 결정하기에 주식시장을 '머니 게임'의 시장이라고도 한다. 주가를 올리거나 내릴 수 있는 자금 집행을 하는 주도 세력이 어떤 업종에서 어떤 주식을 사거나 팔고 있는지를 파악하는 가장 기초적인 차트 분석이 봉의 분석이다.

시장은 황소와 곰의 싸움터다. 강한 매수 주체를 황소, 강한 매도 주체를 곰이라고 하는데 황소가 이기면 상승하고 곰이 이기면 하락한다. 특정 주체가 항상 황소이거나 항상 곰인 것은 아니다. 시기에 따라서 외국인이 황소가 되기도 하고, 곰이 되기도 한다. 기관이나 개인 세력도 마찬가지다. 시장 전체적으로도 그렇지만 개별 주식에서 황소와 곰은 늘 싸운다. 황소가 이기면 시장은 상승하고 황소가 돈을 번다. 곰이 이기면 시장은 하락하고 곰이 돈을 번다. 양쪽이 팽팽한 기간엔 시장이 횡보하거나 파생상품시장과 연동한 차익거래가 시장 등락을 좌우한다. 황소와 곰이 아닌 대부분의 투자자는 주가를 움직일 힘이 없다. 황소와 곰의 싸움을 보면서 누가 황소이고 누가 곰인지를 파악하고, 어느 쪽이 이기는지를 알아내야 한다. 그리고 이기는 쪽에 편승해야 한다.

불행히도 오랫동안 우리 시장에선 외국인의 힘이 막강했다. 그들은 대규모 인덱스 자금을 투자해 일정 기간 지수 관련 대형주를 집중 매수하거나 매도하므로 시장의 방향성과 관련해서는 절대적으로 우위에 있다. 외국인이 황소가 되면 시장이 상승하고, 외국인이 곰이 되면 시장은 하락하곤 했다. 한 가지 예외라면 2020년 코로나19 사태로 급락한 후 반등하던 구간이다. 외국인과 기관이 대규모로 매도했지만 개인 투자자들이 강한 순매수를 하며 시장의 급등을 이끌었다.

시장 주체들의 힘겨루기에서 특정 주체가 항상 이기는 것은 아니다. 시장의 급등과 급락 구간에서 특정한 주체의 힘이 강하게 영향력을 끼칠 때, 시장이 그 방향대로 움직이는 것이다.

차트 1-1과 1-2를 보자. 2017년 한 해 동안은 개인 9.3조와 기관 2.4조의 순매도가 있었지만, 외국인이 전기·전자 섹터를 중심으로

1-1

6.5조 순매수하면서 시장을 2607포인트라는 역사적 신고점으로 끌어올렸다.

반면 2018년도에는 개인이 9.1조나 매수했지만, 기관이 2.2조 순매도했고 특히 외국인이 7.6조 원의 매도 공세를 펴면서 시장이 23%나 하락했다(1-3).

2020년에 시장은 코로나19 사태로 극심한 변동성을 겪어야 했다. 저점 1439포인트까지 급락한 후 연말엔 역사적 신고점을 넘어서 2873포인트에 이르기까지 엄청나게 상승했다. 이때의 주역은 이른바 '동학개미'라고 불리는 개인들로, 무려 47조 원을 매수했다(1-4).

[E] [0413] 투자자별 매매 기간별

투자자별 매매 종합 | 투자자별 매매 시간별 | 투자자별 매매 일별 | **투자자별 매매 기간별** | 투자자별 매매 업종별 | 투자주체별 매매 비중 | 투자자별 전체업종

◉금액 ○수량 2020/01/01 ～ 2020/12/31 (단위:억원,천주,계약)◆10초 조회

※ 파생시장의 경우 국가/지자체 정보는 별도로 제공되지 않으며 연기금에 포함되어 제공됩니다.

시장구분		개인	외국인	기관계	기관								기타법인
					금융투자	보험	투신	은행	기타금융	연기금등	사모펀드	국가/자치	
거래소주식	매도	19,661,346	5,044,262	5,248,593	1,948,720	221,322	425,761	26,562	17,035	2,380,997	228,196	0	254,437
	매수	20,136,253	4,798,610	4,993,221	1,863,624	193,297	357,428	18,604	17,914	2,352,863	189,491	0	280,093
	순매수	474,907	-245,652	-255,372	-85,096	-28,025	-68,333	-7,958	879	-28,135	-38,705	0	25,656
코스닥주식	매도	23,570,935	2,228,259	784,018	321,844	38,410	163,460	6,739	16,888	97,522	139,155	0	184,686
	매수	23,734,111	2,226,783	679,265	305,847	35,503	139,211	3,786	4,480	91,464	98,974	0	129,220
	순매수	163,176	-1,476	-104,753	-15,997	-2,907	-24,249	-2,953	-12,408	-6,057	-40,181	0	-55,465

이는 저금리 속 풍부한 유동성에 기인한 것으로, 개인들의 자금은 2021년 초에도 지속적으로 유입되고 있다(1-5).

[E] [0413] 투자자별 매매 기간별

투자자별 매매 종합 | 투자자별 매매 시간별 | 투자자별 매매 일별 | **투자자별 매매 기간별** | 투자자별 매매 업종별 | 투자주체별 매매 비중 | 투자자별 전체업종

◉금액 ○수량 2021/01/01 ～ 2021/02/01 (단위:억원,천주,계약)◆10초 조회

※ 파생시장의 경우 국가/지자체 정보는 별도로 제공되지 않으며 연기금에 포함되어 제공됩니다.

시장구분		개인	외국인	기관계	기관								기타법인
					금융투자	보험	투신	은행	기타금융	연기금등	사모펀드	국가/자치	
거래소주식	매도	3,461,422	826,288	1,123,628	392,190	43,685	76,283	2,997	4,330	565,833	38,310	0	46,317
	매수	3,677,951	775,008	955,326	371,572	22,602	49,752	1,840	1,811	483,672	24,078	0	48,532
	순매수	216,529	-51,280	-168,302	-20,618	-21,083	-26,531	-1,157	-2,520	-82,161	-14,232	0	2,215
코스닥주식	매도	2,791,326	290,269	101,435	46,669	4,564	21,028	389	1,931	12,490	14,364	0	22,453
	매수	2,821,944	287,389	80,649	40,847	3,186	16,448	255	534	9,223	10,156	0	15,483
	순매수	30,619	-2,880	-20,785	-5,822	-1,378	-4,580	-134	-1,397	-3,267	-4,208	0	-6,970

최근 몇 년간의 시장 등락과 수급 상황을 잠깐 살펴봤다. 2017년 상승장에서는 외국인이 황소, 개인과 기관이 곰이었다. 외국인들이 이긴 것이다. 반면 2018년 하락장에서는 외국인과 기관이 곰이었고 개인이 황소였다. 곰의 힘이 우월했기 때문에 시장이 급락한 것이다. 2020년엔 기관과 외국인이 강하게 매도했지만 개인의 매수가 시장을 상승으로 이끌었다. 이때 황소는 개인들이었고, 곰을 이겼다.

올려서 사는 황소, 내려서 파는 곰

• • •

그럼 시장에서는 누가 이기는 싸움을 하는 걸까? 여기서 '이긴다'라는 표현은 가격을 위로 올리면서 매수하거나, 아래로 내리면서 매도하는 힘을 말한다. 시장 등락의 구간마다 누가 이기는지를 아는 것은 매우 중요하다. 누가 이기는지를 파악해야 그들의 수급 행보를 추적함으로써 시황을 판단할 수 있기 때문이다.

황소가 이기는 동안 더 강한 곰이 출현하거나, 곰이 이기는 동안 더 강한 황소가 출현할 때 시장의 추세는 반전된다. '더 강한'이라고 표현했는데, 더 강한 매수 및 매도란 가격을 위로 올리면서 매수하거나 더 내리면서 매도하는 것을 말한다. 가격을 올려서 매수하기 때문에 시장이 상승하는 것이고, 가격을 내려서 매도하기 때문에 시장이 하락하는 것이다.

여기서 중요한 것은 많은 금액을 매수하거나 매도한다고 해서 주가가 상승하거나 하락하는 것이 아니라는 점이다. 많은 금액으로 주식을 대량매수하는데 가격이 하락하는 사례, 많이 매도하는데도 가격이 상승하는 사례는 드물지 않다. 예컨대 삼성전자가 자사주를 수조 원씩 매수하는 동안 가격이 올랐을까? 그렇지 않다. 자사주는 가격을 올려서 사지 않을뿐더러 오히려 그 기회를 이용해 곰들이 가격을 내려서 대량매도한 경우가 더 많았기 때문이다.

하루 동안의 거래를 봐도 알 수 있다. 기관이 대량으로 프로그램 매수를 한 날 시장은 상승할까? 반드시 상승하는 건 아니다. 외국인들이 관망하거나 곰으로 나서지 않는다면 시장은 제한적 상승을 하지만, 그들이 가격을 내려서 매도하면 그 금액이 적더라도 시장은 하락한다. 프로그램 매수 및 매도는 가격을 위로 또는 아래로 만들면서 체결하는 황소나 곰이 아니기 때문이다.

이 책의 타이밍 분석에서는 가격을 올려서 매수하는 것을 '공격적 매수/황소의 매수'라고 하고, 가격을 내려서 매도하는 것을 '공격적 매도/곰의 매도'라고 지칭하면서 설명한다. 단지 금액으로 대량매수 했다고 주가가 상승하고, 대량매도했다고 주가가 하락하는 것이 아니라는 의미다. 누군가가 대량으로 매수했다면, 누군가는 대량으로 매도한 것이다. 거래량은 매수 및 매도 체결 전체의 합이다. 즉, '많이 샀다고' 또는 '많이 팔았다고' 주가가 변하는 것이 아니고 '올려서 사고, 내려서 파는' 황소와 곰의 수급에 따라 움직이는 것이다. 그것이 주가 움직임의 핵심이며, 차트 분석의 핵심이다. 그것으로부터 차트 분석을 시작하기로 하자.

전일 양봉의 50%를 지켜라: 황소의 50% 룰

• • •

〈그림 1-1〉은 우리가 흔히 알고 있는 봉의 모습이다. 평소 거래량이 10~20만 주인 어떤 주식이 100만 주의 대량거래가 발생하면서

장대양봉을 만들었다. 가격은 10,000원에서 11,000원까지 움직였
으니 10% 급등이다.

매집
공격적 매수
보수적 매도

11,000원
10,700원
10,500원

10,000원

거래량 100만 주

대부분의 투자자는 이런 거래량과 장대양봉이면 매수에 동참하거
나, 주식을 보유하고 있을 경우 매도하지 않고 홀딩한다. 이후 더 상
승할 것으로 생각하기 때문이다. 즉, 거래량이 증가하면서 장대양봉
이면 상승한다고 분석한다. 왜 그럴까? 그렇게 약속이 되어 있는 것
도 아니고, 반드시 상승하는 것도 아닌데 말이다.

그 근거는 거래 주체의 의도에서 찾을 수 있다. 거래량이 100만 주
라는 것은 50만 주 매수, 50만 주 매도라는 의미가 아니고 매도자도
100만 주를 매도하고 매수자도 100만 주를 매수했다는 뜻이다. 많이
매수해서 상승한 것이 아니다. 매도량도 똑같이 많았다. 그런데 가격
이 상승하면서 장대양봉을 만들었다는 것은 매수자들이 가격을 위
로 올려서' 매수했기 때문이다. 더 높은 가격에라도 사고 싶어 하는

투자자들이 많았다는 의미다. 즉 '공격적 매수'가 있었던 것이다. 이들이 공격적으로 매수한 이유는 주가가 더 상승할 것으로 판단했거나, 더 올리려는 의도가 있었기 때문이다. 이는 적극적이고 능동적인 매수, 즉 공격적 매수다. 이들의 판단과 매수 강도가 이 주식을 상승시키는 힘이 되는 것이다. 그들의 매수 이면에는 호재성 재료든 뭐든, 뭔가 이유가 있을 것이다. 그들의 힘이 강하면 강할수록 이 주식은 더 크게 상승할 것이다. 이들의 매수를 '매집'이라고 하고, 향후 주가가 조정 하락을 받을 때는 이 가격대가 지지선 역할을 해 반등의 기반이 된다.

가격 측면으로 볼 때 장대양봉 다음 날 매수 주체들이 강하게 추가 매수하여 연속적으로 급등하는 경우도 있지만, 대부분의 경우 다음 날은 매도자들에 의해 하락 조정이 이뤄진다. 이론적인 설명을 위해 전일 매수한 주체가 1명이고 10,000원에서 11,000원까지 동일한 수량으로 꾸준히 매수했다고 가정하면, 이 매수자의 평균 가격은 10,500원이 된다. 따라서 전일 상승한 폭의 50%(즉 500원)를 넘게 하락한다면 전일 가격을 올린 매수자들은 손실 상태가 될 것이다. 결국 10,500원 아래로 하락한다는 것은 전일 매수자보다 강한 매도자의 출현이나, 전일 매수자가 다음 날 매도 청산하는 것이라고 볼 수 있다.

전일 매수자가 강한 '황소'라면 다음 날 가격이 자신의 평균 매수가 아래로 하락하지 않도록 방어할 것이다. 그래서 조정 하락은 전일 장대양봉의 50%를 하향하지 않아야 하는 것이다. 이럴 때 '조정'이라고 판단하고 이후 다시 상승할 것으로 기대할 수 있다.

거래량 측면을 보자. 전일 100만 주의 거래량이 있었는데, 다음 날 거래량이 다시 20만 주 정도로 급격히 감소하면, 상승이든 하락이든 전일 매수자들이 매도하지 않고 있다고 판단할 수 있다. 다음 날 가격이 상승하지만 거래량이 여전히 100만 주 이상으로 급증하면 전일 매수자들이 매도 중일 가능성도 있고, 특히 가격이 하락하면서 거래량이 급증하면 전일 매수자들이 매도하고 있을 가능성이 크다. 공격적 매수자들이 공격적 매도자로 전환되면 주가는 급락할 수 있다. 그들의 힘을 추종하며 주식을 매수했거나 보유하고 있다면, 그들이 매도하지 않고 보유하고 있거나 추가로 매수하는지를 확인해야 한다. 이를 확인하는 방법이 거래량을 보는 것이다.

결론적으로 급등 다음 날 주가가 하락하더라도 가격은 전일 양봉의 최소한 50% 위에 있어야 하며, 특히 30% 상단 부근에서 조정 하락해야 한다. 이때 거래량 역시 전일 거래량보다 현저히 줄어들어야 매수자들이 매도하지 않는다는 것을 확인할 수 있다. 그들이 오늘은 공격적 매수를 하지 않지만 매도하는 것도 아니므로, 조정 후 다시 강한 매수를 할 것이라는 판단이 주가의 추세 하락이 아닌 조정 하락이라는 근거가 된다.

전일 음봉의 50%를 지켜라: 곰의 50% 룰

• • •

장대음봉이 발생한 다음 날도 생각해보자. 〈그림 1-2〉를 보면 앞의 예와 반대 상황임을 알 수 있다.

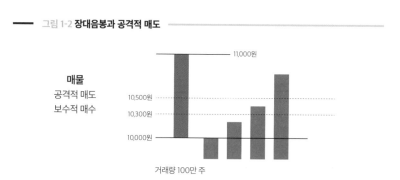

그림 1-2 **장대음봉과 공격적 매도**

장대음봉과 대량거래로 하락했다는 것은 '공격적 매도'가 있었다는 뜻이다. 그들이 매도한 100만 주는 주가를 아래로 내려서라도 빨리 팔고 싶어 한 물량이었던 반면, 매수자들은 강한 매도자에 의해 '피동적으로' 산 것으로 보수적 매수다. 장대음봉을 만들며 주가가 하락했기에 매수자들은 손실인 상태로 주식을 보유하게 된다. 이들의 보유 물량은 주가 반등 시 언제든 출회될 수 있는 매물이며, 이들이 매수한 가격대는 이후 저항대로 작용한다.

전일 매도한 곰이 1명이고 똑같은 수량으로 꾸준히 매도했다면 평균단가는 하락폭의 50%일 것이다. 그들이 공매도 세력이라면, 다음 날 강한 황소가 진입하여 50%를 넘는 가격 급등이 발생할 경우 손실 상태에 있게 된다. 즉 곰들의 힘보다 강한 황소의 진입이 있어야 주가는 상승으로 전환될 수 있다. 하락하는 동안 피동적 매수로 물려 있던 매물이 나와도 모두 체결시키면서 상승해야 강한 상승이다.

그렇다면 거래량도 이해할 수 있을 것이다. 전일 거래량보다 현저히 많은 거래량이 발생하면서 주가가 급등해야 본격적인 추세 반전이 된다. 반등은 하는데 거래량이 없으면, 매수 주체의 힘이 약한 것이다. 비록 반등은 했지만 공격적 매도자들이 추가로 매물을 내놓아 이후 다시 하락할 수 있다. 곰들의 매물을 모두 소화하는 황소가 진입하면 거래량이 증가할 수밖에 없다. 그래서 주가가 많이 하락한 주식이 저점을 형성했는지를 판단할 때는 단지 가격의 반등만이 아니라 거래량의 급증을 동반하는지를 봐야 한다. 거래량 급증은 추세 반전의 신호다. 가격이 많이 상승한 상태에서 거래량이 급증하면 조만간 상승이 끝나고 하락 반전한다는 신호이며, 가격이 많이 하락한 상태에서 거래량이 급증하면 조만간 하락이 마무리되고 상승 반전한다는 신호로 볼 수 있다.

주가 움직임에는 강력한 주체의 공격적 매수 또는 매도가 있는데, 이를 통해 '그들이 현재 매집을 하고 있는가?', '매도하기 시작했는가?', '다 팔았는가?', '강한 매수세가 진입했는가?'를 확인해야 한다. 하나의 봉으로 매수 및 매도 주체의 힘과 매매 상황을 설명했는데, 2~3

개 또는 3~4 개의 봉 역시 같은 개념으로 보면 된다. 그 개념이 일봉·주봉·월봉으로 확장되는데, 이 책에서는 장중 움직임을 설명할 때 주로 분봉을 이용할 것이다.

집중적으로 매수 또는 매도되는 가격 확인:
매물대 차트와 이퀴볼륨 차트

● ● ●

〈그림 1-3〉은 〈그림 1-1〉, 〈그림 1-2〉와 같은 상황을 보여주는데, 장대양봉과 장대음봉이 특정한 가격에서 불룩하게 그려져 있다.

──── 그림 1-3 **거래가 집중된 가격**

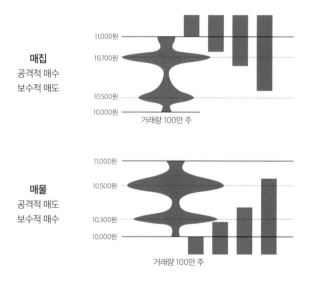

이론적 설명을 위해 1명이 꾸준히 같은 금액으로 매수 또는 매도했다고 가정할 때, 평균단가가 전일 봉의 50% 수준에서 형성된다. 그러나 실전 매매에서 1명이 황소나 곰이 되는 것도 아니고, 꾸준히 같은 금액으로 매수하는 것도 아니다. 특정한 가격대에서 집중적으로 매수 또는 매도를 하기 마련이다.

또 매매 주체들이 집중적으로 거래하는 가격도 다르다. 우리가 알고 싶은 것은 황소와 곰의 매매 가격이다. 데이 트레이더들은 장중 체결 상황을 눈으로 확인하면서 어떤 가격에 집중 매수 또는 매도했는지를 파악하지만, 일반적인 투자자들은 그렇게 할 수 없기 때문에 50% 선으로 생각하는 것이다. 좀더 세밀하게 분석하기 위해서는 봉의 불룩한 부분, 즉 가장 강하게 매수 또는 매도한 가격을 알아야 한다.

장중 특정한 가격대에 어떤 창구를 통해 어떤 세력이 매수하거나 매도했다는 것을 파악하는 것은 단기거래자에게 매우 중요하다. 보통의 투자자는 온종일 시세를 관찰할 수 없기 때문에 일봉이나 분봉의 매물대 차트를 이용한다.

차트 1-6은 카카오의 일봉 대기 매물대 차트다. 360,000원과 380,000원에 가장 많은 매물대가 그려져 있다. 그 가격대에서 거래량이 급증했거나 오랫동안 박스권에 있으면서 거래량이 누적되어 쌓인 것이다. 따라서 이 상황에서 카카오의 급매물은 380,000원 아래로 하락해야 나올 것이다. 그 이상의 가격에서는 매도보다는 매수 우위이므로 '강세 종목의 탄력을 이용한 매매'(3장 참고)를 할 수 있다.

1-6

차트 1-7은 더존비즈온의 매물대를 보여준다. 9월 대량의 거래가 이뤄져 125,000원 부근에 대량의 매물대가 형성됐다. 이후 수개월 동안 박스권에서 등락하여 100,000원에서 110,000원 사이에도 매물대가 만들어졌다. 이를 활용해 100,000원 부근의 지지 가격을 매수 타이밍으로, 125,000원 부근의 저항 가격을 매도 타이밍으로 잡을 수 있다.

한 가지 주의할 점이 있다. 만약 100,000원을 대량거래 장대음봉으로 하향하면 그 부근의 매물이 급하게 쏟아져 나와 급락할 수 있다

는 것이다. 반대로 125,000원의 매물을 대량거래 장대양봉으로 돌파
하면 매수세가 붙어 강하게 상승할 수 있다.

1-7

차트 1-8은 현대모비스의 5분봉이다. 당일 오전 호재로 갭상승할
때 대량의 거래가 발생했다. 이후 서서히 하락하다가 342,000원 선
에서 하락을 멈추고 저점을 형성하고 있다. 이때 다시 대량거래가 없
었으므로 장중 매수 타이밍은 없는 상태다. 이런 경우 다시 거래량이
증가하며 양봉을 만들어야 1차 매수 타이밍이 생긴다. 오후가 되면
서 장중 매물대인 356,000원을 돌파하면 추가 매수할 수 있다. 강력
한 황소가 진입해 매물을 소화하는 것이기 때문이다.

'얼마를 지지해야 하고', '얼마를 돌파해야 하고', '반등 시 얼마가 되면 일부 매도하고', '돌파하면 얼마까지는 상승할 수 있고', '얼마를 지지하지 못하면 추가 하락하고' 등등의 분석을 많이 접해봤을 것이다. 이 책에서 앞으로 공부할 대부분의 차트 분석에서는 '황소와 곰의 힘을 판단하는 것'이라는 기본적인 개념에서 출발한다.

장중 어떤 가격에 거래량이 가장 많았는지, 며칠 또는 몇 주일간 어떤 가격권에서 거래량이 가장 많았는지는 지지와 저항 그리고 매수 및 매도 타이밍을 파악하는 데 매우 중요하다. 차트 1-9는 카카오의 '이퀴볼륨EquiVolume' 일봉 차트다. 1월 8일과 11일에 거래량이 급증하여 주가(위쪽)와 거래량(아래쪽)을 나타내는 사각형이 뚱뚱하게 표시되어 있다. 이때 양봉이면 지지의 거래량이 되며, 음봉이면 저항의

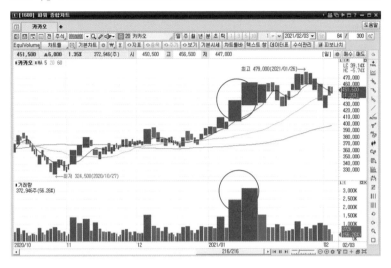

거래량이 된다. 8일 시가 413,000원에서 11일 고가 463,000원까지 거래량이 가장 많았으므로 50% 라인인 438,000원은 당분간 이 종목의 지지 가격이며 반등할 수 있는 가격이 된다. 이퀴볼륨 차트는 지지와 저항 가격을 한눈에 파악하는 데 매우 유용하다.

봉에 담긴 **기본적인 개념**

● ● ●

앞에서 봉과 거래량으로 매수 및 매도 주체의 매매 행위와 심리 등을 파악하는 방법을 설명했다. 주식 가격의 발자취인 봉은 여러 가지 이름으로 불리는데, 가장 기본적인 개념을 이해해야 봉의 의미도 파악할 수 있다. 먼저 <그림 1-4>를 보자.

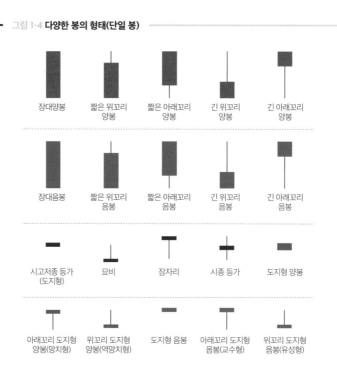

──── 그림 1-4 **다양한 봉의 형태(단일 봉)**

장대양봉　　짧은 위꼬리 양봉　　짧은 아래꼬리 양봉　　긴 위꼬리 양봉　　긴 아래꼬리 양봉

장대음봉　　짧은 위꼬리 음봉　　짧은 아래꼬리 음봉　　긴 위꼬리 음봉　　긴 아래꼬리 음봉

시고저종 등가(도지형)　　묘비　　잠자리　　시종 등가　　도지형 양봉

아래꼬리 도지형 양봉(망치형)　　위꼬리 도지형 양봉(역망치형)　　도지형 음봉　　아래꼬리 도지형 음봉(교수형)　　위꼬리 도지형 음봉(유성형)

　　기술적 분석에서는 여러 가지 이름으로 봉을 설명하지만, 위꼬리
가 길다는 것은 상승하던 주식이 매물을 맞고 하락한 것이고 아래꼬
리가 길다는 것은 하락하던 주식이 저가 매수세의 유입으로 반등한
것이다. 따라서 황소와 곰 어느 한쪽이 아주 강한 상황은 아님을 알
수 있다. 특히 봉의 크기가 작을수록, 그리고 꼬리가 길수록 황소와
곰 어느 일방의 힘이 강하다고 볼 수 없으므로 봉의 분석에서는 대규

모 거래량을 동반한 경우를 제외하고는 매매 타이밍으로 해석하지 않는다.

거래량 없이 봉의 크기가 작은 것은 황소와 곰이 힘겨루기를 하지 않았다는 뜻이며, 거래량이 크게 증가했는데 봉의 크기가 작은 것은 치열하게 공방을 벌였지만 우열이 가려지지 않았다는 뜻이다. 이런 유형의 봉을 '십자형'이라고 통칭한다. 주가가 큰 폭 상승한 후에 발생하면, 상승하는 동안 황소의 힘이 강했지만 만만치 않은 곰이 나타난 것이기에 1차 매도 신호로 판단한다. 이때 거래량이 많으면 많을수록 판단의 신뢰도가 높다. 반대로 주가가 큰 폭 하락한 후에 거래량이 크게 증가하며 십자형이 발생하면 하락하는 동안 곰의 힘이 강했으나 이제 만만치 않은 힘을 가진 황소가 진입한 것이기에 매수 타이밍으로 판단한다. 이런 경우를 제외하고, 매수의 힘과 매도의 힘을 판단할 때는 대량거래를 수반한 장대양봉과 장대음봉으로만 분석하는 것을 원칙으로 한다.

〈그림 1-5〉는 2개의 봉이 연속돼 만들어내는 패턴을 보여준다.

이 또한 기술적 분석에서는 여러 가지 이름으로 부르며 상승장악형부터 강세별형까지는 앞으로 주가가 상승할 것이라고 설명하고, 하락장악형부터 약세별형까지는 앞으로 주가가 하락할 것이라고 설명한다. 그러나 이 역시 직전 양봉과 음봉의 50% 위로 올라서는 강력한 황소나 곰이 발생했는지로 간단히 해석할 수 있다. 직전 양봉과 음봉의 50% 지점에 기준선을 그어서 볼 때, 그 위로 올라서는 반전의

그림 1-5 **다양한 봉의 형태(2개의 봉)**

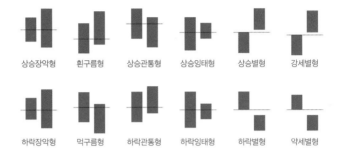

상승장악형   흰구름형   상승관통형   상승잉태형   상승별형   강세별형

하락장악형   먹구름형   하락관통형   하락잉태형   하락별형   약세별형

봉이 있느냐 없느냐에 따라 향후 주가 움직임을 설명한다. 황소와 곰의 힘겨루기 끝에 50% 선을 넘어 반전이 되는 강력한 반대의 힘이 있었는지를 생각하면 간단하다.

〈그림 1-6〉은 여러 개의 봉이 연속돼 만들어내는 패턴을 보여준다.

일봉에서 형성되든 주봉 또는 월봉에서 형성되든, 향후 주가가 상승할 것으로 판단하는 봉은 여러 개의 양봉을 하나의 봉으로 놓고 볼 때 50% 위에서 조정받거나 상향 돌파하는 형태다. 반대의 경우 역시 같은 개념이다. 기본적인 개념에서 출발하여 상승삼각형, 하락삼각형 등 여러 가지 패턴을 만들어 설명하는 것이다.

그런 이름들이 중요한 건 아니다. 상승삼각형이 만들어진 이후 상승할 것으로 판단하는 근본적인 이유가 무엇인지를 알아야 한다. 근본적인 개념이 확실해야 차트를 정확히 분석할 수 있다. 패턴을 여러 가지 이름으로 만들어 새로운 개념인 것처럼 매매 타이밍을 설명하거나, 몇 가지 보조지표를 추가하여 새로운 기법을 만든 것처럼 설

그림 1-6 **다양한 봉의 형태(연속되는 봉)**

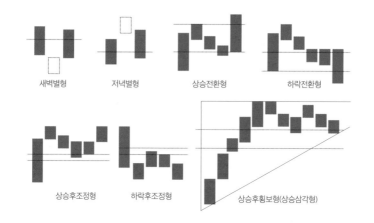

명하는 것은 당연한 것을 뭔가 다른 것처럼 얘기하는 것에 불과하다. 이런 개념에서 출발하여 일봉을 기준으로 매수의 세 가지 타이밍과 매도의 두 가지 타이밍을 설명할 것이다. 이를 이해하면 장중 분봉이나 시세 움직임의 이면에 있는 투자자들의 심리를 읽을 수 있을 것이다.

매수의
세 가지 타이밍

• • •

매수 주체와 매도 주체의 매매 공방으로 가격 움직임이 나타나고, 싸움의 결과로 가격은 상승하거나 하락한다. 그 결과물이 봉이다. 거래량 실린 장대양봉은 황소가 이긴 것이며, 거래량 실린 장대음봉은 곰이 이긴 것이다. 황소와 곰의 싸움에서 어느 쪽이 이기는지를 관찰하고 이기는 쪽에 편승해야 승률이 높다. 황소와 곰의 싸움은 하루 만에 끝나지 않으며, 여러 날 또는 수개월 동안 지속되기도 한다. 하루 안의 싸움은 하나의 일봉으로, 여러 날의 싸움은 여러 개의 일봉으로 나타나며, 여러 달에 걸친 싸움은 주봉이나 월봉으로 확인할 수 있다. 기술적 분석의 가장 기본이 되는 일봉 차트를 보면 봉과 거래량, 이동평균선이 그려져 있다. 이 세 가지를 분석하는 것만으로도 충분하다.

HTS(홈 트레이딩 시스템)나 MTS(모바일 트레이딩 시스템)의 일봉 차트를 보면 봉과 거래량이 있고, 5일·20일·60일 이동평균선이 디폴트로 그려져 있다. 매일 습관처럼 보는 일봉을 기본적인 개념으로 다시 한번 분석하면서 매매 타이밍을 설명하고자 한다.

차트에서 주가의 위치를 보면 급등할 때는 5일선 위에 있고, 상승 중 조정일 때는 5일선과 20일선 사이에 있다. 급락할 때는 주가가 20일선 아래에 있다. 주가의 위치는 이 세 가지 외에 다른 것이 없다. 즉 세 가지 경우를 기준으로 매수 원칙을 만들어 사용하면 된다. 매도는 약간 다르다. 20일선 아래에서 급락할 때 매도한다면 이미 타이밍이 늦은 것이다. 따라서 주가가 5일선이나 20일선 위에 있을 때 매도 판단이 되어야 한다. 즉, 두 가지 경우를 기준으로 매도 원칙을 만들어 사용하면 된다.

간혹 60일선·120일선·150일선 등으로 설명하는 차티스트들이 있는데, 주가 움직임에 영향을 주는 온갖 호재와 악재는 생명력이 60일(3개월)까지 가지 않는다. 날마다 별의별 뉴스가 나오지 않는가. 하물며 120일(6개월)은 타이밍을 판단하기에는 너무나 긴 시간이다. 트레이더라면 20일선, 즉 한 달 이내의 추세만 봐도 충분하다. 따라서 20일선보다 긴 것들은 화면에서 삭제하고 본다.

모든 상황에서 매수의 기본 원칙은 거래량이 증가하면서 전일 발생한 장대음봉의 50%를 넘는 양봉이 발생할 때를 기준으로 한다. 주가가 하락한 이후 다시 상승하는 국면에서의 매수 원칙은 대부분 50% 원칙을 따른다. 상승하던 주식이 하락 조정을 받든 20일선 아래로 급락하든 간에 하락할 때 음봉이 발생할 것이고, 그 음봉의 50%를 넘는 양봉과 거래량 급증이 매수의 기본 신호다. 5일선 위에서 상승하고 있는 주식을 매수하고자 할 때는 하락 음봉이 없으므로 장중에 타이밍을 잡아야 한다. 강한 주식의 장중 매수 타이밍이 매수 제1원칙이다.

〈그림 1-7〉은 매수의 세 가지 타이밍을 도식화한 것이다.

───── 그림 1-7 **매수의 3원칙** ──────────────

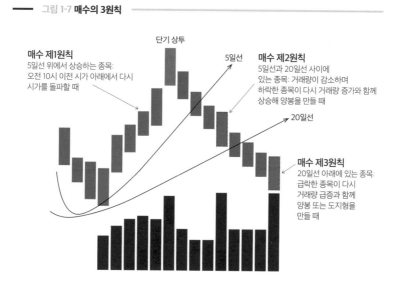

매수 제1원칙
5일선 위에서 상승하는 종목:
오전 10시 이전 시가 아래에서 다시
시가를 돌파할 때

단기 상투

5일선

매수 제2원칙
5일선과 20일선 사이에
있는 종목: 거래량이 감소하며
하락한 종목이 다시 거래량 증가와 함께
상승해 양봉을 만들 때

20일선

매수 제3원칙
20일선 아래에 있는 종목:
급락한 종목이 다시
거래량 급증과 함께
양봉 또는 도지형을
만들 때

매수 제1원칙: 5일선 위에 있을 때

· ● ·

매수 제1원칙은 주가가 5일선 위에서 상승할 때 매수 타이밍을 잡는 방법이다. 5일선 위에서 상승하는 주식들은 대개 장대양봉을 만들며 강한 상승을 한다. 이땐 비교 대상이 되는 음봉이 없기 때문에 50% 룰을 적용할 수 없다. 그렇다고 무작정 추격 매수할 수도 없다. 자칫 상투에 매수하는 상황이 될 수 있기 때문이다. 급등하는 주식을 고점에 매수하여 오랫동안 고생하는 투자자들이 많다. 그럼에도 투자자들은 급등하는 주식을 매수하여 단기에 고수익을 내고 싶어 한다. 다소 까다롭지만 포기할 수 없는 타이밍이다.

매수 제1원칙은 3장에서 설명할 '연속 급등 종목의 매매', '강세 종목의 탄력을 이용한 매매' 방법의 기본 개념이다. 장 시작 후 10시 이전에 저점을 형성하고 거래량이 증가하며 다시 상승할 때와 시가를 돌파할 때가 매수 타이밍이다. 오전에 반등에 성공하지 못했다면, 오후 2시 이후 장중 조정을 마치고 다시 상승할 때가 매수 타이밍이다. 5일선 위에서 급등하고 있는 주식이라 할지라도, 일봉을 보면 당일 주가가 전일 종가 아래로 하락했다가 다시 상승하여 장대양봉을 만드는 것이 대부분이다. 핵심은 전일 종가 아래로 일시적으로 하락했을 때 매수 타이밍을 잡는 것이다. 그러나 타이밍을 포착하기가 생각보다 까다롭다. 장중 타이밍이기 때문에 훈련이 되어 있어야 하며, 급등하는 주식은 언제라도 상투를 치고 하락으로 전환할 수 있기 때문에 신중하게 매매해야 한다.

여기서 가장 중요한 것은 오전 10시 이전과 오후 2시 이후라는 '시간'의 개념이다. 강한 주식일수록 장중 조정 하락을 한다면 대부분 오전에 잠시 하락했다가 곧바로 다시 상승하는 특징을 보인다. 시가 형성 후 온종일 하락한다든지, 시가를 상향 돌파하지 못하는 주식은 매수세가 약한 것이다. 온종일 매물을 맞으며 하락하면 음봉이 커지는 것이므로 오히려 매도 신호가 발생할 수 있다. 오전엔 강세였다가 10시 이후에 하락 전환한다는 것은, 오전에 매수세와 매도세가 공방을 벌였으나 결국 매도세가 강해 하락하는 것이므로 매수 대상에서 제외한다. 이미 곰의 힘이 강해진 주식을 매수하면 안 되기 때문이다.

오전에 매수 신호가 없었던 주식은 장중에 거래하지 말고 시장이 끝날 무렵까지 관찰한다. 주가를 끌어올리던 매수 주체가 매도 물량이 온종일 소화되는 것을 보고 있다가 장 막판 무렵 다시 매수하여 올리기 때문이다. 따라서 오후 2시 이후 매수세 진입으로 다시 시가를 돌파하며 상승할 때를 매수 원칙으로 한다(장중 추세를 보면 저점으로부터 상승하는 추세를 알 수 있다. 분봉, 분선 차트를 통해 장중 추세를 판단하고 타이밍을 포착하는 방법은 3장에서 집중적으로 다룬다).

차트 1-10을 보면, 직전에 거래량 증가 장대양봉 후 이틀간 거래량 감소 십자형으로 하락했지만 5일선 위에서 조정을 마무리했다. 전형적인 강세 종목의 조정으로 다음 날 매수 제1원칙의 타이밍을 준비한다.

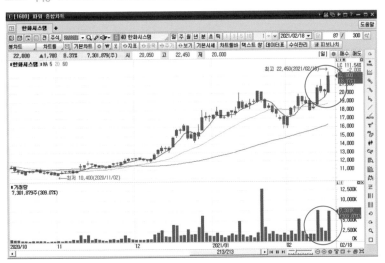

　차트 1-11에서는 시가가 -1.23%인 20,050원에 형성돼 10시까지 거래량 없이 등락했다. 20,000원을 지키며 움직이다가 10시 이후 거래량 증가와 함께 시가 및 오전 고가를 돌파하며 매수 타이밍을 주었다. 매수 후 스캘퍼들은 2~3%의 수익으로 마감하지만, 데이 트레이더들은 장중 추세를 관찰한다. 실제로 이 종목은 오후 2시 이후 다시 거래량 증가와 함께 상승하여 22,000원을 넘김으로써 오전에 매수한 트레이더들에게 10%의 수익을 안겼다. 데이 트레이더가 아닌 거래자들은 거래량 증가 장대양봉이 발생했으므로 홀딩하여 수익을 극대화할 수 있다. 오전 매수 타이밍과 오후 매수 타이밍을 보여준 사례다.

매수 제2원칙: 5일선과 20일선 사이에 있을 때

● ● ●

매수 제2원칙은 상승하던 주식이 매물을 맞으며 하락 조정을 하여 5일선과 20일선 사이까지 하락한 상태에서 매수 타이밍을 잡는 방법이다. 강한 주식이라도 중간중간 조정을 거치며 상승을 하는데 이 구간을 주식시장에서는 '눌림목'이라고 표현하며, 제2원칙은 눌림목 매수를 말한다. 추세적으로 상승하는 주식의 눌림목 조정을 기다려 매수하는 방법이다.

5일선 위에서 어느 날 가격 하락이 시작되면 상투를 만들고 하락으로 전환되는 것인지, 추세 상승 중 조정을 받는 것인지는 당시에는 알 수 없다. 이런 상황에서는 몇 가지 원칙에 부합해야 조정이라고 판단한다. 우선 하락하는 동안 거래량이 현저히 감소해야 한다. 하락할 때 거래량이 증가한다는 것은 주가를 끌어올리던 황소들이 매도하는 것이거나 강력한 곰이 출현한 것일 수 있다. 또한 가격 하락의 폭이 직전 추세의 상승폭 50% 이내여야 한다. 이때 거래량 증가 장대음봉으로 급락하면 조정이 아닌 추세 하락이다. 기술적 분석에서 흔히 이야기하는 다우 이론이나 엘리엇 파동 이론이 매수 제2원칙과 유사하다.

매수 제2원칙의 포인트는 세 가지다.

첫째, 주가가 고점에서 매물을 맞으며 하락하기 직전 상승할 때 공격적 매수에 의해 급등한 주식이 좋다. 완만한 기울기로 작은 폭의 상승을 한 주식보다는 강한 매수세에 의해 급등한 주식이 조정 후 재상승하는 힘이 강하다. 연속적으로 급등했다는 것은 그만한 이유(재료)가 있어서 강한 황소가 진입한 것이다. 그들은 하락 조정 후 곧바로 다시 강한 상승을 이끌 것이며, 하락 조정의 폭도 작고 기간도 짧다. 강한 주식의 상승 탄력을 이용해 매매하기 위해서는 20일선까지 충분히 하락하길 기다려선 안 된다. 강한 주식일수록 10일선 전후에서 조정을 마무리하고 상승 추세를 다시 이어간다. 단기에 큰 수익을 추구하는 투자자들에게는 완만한 추세 상승을 하는 주식이나 20일선까지 매물을 맞고 하락한 주식은 좋지 않다. 5일선을 깨고 하락 조정을 한 후 곧바로 상승하는 주식을 선택해야 한다. 눌림목 후 얼마나 강한 상승을 다시 할 것인가는 하락 조정 직전 상승할 때 얼마나 강하게 상승했는지에 달려 있다. 그 주식의 상승 강도는 이미 정해져 있는 것이다.

둘째, 고점 후 하락이 조정 하락인지 하락 추세로의 전환인지를 판단할 때 가장 중요한 요소는 거래량이다. 하락 시 거래량이 '급격히 감소'해야 조정이다. 만일 고점의 거래량이 50만 주라면 20만 주 이하로 급격히 감소해야 한다. 거래량이 증가한다는 것은 상승 시기에 매집했던 세력이 매도하는 것일 수 있다. 거래량이 급감하며 하락한다는 것은 매도세가 강하지 않음을 보여준다.

셋째, 거래량이 감소하며 조정 하락하다가 다시 상승하는 당일엔 오전부터 거래량이 크게 증가해야 한다. 거래량 없이 상승하는 것은 매수 강도가 약한 것으로, 장중에 다시 하락할 수 있다. 거래량이 증가하며 상승하는 것은 매집 주체가 다시 진입한 것이다. 우리는 강한 매수를 확인하면서 추종해야 한다. 하락 조정 후 다시 거래량이 증가하면서 양봉을 만들어 직전 하락폭의 50%를 넘는 상승이 나타나면, 조정 하락을 마무리하고 다시 상승 추세로 진입하는 첫 상승이 된다. 이때 주의할 점은 오전부터 거래량이 증가하는 것을 확인했지만 양봉이 아니고 음봉이 발생한다면, 눌림목 후 상승이 아니고 반등 시도 후 추세 하락 전환이 될 수 있다는 것이다(이것이 매도 제2원칙인데, 장중 거래량이 증가하면서 양봉 및 음봉 형성의 추이를 보는 방법과 함께 뒤에서 자세히 설명한다).

참고로, 강세 주식의 하락 시 거래량이 급감하는 종목을 매수하여 수익을 낼 수 있는 절호의 기회가 있다. 바로 이벤트에 의한 시장 하락이다. 시장은 종종 이벤트에 의해 급락할 때가 있다. 이를 '노이즈'라고 하는데, 펀더멘털에 근거하거나 향후 경제에 큰 영향을 끼치는 악재가 아닌 단기 악재를 말한다. 예컨대 국지 전쟁, 테러, 자연재해, 정치적 이슈, 대형 펀드들의 리밸런싱에 의한 심리적 불안, 일시적 수급 왜곡 등으로 시장이 일시적으로 급락하는 경우다. 이벤트에 의해 하락한 경우 시장은 자기 자리로 되돌아가는 상승을 한다. 이때 어떤 주식을 매수하면 단기에 큰 수익을 얻을 수 있을까? 시장 대표주나 테마 주도주가 가장 유력하다. 그중에서도 외부 이슈로 동반 하락할 때 거래량이 급감한 주식, 직전 상승 시 매집했던 세력이 매도하지 않거나 오히려 매수하는 주식들이 가장 빠르고 강하게 반등한다. 거의 무위험 수준인 이 기회를 놓치지 말아야 하는데, 이때도 거래량이 가장 중요한 판단 요소다.

차트 1-12 일봉을 보면 2월 1일 거래량 증가 양봉으로 매수 타이밍을 주었고, 이후 거래량이 급격히 감소하며 3일 조정 하락을 거친 뒤 재상승하여 16,000원에서 19,200원까지 치고 올라갔다. 이후 이틀간 하락 조정을 하며 22일에는 주가가 5일선 아래로 내려왔다. 이 과정에서 거래량이 크게 감소할수록 좋은데, 거래량이 줄긴 했으나 급감하진 않았다. 이후 다시 상승할 때 매수 진입을 하려면 거래량이 크

게 증가하는 것을 확인해야 한다.

    차트 1-13은 다음 날인 23일의 분봉이다. 오전 강보합으로 출발해 약보합 수준에서 등락하며 거래량이 실린 양봉을 형성함으로써 매수 타이밍을 주었다. 그러나 직전 조정 하락 시의 거래량에 비해 거래량이 급증해야 확신하고 매수 진입할 수 있다. 10시 30분경 다시 대량거래와 함께 양봉을 형성해 매수 신호를 주었다. 18,000원 부근에서 매수한다. 11시 20분에도 대량거래 양봉을 형성해 일봉상 매수 제2원칙의 신호를 확실하게 주고 있으므로 홀딩한다.

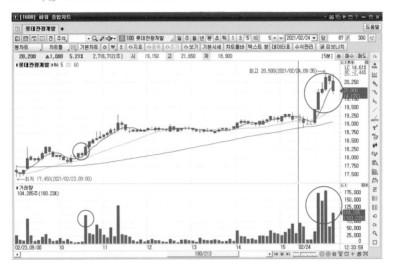

차트 1-14에서 24일의 일봉을 보자. 매수 제2원칙에 의한 매수 다음 날 더욱 큰 거래량이 발생하며 21,650원의 고점까지 크게 상승했다. 이후 보유하여 추가 수익을 추구할 것인지 아니면 단기로 차익실현을 할 것인지를 판단해야 한다. 이날 대량거래가 발생했으므로 위꼬리가 작은 양봉으로 마감하면 홀딩하고, 위꼬리가 긴 십자형이면 분할 매도, 위꼬리 발생 음봉이면 전량 매도로 차익을 실현한다.

매수 제3원칙: **20일선 아래에 있을 때**

• • •

매수 제3원칙은 주가가 20일선을 하향 돌파하며 급락하고 있을 때 매수 타이밍을 잡는 방법이다. 흔히 20일선을 주가 움직임의 중요한 추세선으로 생각하기 때문에 하향 돌파 후엔 크게 하락하는 경우가 많다. 20일선 아래에서 연속적으로 급락하고 있는 주식 중에 거래량이 감소하면서 하락한 주식을 선별하고, 그중에서 다시 거래량 증가와 함께 양봉을 만드는 주식을 매수한다.

20일선 아래로 급락하는 주식들은 대개 거래량이 증가하면서 하락하는데, 그중에서도 거래량이 최대한 감소한 주식을 선택하는 것이 좋다. 흔히 주가가 많이 하락하면 과도한 매도라고, 저평가 구간이라고, 단기 반등을 기대할 수 있다고 무작정 매수하는 투자자들이 있다. 거래량이 증가하면서 급락하는 데에는 다 이유가 있다. 시황이나 업황이 나빠져서든, 개별 악재 때문이든 이유가 있는 하락이므로 무작정 매수하지 말아야 한다. 크게 하락하고 있는 주식을 매수하고자 할 때는 반드시 원칙을 지켜야 한다.

매수 제3원칙은 전체 시장의 저점을 확인할 때 유용하며 이해하기도 쉽다. 차트 1-15는 2018년 10월 22일 상하이 종합지수다. 중국은 미·중 무역분쟁과 환율분쟁 속에 경기가 둔화했으며, 이 때문에 지수도 급락했다.

1-15

중간중간 반등 시도도 있었지만 추세적인 하락의 연속이고 확실한 저점 확인이 되지 않고 있다. 그러다가 10월 21일에 이르러 장중 저점 -1.5%에서 반등해 +2.5%로 마감했다. 다음 날인 22일에는 4% 반등하여 이틀간 저점 대비 8%에 달하는 급반등(장대양봉)에 성공했다. 이날 거래량도 급증했다. 장대양봉과 거래량 급증, 즉 매수 원칙이 발생한 것이다. 이후 코로나19라는 악재가 터진 2020년에도 이 저점을 하향하지 않았으며, 2021년 현재까지도 그렇다.

이런 신호는 일차적인 저점으로 판단할 수 있다. 오랫동안 하락했기에 그동안 매수해온 투자자들의 매물이 상당할 것이다. 그 매물을 소화해야 한다. 단기 반등 후 매물을 맞으며 다시 하락할 수 있는데, 이때 거래량이 감소하고 직전 저점을 하향하지 않아야 한다. 직전 저점 위에서 다시 상승할 때는 확실한 추세 전환 신호로, 매수 타이밍이다. 1차 매수 신호 후 반등, 그리고 이후 재반락 때의 상황을 한 번 더 확인하고 매수하는 것이 가장 확실하다. 그래서 시장에서는 '확인 후 발목, 무릎에서 사라'고 하는 것이다.

개별 주식을 급락 후 저점에서 매수하고자 할 때는 해당 주식의 적정 가치나 일반적인 기술적 분석도 중요하겠지만, 실전 투자에서는 매수와 매도의 힘을 확인해야 한다. 급락할 때 거래량이 가능한 한 적은 주식이 좋고, 가격이 많이 하락한 후에는 다시 거래량이 증가하며 상승해야 한다. 이때 꼭 장대양봉이 아니어도 좋다. 십자형의 봉이어도 저점일 가능성이 크다. 거래량이 급증하면서 만들어지는 십자형은 매도세와 매수세가 치열하게 공방을 벌였으나 어느 한쪽이 이기지 못했다는 것이므로, 그동안은 매도 세력이 우위였지만 이제 만만치 않은 매수세가 진입했음을 의미한다. 강한 매수세가 진입해야 하락하는 동안 매수하여 손실 상태로 보유하고 있는 매물을 소화하며 상승할 수 있다.

차트 1-16은 현대제철 일봉으로, 2018년 70,000원대부터 지속적으로 하락했음을 볼 수 있다. 2020년 3월 코로나19 사태로 시장이 급락할 때 12,400원까지 하락했다. 당시는 바이러스로 세상이 붕괴될 것 같다는 공포가 시장을 지배했다. 이런 시기에 어떻게 매수에 나설 수 있을까? 단지 급락했다고 매수해도 될까? 다시 강조하지만, '그냥 매

1-16

수'는 안 된다.

3월 23일 저점 후 이틀 동안 거래량이 다소 증가하며 2개의 강한 양봉을 만들었다. 공격적인 단기거래자들은 이런 매수 신호를 이용하여 진입한다. 그러나 이 정도 거래량은 매수 타이밍으로 확신할 수 없다.

반면 4월 10일과 29일의 대량거래가 발생한 양봉은 확실한 매수 신호다. 18,000원에서 20,000원 사이에 진입할 수 있으며 매수 후 반락 시 직전 저점을 하향하는지, 대량거래 음봉이 발생하는지를 관찰하며 보유한다. 하루 거래량은 장이 모두 끝나고 나서야 알 수 있으므로, 거래량이 급증했는지 아닌지는 시장이 마감될 무렵에야 알 수 있다. 이것이 매우 중요한 팁이다. 시장이 약세일 때 약세 종목은 오후 2시 30분 이후 장 마감 무렵 거래량 증가 장대양봉을 확실히 확인한 후에 매수한다. 오전에 매수했는데 오후에 다시 하락하여 음봉을 만들면 다음 날도 더 하락할 것이기 때문이다. 강세 종목은 오전 10시 이전이 매수 타이밍, 약세 종목은 오후 2시 30분 이후가 매수 타이밍으로 판단해야 한다.

대부분 종목이 상승하면서도 매도 신호를 주며 고민하게 만들지만, 이 종목은 이후 상승 시에는 양봉 거래량 증가, 조정 하락 시에는 거래량 감소로 매도 신호를 주지 않고 고점 50,000원 부근까지 상승했다(1-17). 이런 상황에서는 보유하면서도 마음이 편하다.

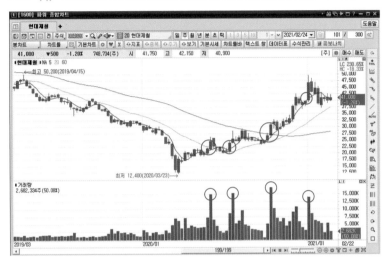

매수 제3원칙을 설명했는데, 아주 간단한 원칙이다. 그렇지만 막상 실전에서 매수하기 위해서는 경험과 훈련을 통해 스스로 확신할 수 있어야 한다. 하락할 때는 추가 하락에 대한 두려움, 상승할 때는 추가 상승에 대한 기대 심리가 작용하기 때문이다.

주가는 무수한 변수의 영향을 받으며 움직인다. 시황 변수, 업황 변수뿐만 아니라 예측할 수 없는 수없이 많은 변수가 있기 때문에 기술적 분석만으로는 대응하기 어렵다. 그러나 어떤 상황에서도 주식을 사려는 힘과 팔려는 힘이 주가 움직임의 근간이 된다. 수십 년간 주식 투자를 해온 어떤 선배는 늘 우문에 현답을 한다. "이 주식이 왜 이렇게 하락하는지 아세요?"라고 물으면, "파니까 하락하지"라고 답한다. 반론할 수 없는 사실 아닌가. 매수 및 매도 원칙을 만들어 설명하는 이유는 실전 투자에서 주가 움직임의 근간인 돈의 움직임과 거래 주체들의 심리가 반영된 차트와 거래량을 이해해야 하기 때문이다.

　지금까지 매수 타이밍을 세 가지로 나누어 설명했는데, 시장이 급등하는 시기엔 매수 제1원칙, 추세 상승 시기엔 매수 제2원칙, 급락 시기엔 매수 제3원칙을 적용하면 될 것이다. 또는 급등하는 주식은 매수 제1원칙, 완만한 추세 상승 주식은 제2원칙, 급락하는 주식은 제3원칙을 적용하면 될 것이다. 세 가지 원칙을 잘 이해하고 적용하면 주가의 위치가 어디든 단순한 원칙을 바탕으로 매수 타이밍을 포착할 수 있을 것이다.

　그러나 경험으로 볼 때 어떤 투자자는 매수 제1원칙에 따른 매매를 잘하고, 어떤 투자자는 매수 제2원칙 또는 제3원칙에 따른 매매를 잘한다. 급등하는 주식, 급락하는 주식, 추세적으로 움직이는 주식의 속성이 모두 다르기 때문에 그 속성을 잘 아는 투자자가 성공하는 것이다. 특히 자신의 심리와 투자 스타일에 따라 급등 주식이 편해 수익 내기가 쉬운 사람이 있고, 하락한 주식의 저가 분할 매수가 편해 실패하지 않는 사람이 있다. 주식 투자로 큰 수익을 냈다는 전문가들 역시 자신의 투자 성향과 맞는 투자에 집중한다.

　시장이 급락할 때는 매수 제1원칙이나 제2원칙에 맞는 주식보다 제3원칙에 맞는 주식이 많을 것이다. 그러나 모든 투자자가 제3원칙에 따라 매매하여 수익을 내는 것은 아니다. 시장 약세 속에서도 급등하는 주식만을 찾아 제1원칙으로 거래하는 투자자가 있는데, 이들이 바로 전문가다. 반대로 강세장에서도 단기 급락한 주식만 골라 수익을 내는 투자자가 있고, 이들 역시 전문가라고 할 수 있다. 그렇지만 자신이 전문가라고 생각하지 않는다면, 장세에 맞는 원칙을 적용해야 한다.

시장에 맞춰 매매 원칙을 따르는 것은 매우 중요하다. 시장이 급락하고 있는데 강세 주식을 추종하다가 상승에 매수, 하락에 손절매하는 악순환에 빠질 수 있다. 시장이 급등하고 있는데 맨날 약세 주식만 처다보다가 강한 주식에서 얻을 수 있는 큰 수익 기회를 놓칠수 있다. 시황에 따라 매매 방법을 변화시켜야 한다는 건 분명하지만, 그보다 더 중요한 것은 자신의 성향과 자금 운용 기간, 심리에 맞는 매매 방법을 선택해야 한다는 것이다.

그래서 '자신만의 투자 원칙'을 세우라고 조언하는 것이다. 내재가치 대비 하락하는 주식을 분할 매수하여 중장기로 투자하던 사람이, 남들이 급등하는 주식으로 돈을 벌었다고 해서 어느 날부터 그 방법을 따라 하면 성공할 수 있을까? 하락하는 주식의 저점 매수를 주로하던 사람은 하락하는 주식의 특성을 알기 때문에 급등하는 주식에도 습관적으로 그 특성을 적용하게 돼 실패할 확률이 높다. 강세 주식만 거래하던 사람이 그 습관대로 약세 주식에 적용하면 큰 손실을낼 가능성이 크다.

그렇다면 시장이 약세여서 급등하는 주식이 별로 없거나 주가 움직임의 힘이 약할 때, 급등 주식에 집중하던 투자자는 어떻게 해야 할까? 약세 주식의 매매 원칙으로 해야 할까? 그렇게 해서 수익을 낼 수 있다면 좋겠지만, 그보다는 자신에게 맞는 시장이 아닐 경우 투자하지 않고 쉬는 것이 더 좋다. 대부분의 전문 투자자는 자신의 투자 원칙에 맞지 않는 시황에서는 투자를 멈추고 쉬어간다.

매도의
두 가지 타이밍

• • •

많은 투자자가 주변의 추천으로 매수는 하지만, 적절한 타이밍에 매도하지 못해 수익을 손실로, 작은 손실을 큰 손실로 만든다. 수익 실현 매도든 손절매든, 두 경우 모두 어려운 것은 사실이다. 추가 상승의 기대를 잘라야 하거나 손실을 확정해야 하기 때문에 심리적 부담이 크기 때문이다. 상승하는 주식을 매도할 때는 추가 상승에 대한 욕심과 미련이 남고, 하락하는 주식을 매도할 때는 반등할지 모른다는 기대와 손실 확정에 대한 안타까움이 남는다. 그래서 쉽게 매도하지 못하고 주저하게 된다.

그렇다면 전문가들은 고점에 매도하고 저점에 매수할 수 있을까? 그렇지 않다. 그래서 분할 매수와 분할 매도를 권하는 것이다. 매수의 경우, 분할 매수하다가 주가가 상승해버리면 더 많은 수익을 낼 기회를 놓치는 것일 뿐 매수한 만큼의 수익은 거두게 된다. 추가 수익에 대한 기회비용만 있을 뿐이다. 그러나 매도는 적절한 타이밍에 실행하지 못하면 수익을 손실로, 적은 손실을 큰 손실로 만들게 돼 투자 원금의 실질적인 증감과 직결된다.

어려운 만큼 더 중요한 것이 매도 원칙이다. 만약 매도했는데 잘못 한 것 같으면, 다시 매수하면 된다. '더 싼 가격에 매수하면 좋고, 비슷한 가격에라도 다시 매수하면 된다'라는 마인드가 있어야 매도 시 주저하는 마음이 덜할 것이다.

—— 그림 1-8 **매도의 2원칙** ————————————————————

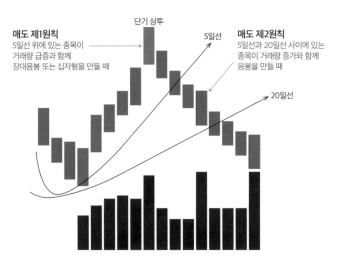

매도 제1원칙: 5일선 위에 있을 때

● ● ●

매도 제1원칙은 5일선 위에서 상승하고 있는 주식을 매도할 타이밍을 잡는 방법이다. 급등 주식이라고 하더라도 일정한 상승 후엔 조정이든 추세 전환이든 하락하게 된다. 그 하락 시의 매도 방법이다. 주가가 상승한 것은 강한 매수세가 주가를 끌어올렸기 때문이다. 그 매수 주체들이 매도하거나 그들보다 더 강한 매도세가 진입하면 함께 1차 매도(분할 매도)를 해야 한다. 이때의 기준 역시 거래량과 음봉의 크기다.

5일선을 깨지 않고 상승하던 주식이 어느 날 거래량이 급증하면서 음봉을 만들면 30~50% 정도 매도한다. 거래량이 폭증하면서 십자형 봉이 형성되면 30% 정도를 매도한다. 설령 추가로 더 상승할 수 있다고 하더라도 욕심내지 말고 일부 매도하여 수익을 실현하는 것이다. 거래량 급증과 함께 십자형 또는 음봉이 발생했다는 것은 강한 매도세가 출현했음을 의미한다. 만일 1차로 일부 매도를 했는데 소폭 조정 후 다시 강하게 상승한다면 매도한 만큼 다시 매수하든지, 나머지 주식만으로 수익을 추구한다.

'매도 후 재매수'는 말이 쉽지 실전에서는 매우 어렵다. 예를 들어 눌림목 조정을 충분히 받아 매수 제2원칙의 기회를 주면 매도한 물량을 다시 낮은 가격에 매수할 수 있다. 이런 재매수는 아마도 누구든 할 수 있을 것이다. 그러나 5일선 근처에서 매도했는데 곧바로 상승해버리면 재매수한다는 것은 거의 불가능하다. 그래서 1차 매도(분할 매도)를 하는 것이다. 이미 이익을 일부 실현했기 때문에 심리적으로 흔들리지 않고 나머지 주식을 꾸준히 보유하여 큰 수익을 낼 수 있다.

1차 매도를 했는데. 거래량이 증가하면서 장대음봉으로 마감하여 이후 며칠간 조정 하락이 이뤄진다면 매도를 잘한 것이다. 특히 조정 하락이 아닌 추세 전환이 되어 급락한다면 그나마 일부라도 매도한 것이 정말 훌륭한 결정이었다고 생각될 것이다. 상승으로 얻을 수익도 중요하지만, 고점 후 하락 시 반납하게 되는 수익도 계산해야 한다.

분할 매도하는 이유는 정말 좋은 주식, 이후 2배 또는 3배로 상승할 주식을 적은 수익으로 잘라내는 실수를 하지 않기 위함이다. 상승세가 강하면 강할수록 분할 매도의 비율을 작게 하고 약할수록 비율을 높이는 것이 좋다. 매도하지 않고 전량 보유하고 있다가 수익이 났던 투자를 손실로 마감하는 것은 가슴 아픈 일이다.

매도 제1원칙의 신호가 발생하면 일부를 반드시 매도하는 것이 좋다. 매수 제3원칙에서 연속 하락한 주식이 어느 날 거래량 급증과 함께 십자형 또는 양봉을 만들면 1차 매수를 하고, 이후 반등했다가 재반락할 때 거래량이 감소하고 직전 저점을 깨지 않아야 추가로 매수하는 것과 같은 이치다. 즉 연속 상승한 주식이 어느 날 거래량이 급증하면서 십자형 또는 음봉을 만들면 1차 매도를 하는 것이며, 5일선 아래에서 반등이 약하고 20일선을 하향하려 하면 나머지 보유 주식 전부를 매도한다.

차트 1-18은 코스피 일봉으로, 저점 2266포인트에서 3266포인트까지 무려 1000포인트나 상승했음을 보여준다. 1월 11일에 거래량이 증가하며 십자형의 음봉을 만들었다. 차트 하단부에서 거래대금을 확인할 수 있는데, 직전 수개월의 평균보다 2배 이상 급증했다. 이날이 첫 번째 매도 타이밍이다. 이때 거래량이 급증할수록 더 많은 수량을 매도해야 한다.

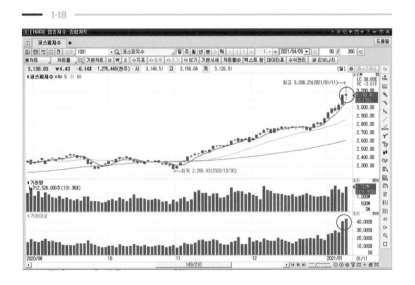

차트 1-19를 보면, 1월 11일 이후 지수는 등락을 거듭했지만 고점

을 돌파하지 못하고 박스권 조정 하락을 하고 있다. 거래량과 거래 대금이 크게 증가하면서 양봉을 만들어야 직전 고가를 돌파할 수 있 다. 그때까지는 지수의 상승을 기초로 하는 ETF 등에 투자하지 말아 야 한다.

1-19

차트 1-20은 같은 날인 1월 11일 삼성전자의 일봉이다. 거래량이 크게 증가하면서 양봉 십자형을 만들며 매도 제1원칙 신호를 주었 다. 지수와 주도주가 동시에 신호를 주었으므로 1차 매도 타이밍의 신뢰도가 더욱 높아졌다.

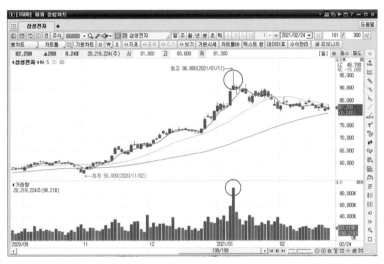

　　차트 1-21에서도 개별 주식의 확실한 1차 매도 신호를 볼 수 있다. 1월 10일, 추세적으로 상승하던 주식이 어느 날 대량거래가 발생하면서 양봉을 만들어 본격적인 상승을 하는 것처럼 보였다. 그러나 다음 날 곧바로 전일 거래량보다 더 많은 거래량이 발생하며 장대음봉을 만들었다. 이런 유형은 매수 주체들이 거래 증가 장대양봉으로 매수세를 유도한 뒤 다음 날 매도한 것으로 볼 수 있다. 그들의 매매 행위를 모른다고 하더라도 상승하던 주식이 거래량 급증과 함께 장대음봉을 만들면 매도 신호다. 1월 말, 5일선과 20일선 사이에서 거래량이 감소하며 재상승을 하지 못하고 또다시 장대음봉을 만들었다. 이런 유형을 만든 후 주가는 오랫동안 하락하기 마련이다.

매도 제2원칙: 5일선과 20일선 사이에 있을 때

• • •

매도 제2원칙의 신호는 매수 제2원칙의 반대 현상이 나타나는 것이다. 매수 제2원칙을 떠올려보자. 단기 상투 후 조정 하락(눌림목)에서 거래량이 급감하며 하락한 주식이 다시 거래량 증가와 함께 양봉을 만들 때가 매수 타이밍이다. 매도 제2원칙은 똑같은 상황에서 거래량 증가와 함께 음봉을 만들면 2차 매도를 하는 것이다.

거래량 없이 하락하는 것은 주도 세력이 매도하지 않는다는 것이므로 조정 후 다시 상승하리라고 기대할 수 있다. 반대로 거래량이 증가하면서 하락하는 주식, 특히 20일선 바로 위에서 거래량이 증가하며 장대음봉을 만들면 이후 20일선을 하향 돌파하며 급락할 가능성이 크다. 상승 추세를 마무리하고 하락 추세로 전환되는 것이기에 전량 매도해야 한다.

이때 거래량이 크게 감소하면서 20일선을 깨며 하락하는 종목도 종종 있다. 판단하는 데 곤혹스러운 상황이다. 이 경우엔 시황과 기업을 볼 수밖에 없다. 기업에 문제가 없는데 시황과 연동돼 하락하고 있다면, 시장이 다시 좋아졌을 때 강한 상승을 할 수 있다. 보유해야 한다. 특히 그 주식이 단기적인 이슈가 아닌 미래 성장을 바탕으로 움직이고 있다면 더더욱 보유해야 하며, 어쩌면 추가로 매수하는 것이 더 좋을 수도 있다. 반대로 시황이나 업황이 언제 다시 상승할지 명확하지 않은 가운데 내 포트폴리오에서 비중이 너무 크다면, 매수 제3원칙의 신호가 발생할 때 재매수하기로 하고 비중을 줄여야 한다.

차트 1-22는 덕산테코피아의 일봉으로, 2021년 1월 초부터 상승 추세를 만들기 시작한 모습이다. 1월 11~13일 매수 제2원칙의 신호를 주며 강한 상승을 했다. 19일, 5일선 위에서 거래량 증가와 함께 장대음봉을 만들어 첫 매도 타이밍이 됐다. 이후 거래량 없이 하락했기에 다시 거래량이 증가할 때 양봉이면 매수, 음봉이면 매도를 준비한다. 맨 마지막 봉이 27일인데, 거래량이 증가하면서 위꼬리가 긴 음봉을 만들었다. 이날 나머지 보유 주식을 전량 매도한다. 급락할 확률이 높기 때문이다. 이후 큰 폭으로 하락한다면, 저가에 매수 타이밍을 다시 판단한다.

차트 1-23의 제일제당 역시 상승 추세일 때 거래량 증가 양봉을 만들었다. 5일선 위에서 거래량 증가 십자형 또는 음봉이 출현하는 식으로 매도 제1원칙의 신호가 나타나지 않았다. 그러다가 29일 장대음봉이 만들어졌는데, 위험한 순간이긴 하지만 거래량이 크게 증가하지 않아 판단하기가 모호하다. 그러나 차트에서 맨 마지막 봉인 2월 9일을 보면, 거래량이 크게 증가하며 음봉을 만들었다. 이날은 확실한 매도 신호이므로, 전량 매도하고 향후 주가 움직임을 추적해야 한다.

　　차트 분석의 기본은 지지와 저항 그리고 추세와 패턴을 파악하는

것이며, 이를 이용하여 각종 보조 지표가 만들어진다. 이 책에서는

보조지표들은 설명하지 않을 것이다. 차트 분석의 틀은 대부분 유사

하므로 기본적인 개념만 확실하게 알면 되기 때문이다.

　　이해를 돕기 위해 가장 강력하고 실전에서 많이 사용하는 '헤드앤

숄더'라는 패턴 하나를 설명하겠다. '머리어깨형'이라고 번역되는 패

턴(그림 1-9)으로, 강력한 추세 반전형이다. 추세 상승하던 주식이 헤드

앤숄더형을 완성하면 이후 하락 추세로 전환된다. 이 패턴이 주봉에

서 발생하면 수개월에 걸쳐 하락 추세를 이어간다. 반대로 하락하던

주식이 역헤드앤숄더형을 완성하면 이후 상승 추세로 전환된다.

그림 1-9 **헤드앤숄더형**

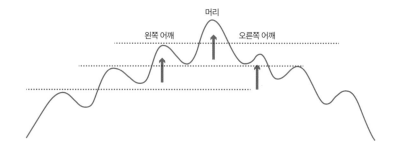

추세 상승 중에는 하락 조정 시 직전 상승폭의 50% 라인을 하향하지 않고 다시 상승한다. 그러던 중 어느 날 하락 조정할 때 직전 상승폭의 50%를 넘게 하락했다가 반등하고, 반등의 폭이 직전 하락폭의 50%를 넘지 못하고 재차 하락하는 패턴이다. 〈그림 1-9〉에서 왼쪽 화살표의 고점을 '왼쪽 어깨', 가운데 고점을 '머리', 오른쪽 반등 고점을 '오른쪽 어깨'라고 표현한다. 그래서 '헤드앤숄더'라는 이름이 붙었다. 이런 유형이 만들어지면 상승 추세를 마감하고 하락 추세로 전환된다.

사실 이런 패턴 역시 매수·매도의 힘겨루기를 판단하는 기본적인 분석 원칙과 같은 개념이다. 대개의 경우 왼쪽 어깨 부분보다 머리 부분에서 거래량이 더 많고, 오른쪽 어깨에서는 왼쪽 어깨 부분에서보다 거래량이 감소하며 전고점을 돌파하지 못한다. 만일 이때 거래량이 증가하며 전고점을 돌파하지 못한다면 추세 반전의 신뢰도는 더 높아진다.

차트 1-24는 코스피지수 주봉이다. 2018년 고점 형성 당시의 차트로, 헤드앤숄더 패턴을 분명히 보여준다. 지수 흐름은 단기보다는 중기 추세가 중요하므로 주봉을 캡처했다. 2017년 추세 상승을 했고, 2018년 1월 고점(머리)을 형성했다. 이후 거래량이 증가하고 있지만 하락폭의 50%를 넘기는 양봉을 형성하지 못하고 지지부진하다가, 결국 오른쪽 어깨를 만든 후 추세 하락으로 전환했다.

1-24

매도 원칙을 설명하면서 헤드앤숄더 패턴을 언급한 이유는 매도 제2원칙이 얼마나 중요한지를 강조하기 위해서다. 고점에서 하락할 때 일시 조정이라 생각하고 매도하지 않는 경우가 많다. 물론 조정 후 거래량 실린 양봉, 즉 매수 제2원칙의 신호가 나타나면 추가로 추세 상승이 이어진다. 그러나 매도 제2원칙의 신호가 발생하면, 즉 하락폭의 50%를 넘기는 양봉을 만들지 못하고 거래량이 실리면서 음봉을 만들면 이후 급락한다.

헤드앤숄더의 모양을 보면 이 개념이 확실히 이해될 것이다. 오른쪽 어깨를 형성할 때 거래량 증가와 함께 직전 하락폭의 50%가 넘는 양봉이 만들어지면, 오른쪽 어깨가 아니라 눌림목이 된다. 즉, 이후 추세 상승을 이어간다. 그러나 실패할 경우, 왼쪽 어깨보다 낮은 가격에서 매물을 맞으면서 전형적인 전환 패턴이 만들어져 주가는 급락한다. 역헤드앤숄더는 주가가 바닥을 찍고 추세 전환할 때의 패턴인데, 같은 개념을 뒤집어서 생각하면 된다. 거래량 증가와 함께 장대양봉이 만들어지면서 왼쪽 고점을 넘어서면, 추세가 상승으로 반전된다.

이처럼 추세나 저항 패턴들의 개념 역시 주가 움직임의 힘이 매수 세력과 매도 세력 어느 쪽으로 기울어지는지를 판단하는 것이다. 대부분 차트를 볼 때 같은 개념으로 생각하면 쉽게 이해할 수 있다. '황소가 강한지, 곰이 강한지', '매수세가 이기고 있는지, 매도세가 이기고 있는지'를 판단할 수 있다면 차트 분석은 잘하고 있는 것이다.

매수 및 매도 타이밍의
장중 시그널

• • •

매수 및 매도 원칙을 다시 한번 정리하자면 다음과 같다.

　매수 제1원칙은 5일선 위에서 급등하는 주식을 오전 하락 또는 오후 매물 소화 후 상승할 때 매수하는 것이다. 매수 제2원칙은 5일선과 20일선 사이에서 거래량이 감소하며 조정 하락을 거친 후 다시 거래량 실린 양봉이 나타날 때 매수하는 것이다. 매수 제3원칙은 20일선 아래로 급락하거나 오랫동안 추세 하락한 종목이 대량거래와 함께 십자형 또는 양봉을 만들 때 매수하는 것이다.

　매도 제1원칙은 5일선 위에서의 매도, 제2원칙은 20일선 부근에서 거래량 실린 음봉이 나타났을 때의 매도다.

이상의 내용을 보면 거래량이 무척 중요하다는 사실을 알 수 있을 것이다. 당연한 얘기지만, 일중 거래량은 증가했다가 감소했다가 할 수 없다. 계속 누적되는 것이므로 하루 중에는 계속 쌓여갈 수밖에 없다. 장 마감이 되지 않더라도 당일 거래량이 증가하는지를 오전부터 알 수 있다. 최근일 평균 거래량 또는 전일 거래량을 시간별로 나누어 보면 된다. 특히 전일 동 시간 대비 거래량으로 확인할 수 있다. 뒤에서 '순간체결량'을 설명할 텐데, 그 화면은 전일 거래량 대비 현재 몇 퍼센트의 거래가 이뤄지고 있는지 표시해준다. 체결 강도와 함께 중요하게 고려해야 하는 사항이다. 즉, 당일 거래량이 크게 증가하는 종목은 오전부터 파악할 수 있다.

그러나 양봉인지 음봉인지는 시장이 끝나야 알 수 있다. 장중 내내 상승하여 양봉을 만들다가 장 후반 급락하여 음봉이 될 수도 있고, 장중 내내 하락하다가 막판에 반등할 수도 있다. 장중에는 급등락을 거듭하며 양봉과 음봉을 왔다 갔다 하는 경우가 많다.

급등 주식을 오전 하락 시 매수했는데, 이후 상승하지 못하고 하락하다가 장 후반에 크게 하락하며 마감할 수 있다. 거래량이 증가하며 만들어진 양봉을 보고 매수했는데, 장 후반 하락하여 음봉으로 마감할 수도 있다. 오전에 거래량이 증가하는 음봉을 보고 매도했는데, 장중 반등하여 장대양봉이 될 수도 있다. 가격이 장중 내내 움직이기 때문에 결과는 장이 끝나야 알 수 있다.

그러면 모든 거래를 장 막판 무렵에 해야 할까? 물론 그것도 방법일 것이다. 실수하지 않기 위해서, 확인 후 거래하기 위해서는 말이다. 그러나 장 막판에 확인하고 매도할 경우, 예를 들어 장중 고점이 +10%였는데 종가가 -5%라면 15%나 낮게 매도하게 된다. 우리는 가능한 한 싸게 사서 비싸게 팔고 싶어 한다. 그렇다면 종가에 양봉이 될지 음봉이 될지를 장중에 알 수 없을까? 유능한 트레이더들은 대부분 어느 정도는 알 수 있다. 장중 주가 움직임을 수없이 많이 봐왔고 그 추세를 보고 트레이딩을 해왔기 때문이다. 데이 트레이더들이 장중 추세를 보며 거래하는 개념을 통해 우리는 거래하려는 주식의 봉형태를 장중에 유추할 수 있다. 그 개념을 이해하면 단기든 중장기 투자든, 최적의 타이밍에 매매할 수 있다.

〈그림 1-10〉을 보자. 가로선은 장중 시간의 흐름이고 세로선은 가격 움직임이며 초록색 선이 전일 종가를 나타낸다. 곡선은 장중 주가 움직임을 도식화하한 것이다. 주가는 랜덤하게 들쭉날쭉하게 움직이지만, 그림의 네 가지 유형으로 단순화하여 설명할 수 있다. 우리가 알고 싶은 것은 ①번 유형처럼 장대양봉인가, ④번 유형처럼 장대음봉인가, ②번과 ③번처럼 위꼬리나 아래꼬리가 달린 봉인가 하는 것이다.

그림 1-10 **일중 봉의 형태**

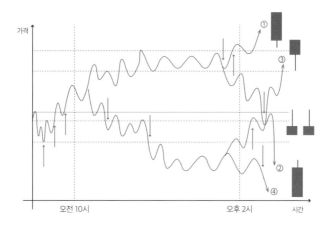

장중 시그널: ①번 유형

• • •

①번 유형은 장 시작 때 전일 종가 근방에서 출발해 잠시 시가 아래로 하락했다가 10시 이전에 곧바로 상승 전환한 유형이다. 강세 주식에서 흔히 나타나며 오전 상승 후 장중 내내 등락하지만 일정한 박스권을 유지한다. 장 막판엔 다시 매수세가 유입돼 장대양봉으로 마감된다. 매수 제1원칙에 따라 오전 매매 공방으로 하락할 때 매수 또는 장중 공방을 마무리하고 장 후반에 다시 상승할 때 매수하는 전형적인 패턴이다. 또한 매수 제2원칙에서는 거래량이 증가하며 양봉을 만들 때 매수이므로 장중 내내 거래량이 증가하는 것을 확인하고 있다가 장 후반에 상승하며 양봉을 키워갈 때 매수한

다. 장중 주가 움직임이 ①번과 같이 움직이는 주식은 장 종료 시 장대양봉으로 마감한다. ①번 유형은 대부분의 경우 매수 신호가 된다. 만일 기존에 보유하고 있던 주식이 장중에 ①번 유형의 흐름을 보인다면 당연히 추가 보유하여 수익을 극대화할 수 있다.

차트 1-25는 롯데관광개발의 5분봉이다. 전일인 2월 22일 조정 하락 후 당일 시가 17,650원 강보합으로 출발해 17,450원 약보합권까지 잠시 하락했으나, 곧바로 대량거래와 함께 상승 전환했다. 이후 장중 조정 하락일 때는 거래량이 감소하다가 10시 30분경 다시 거래량이 증가하며 상승해 19,000원 위로 올라섰다. 이후 장중 내내 거래량 없이 소폭 등락했지만, 오후 2시 이후부터 다시 거래량 증가와 함께 상

— 1-25 —

승하며 결국 9%가 넘는 큰 상승폭으로 마감했다. 매수 제1원칙의 타이밍을 주었으며, 매수 후에는 대량거래 장대양봉이므로 보유한다.

차트 1-26은 같은 종목의 일봉이다. 2월 23일의 분봉에서 ①번 유형의 흐름을 보인 결과 마감 후 대량거래를 동반한 장대양봉이 됐다. 이틀간의 조정 하락 후 재상승하는 전형적인 매수 제2원칙의 타이밍이다. 이런 유형이 만들어지는 상황에서 종가 무렵에 또는 다음 날 매수하려 한다면 이미 저가에서 상당히 상승한 가격에 매수하게 된다. 따라서 장중에 ①번 유형의 흐름이 나타나는지를 파악하면서 매수 타이밍을 포착해야 한다. 조정 하락 후 추가 하락하는 경우도 많다. 추가 하락의 위험을 피해야 하므로 장중 흐름에서 황소의 진입을

1-26

파악하고 매수하는 것이다.

차트 1-27은 제이콘텐트리의 5분봉이다. 시가 약보합으로 출발하여 -2.6%까지 하락했지만, 10시를 넘어서면서 거래량이 조금씩 늘며 상승했다. 11시 30분경까지 상승했지만, 이후에는 오후 2시 30분까지 거래량 없이 등락하는 모습이다. 2시 30분경 다시 거래량이 증가하며 상승을 시도함으로써 ①번 유형의 흐름을 보였다. 이 흐름에서 가격상으로는 '시가 돌파 매수'라는 매수 타이밍은 있었지만, 거래량 신호가 없었다. 확실한 신호는 오후 2시 이후에 발생했다.

1-27

차트 1-28은 같은 날, 즉 장중 ①번 유형을 만든 날의 일봉을 보여

준다. 2월 23일의 봉을 보면 뭔가 부족하다는 느낌이 들지 않는가? 맞다, 바로 거래량이다. 이날 거래량이 급증할수록 추가 상승에 대한 신뢰도가 높다. 앞서 본 롯데관광개발은 대량거래 장대양봉이므로 이후 상승 확률이 높다고 판단할 수 있었다. 그런데 제이콘텐트리는 5%의 상승으로 마감하여 ①번 유형을 완성함으로써 매수 신호를 주었으나 거래량이 부족하다. 이 점을 고려하여 매수 수량을 생각했던 것보다 줄여야 한다.

1-28

장중 시그널: ②번 유형

• • •

②번 유형은 ①번 유형처럼 오전에 잠시 하락 후 상승 전환하여 장중 내내 양봉을 만든 것까지는 같으나, 장 후반에 매물이 급격히 출회되며 시가 아래로 떨어지고 장 마감 때까지 지속 하락하여 위꼬리 달린 음봉을 만드는 흐름이다. 강세 주식이 시세를 마무리하고 하락 전환할 때나 주도 세력이 보유 중인 주식을 가격을 올려 장중에 팔 때 이런 흐름이 나타난다. 장중 내내 강세가 유지되는 동안 분할 매도하다가 장 막판에 나머지 물량을 매도하기 때문에 이런 봉이 만들어진다. 강세 주식을 오전에 매수했다면 고점에 매수한 결과가 되고 만다.

데이 트레이더들은 장 후반에 이런 흐름이 나타나면 홀딩하지 않고 매도한다. 기존에 매수해 보유 중인 투자자라면 거래량과 음봉의 크기를 함께 고려해야 한다. 거래량이 많으면 많을수록, 음봉이 크면 클수록 1차 매도를 하는 것이 원칙이다. 당일 매수한 거래자 역시 고점에서 매수했기 때문에 장 마감 무렵에는 손실을 볼 수밖에 없지만, 데이 트레이더가 아니라면 일봉을 보고 눌림목 조정인지 추세 전환인지를 판단하여 보유 여부를 결정해야 한다.

이런 유형이 5일선 위에서 발생하면 1차 매도 신호이지만 5일선과 20일선 사이에서 나타나면 추세 전환일 가능성이 크다. 다만, 20일선을 붕괴하면 급락 가능성이 있으므로 보유 주식을 처분해야 한다. 오후 시장까지 확인한 후 매수하려고 기다리고 있었다면, 당연히 이런 유형에서는 매수하지 말아야 한다. 다음 날 추가 하락할 것으로 판단되기 때문이다.

차트 1-29는 메디톡스의 5분봉이다. 전일 상한가를 기록한 이 종목은 시가 +1% 수준에서 출발하여 곧바로 +10%까지 상승했다. 이후 되밀리긴 했지만 장중 내내 205,000원, 즉 +5% 전후에서 거래량 없이 등락했다. 그러나 오후 2시를 넘어서면서 갑자기 거래량이 늘면서 하락했다. 결국 장 마감 무렵 -8%까지 하락했고, 종가는 -5%였다. 위꼬리가 형성된 음봉이 만들어져 ②번 유형의 흐름을 보여주었다. ②번 유형이 발생하면 매수를 유보하고, 다음 날 다시 매수 타이밍을

1-29

관찰한다. 이날은 오전부터 상승하여 장중 매수 타이밍이 발생하지 않았다.

차트 1-30은 같은 종목의 일봉이다. 맨 마지막 봉이 ②번 유형의 흐름을 만든 날의 것으로, 거래량이 급증한 위꼬리 음봉이다. 이후 하락으로 판단한다. 이런 봉 형태가 나타나면 다음 날이든, 그다음 날이든 매수 타이밍을 뒤로 늦춰야 한다.

—— 1-30 ——

차트 1-31은 케이아이엔엑스의 5분봉이다. 며칠째 하락을 이어온 종목으로, 2월 23일 오전에 -3.7%까지 하락한 후 9시 30분과 10시를 지나면서 반등 시도를 했다. 거의 3시까지 등락하며 방향을 모색했지만 결국 장 막판에 하락하며 마감했다. 이런 흐름은 아래꼬리 달린 음봉을 만든다. 시가 위로 많이 상승하지 못해 위꼬리는 작고, 오후에 밀리면서 ②번 유형을 만들었다.

차트 1-32가 ②번 유형의 흐름이 나온 날의 일봉(맨 마지막 봉)을 보여준다. 앞서 예상했듯이, 위꼬리가 거의 없는 작은 음봉이다. 이 날 거래량이 급증했다면 매수 제3원칙의 1차 매수 신호가 될 수 있었다. 특히 오후에 밀리지 않고 ①번 유형의 흐름을 보였다면 확실한 매수 타이밍이다. 그러나 오후에 밀리면서 ②번 유형이 됐으므로, 매수하고 싶더라도 다음 날로 유보한다. 일봉 차트만 보면 분할 매수를 하든 어쩌든 매수하고 싶을 것이다. 하지만 여기서 그냥 매수한다면 원칙 없는 매수가 된다. 이후 거래량이 증가하는 양봉 또는 십자형이 만들어지는 날 매수해야 원칙을 지키는 유능한 트레이더가 된다. 매수 신호가 발생하는 날은 ①번 유형이나 ③번 유형이 만들어진다. 그 유형이 확인될 때 장중 매수하는 것이 매매의 기본 원칙이다.

1-32

장중 시그널: ③번 유형

• ● •

③번 유형은 ①번·②번과 반대로 오전에 하락하여 장중 내내 음봉인 상태로 거래될 때 만들어진다. 강세 주식이라고 해서 온종일 상승하는 것이 아니고 상승 후 일정한 박스권에서 등락하듯이, 약세

주식도 어느 정도 하락하면 더는 하락하지 않고 박스권에서 장중 내내 거래된다.

③번은 장 후반 들어서면서 매수세가 유입되어 다시 상승하는 유형이다. 오전부터 매물 탓에 내내 하락했지만, 매물이 다 소화됐거나 주가를 올리려는 세력이 장 후반에 강하게 매수하며 상승하는 것으로 매수 제2원칙이나 제3원칙을 적용할 수 있다. 매수 제2원칙은 조정 하락하던 주식이 다시 거래량 증가와 함께 양봉을 형성할 때 매수하는 것이므로, 오후에 상승하며 양봉을 만들 때가 좋은 매수 타이밍이다. 특히 연속 하락하던 주식은 오전부터 강하지 않다. 기존 추세대로 오전에는 내내 약세인 경우가 많다. 장 후반 들어 거래량이 급격히 증가하면서 상승하기 시작하면, 저점을 확인한 매수세가 강하게 유입되는 것이다. 그들의 매수를 추종하는 것이 매수 제2원칙과 제3원칙이므로, 오후에 거래량이 증가하며 ③번 유형이 나오면 매수 타이밍이다.

차트 1-33은 인탑스의 5분봉이다. 시가 약보합으로 출발해 장중 내내 하락하면서 -5% 수준까지 내려간 후 등락하는 모습이다. 장중에 더 이상 하락하지 않는다고 해서 그냥 매수해선 안 된다. 오후 1시 이후 약간 반등했고, 2시 30분 이후 반등하고 있다. 시가보다 약간 위에서 마감한 ③번 유형으로, 일봉상으로는 아래꼬리가 긴 십자형 또는 작은 양봉이 형성될 것이다. 오후 2시 30분 이후 반등할 때가 매수 타이밍이다. 이때 가장 중요하게 고려해야 하는 것이 거래량이다. 최근일 거래량 대비 크게 증가할수록 확신을 갖고 매수할 수 있다.

1-33

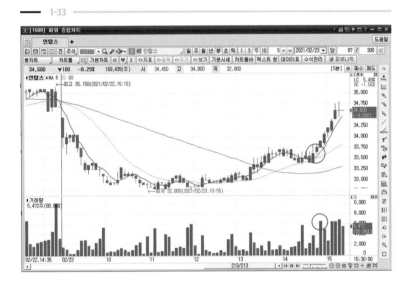

차트 1-34는 마감 후의 일봉을 보여준다(맨 마지막 봉). 저가로부터 오후에 반등하여 아래꼬리 양봉 십자형을 만들었다. 매수 신호이긴 하지만, 거래량이 너무 적다. 거래량이 적다는 것은 저가에 매수한 세력의 힘이 약하다는 것이다. 출회되는 매물을 모두 받아내며 가격을 올리면서 매수할 때 이후 가격 상승을 기대할 수 있다. 출회되는 매물을 모두 받아낸다면 당연히 거래량이 증가할 수밖에 없다. 이종목은 5일선과 20일선 사이에서 봉이 매수 신호를 주었지만, 거래량이 너무 적어 소극적 매수 대응이 적당하다고 볼 수 있다. 눌림목 매수 타이밍으로 생각할 수도 있지만, 이전의 상승 시 거래량과 비교할 때 너무 부족하기 때문이다.

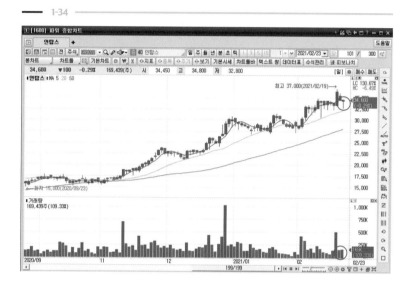

1-34

차트 1-35는 이노와이어리스의 5분봉이다. -1.48%로 출발해 저점 -3.5%를 기록하고 오후 1시까지 하락했다. 11시 이후에는 거래량마저 증가하며 하락했다. 좋지 않은 모습이다. 그러나 오후 1시 이후 반등하기 시작해 장 마감까지 가격이 계속 올랐다. ③번 유형이 만들어지고 있는 것이므로 매수 타이밍이다. 일봉의 주가 위치와 거래량을 확인하여 매수 규모와 분할 매수할 것인지 전량 매수할 것인지를 판단한다.

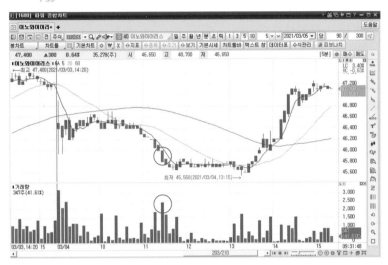

　　차트 1-36에서 ③번 유형의 흐름을 보인 날의 일봉을 볼 수 있다(맨 마지막 봉). 이 종목은 최근 2개월간 지속적으로 하락했다. 따라서 매수 제3원칙에 따라 거래량 급증 십자형 또는 양봉이 나타나면 매수 타이밍으로 판단할 수 있다. 전일과 금일 ③번 유형을 만들면서 장중 매수 신호를 주고 있으므로 매수 주체가 진입했다고 판단할 수 있다. 그들의 힘이 강하면 추종 매수하면 된다. 그 힘을 보여주는 것이 거래량과 양봉의 크기다. 차트를 보니 거래량이 적고 양봉도 작다. 매수 신호이긴 하지만, 천천히 분할 매수하면서 추가 매수 타이밍을 노려야 한다.

장중 시그널: ④번 유형

- ● -

④번 유형은 강세 주식이 고점에서 급락하는 경우든 약세 주식이 추세적으로 하락하는 경우든, 오전부터 하락하다가 장 막판에 매도세가 더욱 강해져 장대음봉을 만들며 마감하는 패턴이다. ②번 유형에서 1차 매도를 하고 나머지 주식을 보유하고 있었다면, 20일선 부근에서 ④번 유형이 발생할 경우 반드시 매도해야 한다. ④번 유형이 나타나면 20일선 붕괴 후 급락하기 때문이다.

　매수를 하고자 온종일 주가 움직임을 보고 있었다면 이런 패턴에서는 절대 매수해서는 안 된다. 대량의 거래와 장대음봉은 매매의 기본 원칙에서 매도 신호다. 이렇게 움직인 패턴은 다음 날 오전부터 하락할 확률이 매우 높다. 매수 타이밍을 계속 미루면서 ③번 유형이 발생하기를 기다려야 한다. 약세 주식의 매수는 오전보다는 충분히 확인하고 오후에 하는 것이 맞다. 약세장에서는 전강후약이 많기 때문에 장중 매수 강도를 충분히 확인한 후 오후에 매매 판단을 해야 한다.

차트 1-37은 한화생명의 5분봉이다. 시가 +2.8%에서 출발해 오전에 잠시 고점 +5.6%를 찍고 곧바로 하락 전환하여 마이너스권으로 내려갔다. 이후 장중 내내 거래량 없이 횡보하다가 오후 3시쯤에 이르러 추가 하락하며 마감했다. 이런 흐름은 위꼬리가 있는 장대음봉

1-37

을 만든다. 장중에 ④번 유형이 나타나는데 거래량마저 증가한다면 확실한 매도 신호다. 이때 주가의 위치가 5일선 위에 있다면 1차 매도, 20일선 근처에서 이런 흐름이 나타나면 전량 매도하고 재매수 타이밍을 기다려야 한다.

차트 1-38은 장중에 ④번 유형을 보였던 날의 일봉을 보여준다. 맨 마지막에 있는 위꼬리 장대음봉이다. 5일선 위에 있으므로 1차 매도 타이밍으로 판단하고 적정 비율의 매도를 해야 한다. 당일 거래량이 크게 증가하지는 않았지만, 조정 하락 구간인 1월 중순부터 2월 중순까지의 거래량과 비교하면 월등히 많다.

1-38

차트 1-39는 황금에스티의 5분봉이다. 시가 -1% 수준에서 출발해 1시간 동안 많은 거래량과 함께 하락했다. 이후 오후 2시까지는 추가 하락 없이 등락했지만 장 마감 무렵 전저점보다 내려가며 위꼬리 달린 장대음봉을 만들었다. ④번 유형의 흐름이다.

1-39

차트 1-40은 장중에 ④번 유형을 보였던 날의 일봉을 보여준다(맨 마지막 봉). 5일선을 하향하며 나타나는 ④번 흐름은 1차 매도 신호다. 이 종목 역시 거래량이 전일 대비 크게 증가하진 않았으나 직전 조정 구간보다는 증가했다. 일부 매도하고 재매수 준비를 해야 한다(물론 이 종목을 지속하여 거래한다는 전제하에).

지금까지 네 가지 장중 흐름에 대해 설명했는데, 사실 이 유형 이외의 움직임도 있다. 장중 내내 크게 등락하며 왔다 갔다 하는 종목도 있고, 장중 내내 상승하거나 장중 내내 하락하는 종목도 있다. 그런데 앞서 설명한 네 가지 유형에 속하지 않는 경우는 매수 타이밍을 판단하기가 어렵기 때문에 거래 종목에서 제외한다.

특히 가장 좋지 않은 것은 장중 내내 45도 각도로, 즉 점진적으로 하락하는 유형이다. 짧은 시간에 하락폭이 크면 반등할 때 매물이 적어서 좋은 매수 타이밍을 포착할 수 있다. 그러나 장중 내내 점진적으로 하락한다는 것은 오랜 시간에 걸쳐 매도자가 꾸준히 팔고 있다는 뜻이다. 그렇게 조금씩 팔다가 어느 순간 대량매도로 바뀔 수도 있다. 긴 시간에 걸쳐 하락하는 동안 매수자도 꾸준히 매수했을 터이므로, 반등할 때 그 수량이 매물이 될 수 있다. 반등을 시도할 때마다 매물이 나오면 상승의 힘이 약화될 수밖에 없다. 어떤 차트에서든 45도 각도로 하락하는 종목이 있다면, 가장 좋지 않은 유형이니 피하기 바란다.

차트 1-41이 대표적인 예다. 시가 -2% 수준에서 출발하여 온종일 45도 각도로 하락하고 있다. 중간중간 거래도 실리고 있다. 결국 저가 -11%를 기록하고 -9% 수준에서 마감됐다. 이렇게 하락하면 이후 저점을 찍고 반등하더라도 힘이 약할 수밖에 없다.

1-41

차트 1-42는 온종일 45도 각도로 하락한 날의 일봉이다(맨 마지막 봉). 거래량도 다소 증가하면서 장대음봉을 만들었다. 매도 제2원칙의 신호다. 장 마감 후 이 차트를 보고 다음 날 매도하려고 한다면 더 낮은 가격에 매도해야 하는 상황이 될 수 있다. 따라서 장중 45도 각도로 하락하는 종목은 미리 매도해야 하며, 매수는 하지 말아야 한다.

1-42

　　차트 1-43이 45도 각도로 하락하는 또 다른 예다. 뜬금없이 시가 +20%로 출발해 잠시 +26%까지 갔으나 이후 45도 각도로 지속 하락하고 있다. 많은 거래자가 오전에 강하게 치고 오르는 것을 봤기 때문에 아마도 매수하고 싶어 하거나 보유 중이라면 매도하지 않고 지켜볼 것이다.

그러나 장중에 ③번 유형처럼 반등하지 못하면, 가장 좋지 않은 유형으로 마감하게 된다. 매수해선 안 되고 보유 중이라면 매도해야 하는데, 비중은 일봉을 보고 판단한다.

1-43

차트 1-44는 차트 1-43의 일봉을 보여준다(맨 마지막 봉). 시가 급등 후 온종일 하락하여 거래량 증가한 장대음봉이 만들어졌다. 매도해야 한다.

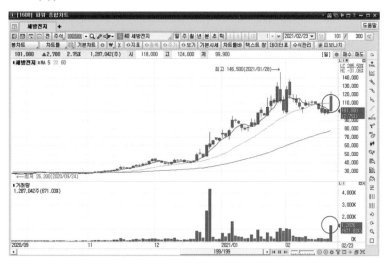

장중 흐름을 설명하고 나면 마치 모두가 스캘퍼나 데이 트레이더
가 되어야 하는 것처럼 생각하는 사람들이 있다. 그렇지 않다. 우리
가 유통시장에서 트레이딩을 하는 이유는 '최대한 싸게 사고 비싸게
팔아서' 시세차익을 극대화하려는 것이다. 어떤 기업의 주식에 장기
투자한다고 하더라도 기왕이면 싸게 사려고 노력해야 한다. 좀더 긴
기간으로 봐도, 기왕이면 시장이 많이 하락하여 주가가 본질 가치 대
비 현저히 싸게 거래될 때 사야 한다. 그리고 시장이 버블을 만들면
서 오버슈팅(과열)할 때 매도해야 한다.

트레이딩을 하기 위한 차트의 기본을 긴 지면을 할애하여 설명했
다. 기본 개념만 갖추고 있으면 시장의 상투와 바닥을 형성하는 차트
에서의 신호를 발견할 수 있다. 장기 투자자라고 하더라도 이런 개념

을 잘 활용하여 싸게 사려고 노력해야 한다. 특히 지수 ETF를 거래하는 투자자들은 시황을 맞히려고 노력하기보다 기술적 분석의 신호를 이용하여 거래할 때 훨씬 쉽고 수익률이 좋을 것이다.

장중 주가 움직임은 전업 투자자가 아니면 볼 수 없다고 생각하지만, 그렇지 않다. MTS를 통해 중간중간 장중 흐름을 파악할 수 있다. 대부분의 개인 투자자는 자기가 보유한 주식의 현재가만 본다. 그리고 일봉으로 차트를 보며 지지나 저항을 확인하고, 추세적으로 보유할 것인지 매도할 것인지를 판단한다. 하지만 이제는 장중 시그널 ①~④번 유형을 꼭 확인하기 바란다.

만약 보유 주식이 장중에 ④번 유형처럼 움직였다면, 이 주식을 다음 날 매도할 땐 당일의 고점으로부터 상당히 하락한 가격에 매도해야 할 것이다. 매수 역시 마찬가지다. ①번 유형처럼 움직인 주식을 다음 날 매수하려면 당일 저가보다는 상당히 높은 가격에 매수해야 할 것이다.

매수 및 매도 신호가 발생했으니, 다음 날 원칙대로 좀더 높은 가격에 매수하거나 좀더 낮은 가격에 매도한다면 그나마 다행이다. 대부분의 경우 다음 날 가격이 상승하여 못 사거나, 가격이 많이 하락하여 못 판다. 상승하는 주식은 못 사고 하락하는 주식은 못 파는 매매를 하는 것이다. 오전에 한 번, 점심시간과 장 후반에 한 번씩만 보유 주식 또는 매수하려고 하는 주식의 장중 주가 흐름을 살펴보고 이상의 네 가지 패턴 중 어떤 흐름을 보이는지 판단하면 매매 결정에

도움이 될 것이다. 이런 흐름의 패턴을 많이 보고 거래해볼수록 점점 더 익숙해지고 쉬워진다. 이런 흐름을 알고리즘으로 만들어 매매에 이용하는 것도 좋은 방법이다.

2장

매매 타이밍 판단에
핵심적인
여섯 가지 개념

여섯 가지
핵심 개념

기본 모델

· ● ·

매매 타이밍을 판단하기 위해서 하루에도 수십 번씩 거래하며 매수 및 매도 타이밍을 포착하는 스캘퍼, 데이 트레이더들의 노하우를 설명하려 한다. 우리 모두가 단기거래자가 되어야 한다는 뜻은 아니다. 다만 노련한 단기거래자들의 매매 타이밍을 배우면 어떤 원칙으로 매수는 최대한 싸게, 매도는 최대한 비싸게 할 수 있는지를 알게 될 것이다.

단기거래자들은 첫째 주식 보유 기간이 길어짐으로써 증가하는 시간의 위험을 회피하고, 둘째 시황이나 산업 및 기업 분석의 어려움과 오류를 피함으로써 손실의 리스크를 줄이는 데 주력한다. 중장기 가치 투자를 제외한 대부분 투자는 단기거래라고 볼 수 있다. 차트와 수급으로 타이밍을 포착하고 스팟 시황이나 모멘텀을 이용하여 거래하기 때문이다.

단기거래를 시간이 짧은 순으로 스캘핑, 데이 트레이딩, 스윙 트레이딩으로 구분할 수 있다. 스캘핑은 시장이 열리고 있는 동안 발생하는 초단기 변동성을 이용하여 시세차익을 추구하는 것을 말한다. 매수와 매도, 즉 한 번의 거래가 몇 초 또는 몇 분 내에 종결된다. 데이 트레이딩은 매수한 포지션을 다음 날로 넘기지 않고 당일 모두 청산하는 하루 중의 거래를 말한다. 그리고 스윙 트레이딩은 매수한 주식을 며칠 동안 홀딩함으로써 상승 탄력을 받은 주가의 수익을 극대화하려는 것이며, 며칠 동안 상승과 하락을 반복하는 주가 움직임의 속성을 이용하여 거래한다. 이름만 다를 뿐이지 단기거래의 기초 자료는 차트와 수급, 외부 충격의 생성과 소멸 등으로 동일하다.

매매 타이밍의 기본 개념으로 이해해야 하는 여섯 가지 요소는 시간, 가격, 거래량, 속도, 움직임과 멈춤이다. 주식 보유 시간이 길어질수록 위험은 증가한다. 하루 중 시간으로는 장 시작 후 1시간, 장 마감 전 1시간이 가장 변동성이 크고 위험도 크다. 짧은 시간에 하락한 주가는 반등 역시 짧은 시간에 일어나며, 길게 추세적으로 하락하면 반등 역시 급반등이 아니라 긴 시간 동안 추세적으로 일어난다.

거래량이 많다는 것은 유동성이 좋다는 것이며, 거래량의 급격한 증가는 변동성이 커졌다는 의미다. 거래량의 순간적인 급증은 가격 변동성을 키운다. 거래량이 급격히 증가할 때는 호가 잔량의 변화도 매우 빠르며, 그에 따라 체결 속도도 빠르다. 결국 가격 변화가 급격히 일어나며 호가 갭이 발생할 수 있다. 호가 잔량의 급격한 변화, 체결량의 급격한 변화, 호가 갭의 발생은 수익의 기회이면서 위험이 증가함을 의미한다. 다만, 거래 속도가 빨라야 한다. 이런 변동성 속에서 가격 변화의 속도, 체결의 속도, 주가 움직임의 속도와 멈춤 등의 요소가 단기거래의 목표수익률과 주식 보유 시간을 결정한다.

차트 2-1을 보면, 오전 10시 이전과 오후 2시 이후에 가격 변동성이 나타났다. 가격 변동성이 없는 10시부터 오후 2시까지는 거래량도 거의 없다. 움직임이 없는 것이다. 체결단위의 큰 변동성은 가격 변화의 속도도 빠르게 한다. 거래량과 가격 등 모든 움직임은 체결단위의 증가로 인한 것으로, 오전 10시 이전과 오후 2시 이후에 활발하다. 움직임이 없는 구간에서는 매매 타이밍도 잡을 수 없다. 움직임이 발생하면 매매를 준비하고, 멈춤이 발생했을 때 실제 매매를 한다.

시간의 의미와 **활용 방법**

· · ·

주식 보유 시간이 길어지면 그에 비례하여 위험도 커진다(그림 2-1). 주식 보유 시간이 길다는 것은 불확실성과 리스크의 오차가 커진다는 것을 의미한다. 또한 보유 시간만큼 이익이 증가하리라는 기대와 같은 확률로 위험도 있다.

주가 움직임을 나타내는 분봉차트나 선차트의 기울기와 주식 보유 시간 역시 밀접한 관련이 있다(그림 2-2). 차트의 기울기가 급하다는 것은 단기에 급등락했다는 뜻이다. 차트의 기울기가 급할수록 주식 보유 시간을 짧게 해야 한다(거의 90도 각도로 가파르게 상승한 주식을 그냥 보

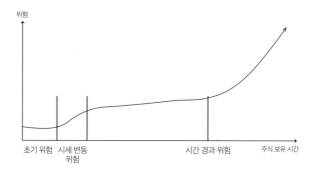

그림 2-1 **주식 보유 시간과 위험**

위험

초기 위험 · 시세 변동 위험 · 시간 경과 위험 · 주식 보유 시간

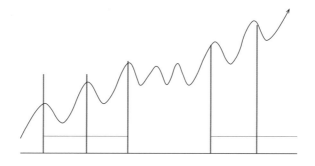

그림 2-2 **주가 움직임의 기울기와 주식 보유 시간**

유할 경우 다시 급락하는 경우가 빈번하다).

　반면 완만하게 상승하는 주식이라면, 그 각도만큼 보유 시간이 길어야 원하는 수익을 낼 수 있다. 차트가 완만하다는 것은 상승이 급격하지 않았다는 뜻이므로 수익의 폭이 작다. 이런 움직임이 나타나는 건 수급 때문이다. 급격히 하락한 주식은 하락 시 매수자들이 적어서 상승할 때 매물이 적다. 반면 시간을 끌면서 완만하게 하락한 주식은 하락할 때 매수자들이 많아지므로, 반등 시 매물이 많아 매물을 소화하는 데 시간이 걸리거나 반등에 실패할 확률도 높다. 단기거래자가 가능한 한 짧은 시간 동안 등락한 주식에 집중하는 이유가 이것이다.

—— 그림 2-3 **시장 상황과 주식 보유 기간**

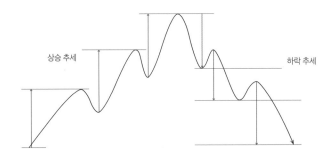

시황이 강세일 때는 긴 시간 동안 크게 상승하고 짧은 시간 동안 소폭 하락한다. 약세일 때는 반대의 움직임이 나타난다. 따라서 강세장에서 수익을 극대화하려면 좀더 길게 보유해야 하며, 약세장일 때는 잠시 반등 후 길게 하락할 수 있기 때문에 가능한 한 짧게 보유해야 한다. 개별 주식에서도 마찬가지다. 상승 추세일 때는 길고 큰 폭의 상승을 하고 하락 추세일 때는 긴 하락과 짧은 반등을 보이므로, 그 주기에 맞춰 보유 시간을 결정해야 한다.

단, 시황과 상관없이 각 주식은 저마다 특이한 주가 움직임을 보인다. 예컨대 상승했다 하면 상한가, 하락했다 하면 하한가인 주식은 다음에 상승 또는 하락할 때도 비슷하게 움직인다. 어떤 주식은 하루 움직임의 폭이 3~4%에 이르면 더는 상승하거나 하락하지 못하기도 한다. 따라서 어떤 주식을 매매할 때 그 주식의 과거 등락폭이 목표 수익률과 보유 시간을 결정하는 데 중요한 요소가 된다.

〈그림 2-4〉에서 볼 수 있듯이, 장 시작 후 오전 10시 정도까지는 변동성이 매우 큰 반면에 매매 위험은 상대적으로 낮다. 이후부터는 변동성이 줄며 수익의 기회나 매매 타이밍의 시그널이 없다가, 오후 2시 이후부터 변동성이 급격히 증가하며 다시 매매 시그널을 제공한다. 오전보다 오후 변동성의 위험이 큰 데는 심리적인 요인이 크다. 오전 타이밍에서는 이후 주가의 변동성으로 인한 판단을 수정할 기회가 있으나, 오후 2시 이후에는 그렇게 할 수 있는 기회가 적기 때문이다. 심리적으로도 오전에는 원칙을 잊지 않고 냉정하게 매매하는 데 반해, 시간이 흘러갈수록 자신이 마음먹은 원칙이 무엇인지를 잊은 채 그냥 매매를 위한 매매를 하는 경우가 빈번하다.

─── 그림 2-4 장중 시간대별 위험과 수익의 기회 ────────

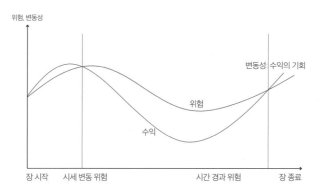

차트 2-2는 오스코텍의 3분봉이다. 장 초반부터 거래량이 급증하며 급등했다가 이내 급락하는 등 큰 변동성을 보였다. 그러나 9시 30분을 넘어서면서부터는 거래량도 증가하지 않고 주가도 큰 변동이 없다. 장중에도 이처럼 거래량과 가격 움직임의 속도에 따라 주가 움직임의 기울기가 정해진다.

2-2

장중 주가 움직임의 기울기가 가파를수록 매매 타이밍 판단이 빨라야 하며, 단기거래자는 보유 시간을 짧게 해야 한다. 기울기가 급하다는 것은 짧은 시간에 급등락했다는 뜻이다. 급락한 종목은 반등역시 급하게 나타나는데, 곧바로 반등하지 못할 경우에는 이후 약세로 전환될 것으로 판단해야 한다.

주가가 추세를 만들며 움직일 때는 추세 한 파동의 시간이 매우 중요하다. 장중 추세를 이루며 움직이는 종목은 각 추세의 파동 시간이 비슷하기 때문이다. 1차 상승에 5분이 걸렸는데 2차 상승은 30분 걸리고 3차 상승은 1분이 걸렸다면 추세를 이용한 매매가 어려울 것이다. 차트 2-3에서 볼 수 있듯이, 추세를 이루며 움직이면 이를 이용하여 거래하는 시장참여자들이 있기 때문에 각 추세가 만들어지는 시간이 비슷하다. 따라서 추세를 이용해 매매하고자 할 때는 한 파동의 시간을 고려해서 주식 보유 시간을 판단해야 한다.

2-3

매매하는 종목이 평소 급변하는 종목인지 완만하게 움직이는 종목인지에 따라 주식 보유 시간을 달리해야 한다. 극단적인 예로, 몇

십 분 사이에 상한가와 하한가를 오가는 종목을 1시간 동안 가지고 있을 수는 없다. 1시간을 기다려야 천천히 추세를 이루면서 겨우 몇 퍼센트 상승하는 종목을 매매하고 있다면 그 추세만큼은 기다려야 한다. 코스피보다는 코스닥에 급변하는 종목이 많고, 대형주보다는 소형주의 가격 변동성이 크다. 코스닥에서도 소형주와 거래량이 적은 종목의 가격이 급변하는 경우가 많다.

차트 2-4는 장 시작 직후 변동성(급락)과 장 마감 무렵의 변동성(급등락)을 보여준다. 앞서 얘기했듯이 개장 직후와 장 마감 무렵의 변동성이 가장 크며, 오전보다는 오후의 위험이 크다.

2-4

높은 변동성에 비해 위험이 상대적으로 작은 오전에 매매 타이밍을 잡는 것이 위험을 관리하는 측면에서 유리하다. 즉, 하루 매매를 설계할 때 오전에 집중 공략하고 이후 관찰만 하다가 오후에 다시 타이밍을 판단한다. 오전에 매수했을 때는 이익실현이 됐든 손절매가 됐든 매도할 기회가 있으며, 대부분 이익실현 기회를 준다. 그러나 장 마감 무렵 잘못된 매수를 하면 다음 날 큰 손실로 이어질 수 있다. 차트 2-5에서도 오전에 매수했다면 장중 손실 없이 매도할 수 있는 기회가 있지만, 오후에는 매도 기회가 없다. 그만큼 더 위험하다. 장중 흐름 ①번이나 ③번 유형이 아닌 경우, 내가 매수한 오늘이 고점일 수 있다는 생각을 항상 가져야 한다.

2-5

가격의 의미와 **활용 방법**

· · ·

가격은 매수자와 매도자의 수급에 의해 형성된 균형 가격 자체로 인식해야 한다. 매매 타이밍을 판단하는 순간에는 현재 거래되고 있는 가격을 적정 가격으로 생각하고, 단지 수급 불균형으로 인한 변동성에 집중해야 한다. 가격과 관련하여 고려해야 할 사항은 다음과 같다.

첫째, 거래수수료·거래세·슬리피지 등 제비용을 고려하고도 충분히 이익을 낼 만큼의 가격 변동폭이 있어야 한다. 예를 들어 목표가가 현재가의 50%라면 10~20% 수익을 낼 수 있다. 그러나 목표가가 10%라면 수익보다는 손실을 볼 확률이 높다. 우리는 원하는 가격에 정확히 사거나 팔 수 없다. 거래하면서 발생하는 제비용도 만만치 않다. 따라서 '업사이드(상승 여력)'가 큰 종목에 집중해야 한다.

둘째, 수급의 균형으로부터 충분히 괴리되어 있는 종목은 단기에

────── 그림 2-5 **가격 움직임과 기울기** ──────────

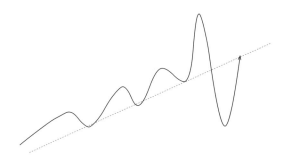

수익을 얻을 수 있다. 시황이나 일시적 외부 충격에 의해 가격이 하락하는 경우, 수급의 일시적 비정상은 빠른 시간에 정상으로 회귀한다. 예컨대 45도 각도로 상승하던 주식이 90도 각도로 수직 상승하면 고점일 가능성이 크고, 완만하게 하락하던 주식이 90도 각도로 급락하며 거래량이 증가하면 조만간 저점을 형성할 가능성이 크다.

셋째, 가격 변동성이 크게 나타나는 종목을 쉽고 빠르게 인지할 수 있도록 HTS의 기능을 활용해 시스템적 환경을 만들어놓는 것도 중요하다.

넷째, 라운드 피겨 가격(마디 가격)에 대해 이해해야 한다. 가격에서 라운드 피겨는 종종 중요한 요소로 작용한다. 즉, 지지 가격 또는 저항 가격이 라운드 피겨에서 발생하는 경우가 많다(지지와 저항에서 구체적으로 설명한다).

차트 2-6은 LG생활건강의 5분봉으로, 오전에 가격 변동성이 컸다. 그 기울기만큼 장중 하락폭도 컸다. 급등했기 때문에 조정 하락폭도 크게 나타난 것이다. 이처럼 변동성이 큰 구간에서는 매매 시그널을 찾을 수 있다. 그러나 11시 이후에는 조금씩 상승하긴 했지만 매매 타이밍의 시그널이 없다.

거래량의 의미와 **활용 방법**

● ● ●

거래량, 특히 순간체결량이 급증한다는 것은 해당 주식의 변동성과 유동성이 증가한다는 뜻이다. 어떤 이유에서든, 시장의 관심이 집중돼 거래가 급격히 증가한 것이다. 대량의 거래가 수반되면서 등락하는 주식은 유동성이 충분하여 빠른 거래에 유리하며, 변동성이 크다는 것은 단기거래로 수익을 낼 확률이 높다는 뜻이다. 아무리 좋은 호재가 있더라도 거래량을 수반한 가격 움직임이 없으면 시세차익을 내기 힘들다. 가격 변화가 발생해야 수익을 추구할 수 있으며, 가격 변화는 거래량 증가 없이 일어나지 않는다. 가격이 움직일 때 거래량이 증가해야 하며, 특히 순간체결량이 급증해야 중요한 타이밍이 된다. 앞서 설명했듯이 대량거래를 수반하는 가격 상승은 매수 타이밍으로, 대량거래를 수반하는 가격 하락은 매도 타이밍으로 정하는 것도 시차만 있을 뿐 같은 개념이다.

〈그림 2-6〉에 도식화했듯이, 주가가 상승하는 구간에서는 거래량이 증가하며 일정 수준 상승한 후에는 거래량이 감소한다. 주가가 크게 상승한 후 거래량이 증가한다면 고점일 가능성이 크며, 추세 상승 중인 주식은 하락 시에 거래량이 감소한다. 상승 시 거래량 증가, 하락 시 거래량 감소가 기본 개념이다.

──── 그림 2-6 **주가 움직임과 거래량** ────────────────

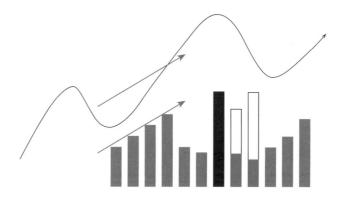

거래량이 급격히 증가한다면 상투 또는 바닥일 가능성이 있다. 지속적으로 하락하던 주식이 어느 날 거래량이 급격히 증가하면 바닥이라는 신호이고, 연속적으로 상승하던 주식이 가격이 많이 오른 상

태에서 거래량이 급증하면 단기든 중장기든 상투라는 신호다. 전자는 많이 하락한 주식을 누군가가 대량으로 매수했기 때문이며, 후자는 많이 상승한 주식을 누군가가 대량으로 매도했기 때문이다. 단기적인 매매 타이밍을 판단할 때도 같은 개념으로 생각하면 된다. 순간체결량이 급증하면서 반등하면 매수 타이밍, 반대로 순간체결량이 급증하면서 반락하면 매도 타이밍이다. 주가의 변곡점에서 대량의 거래량을 수반한다는 속성을 이해하고 이를 이용할 수 있어야 한다.

거래량을 이용한 매매 타이밍의 포인트는 다음과 같다.

첫째, 거래량 증가를 한눈에 확인할 수 있는 시스템적 요소를 갖추어둔다. 절대 어렵지 않다. 순간체결량이 급격히 증가한 종목을 검색하면 된다. 체결량과 거래량의 증가 기준은 종목별 평균 체결량과 거래량 대비 5배 이상으로 잡으면 된다.

둘째, 종목별로 최근 1~3개월의 평균 거래량을 사전에 정리해둔다. 삼성전자가 몇만 주씩 거래된다고 해서 체결량과 거래량이 급증한 건 아니다. 대부분 종목은 일평균 거래량이 대체로 일정하다. 그 평균보다 거래량이 월등히 증가했는지를 체크하는 것이다.

셋째, 순간체결량의 증가는 단발성이 아니라 연속적이어야 의미가 있다. 순간체결량이 연속적으로 증가해야 누적 거래량이 증가하기 때문이다.

넷째, 거래량 증가는 상투 또는 바닥을 의미한다. 즉, 추세에서 하락 멈춤이 나타난 이후 터닝포인트(저점)와 상승 멈춤이 나타난 이후 터닝포인트(고점)에서 거래량이 급증한다.

보통 개장 직후 1시간과 장 마감 무렵 1시간에 하루 거래량 대부분이 체결된다. 거래량의 급변은 가격 변화를 만들고, 거래자들은 가격 변화를 이용해 매매 타이밍을 판단하기 때문이다. 차트 2-7에서는 극단적으로 개장 직후 큰 가격 변동성과 거래량 급증을 보였고, 오후 3시 넘어서 다시 거래량이 증가했다. 장중 내내 거래량이 없을 때는 매매 판단을 하지 않는다. 거래량이 없다는 것은 가격 변동도 없다는 뜻이기 때문이다.

— 2-7 —

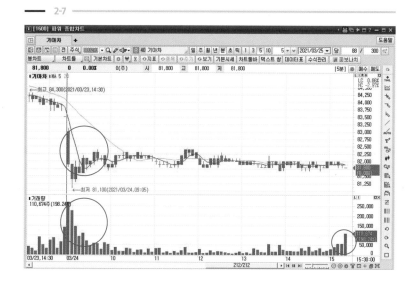

차트 2-8에서 시간대로 14:01:00~14:19:00을 보면, 1분 단위의 순간 체결량이 몇십 주에서 몇백 주 정도다.

순간체결량의 급증은 가격의 움직임을 만든다. 차트 2-9에서 시간
대로 14:37:00~14:55:00을 보면, 수천 주에서 1만 주 이상으로 체결량
이 급증했다. 같은 시간대에 주가도 급등했다.

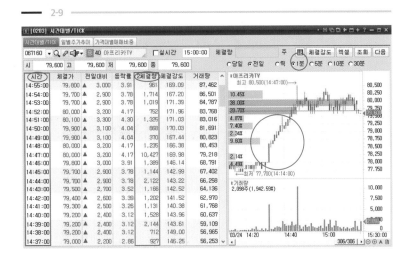

움직임 및 멈춤의 의미와 **활용 방법**

• • •

가격 움직임이란 가격이 상승하거나 하락하며 변화하는 것을 말한다. 순간체결이 연속되며 가격 움직임과 연동돼 거래량이 증가하는 것을 거래량의 움직임이라고 한다. 거래량의 움직임은 상승이나 하락 초기에 급격히 활발해지고, 어느 순간 서서히 멈춤이 나타난다. 호가 잔량의 움직임은 가격이 상승하거나 하락하는 동안 호가 잔량이 늘어나거나 줄어드는 것을 말한다. 가격이 하락하는 동안에는 매도 호가 잔량이 늘어나고, 매수자들이 호가 잔량을 취소하기에 매수 호가는 줄어든다. 그러다가 가격 움직임의 멈춤이 나타나는 어느 순간 호가 잔량에서는 반대의 움직임이 나타난다. 즉, '가격 움직임 = 거래량 움직임 = 가격 변동성 = 거래량 변동성'이라고 정리할 수 있다. 이를 도식화한 것이 〈그림 2-7〉이다.

주식과 관련된 모든 것에는 움직임과 멈춤이 있다. 먼저 가격을 보면, 등락을 거듭하지만 일정 시간 동안 지속 상승하는 '상승 움직임'과 지속 하락하는 '하락 움직임'이 있고, 상승하던 주가가 특정 가격권에서 더는 상승하지 않는 '가격 상승의 멈춤'과 특정 가격권에서 더는 하락하지 않는 '가격 하락의 멈춤'이 있다. 그리고 거래량을 보면, 가격이 급격히 움직이는 동안에는 동반하여 늘어나는 '거래량의 움직임'과 일정한 가격권이 되면 거래량이 급격히 감소하는 '거래량의 멈춤'이 있다. 가격이 움직일 때 호가 잔량에도 변화가 발생한다.

그림 2-7 **움직임**

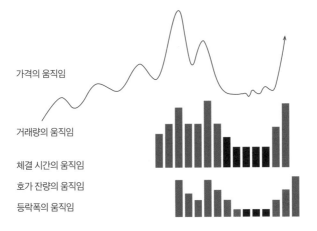

가격의 움직임

거래량의 움직임

체결 시간의 움직임
호가 잔량의 움직임
등락폭의 움직임

가격이 상승하는 동안에는 매수 호가 잔량이 증가하고 매도 호가 잔량이 감소한다. 반대의 경우엔 매도 호가 잔량이 증가하고 매수 호가 잔량이 감소한다. 이때 증가하거나 감소하는 호가 잔량을 '호가 잔량의 움직임'이라고 한다.

가격이 급격히 상승하는 상황을 생각해보자. 가격 움직임이 발생하면서 거래량도 동반하여 증가한다. 매수자들이 가격을 올리면서 매수하기 때문에 매도자들도 주문을 내놓으면서 거래량이 증가한다. 가격이 급격히 상승하면 매도하려던 투자자들이 주문을 취소하기 때문에 매도 호가 잔량은 줄어들고, 매수자들은 추격 매수하고자 매수 주문을 하기 때문에 매수 호가 잔량은 증가한다. 그러다가 일정한 상승 후엔, 매수자들은 너무 고가에 추격 매수하지 않으려고 추가 매수 주문을 하지 않는다. 따라서 거래량이 감소하며(엄밀히 말하자면 순간체결량이 감소하는 것이다) 가격 상승도 멈춘다. 그 정점에선 가격 상승 움직임이 멈추고, 거래량 증가 움직임이 멈추고, 매수 호가나 매도 호가에서도 멈춤이 나타난다. 바로 그 시점이 단기 고점이며 매도 타이밍이다.

그 고점으로부터 다시 가격이 하락하기 시작하면, 매도자는 늘고 매수자는 줄기 때문에 매수 호가 잔량이 감소하고 매도 호가 잔량은 증가한다. 단기 매도자들이 차익 매도를 하고 매수자들이 눌림목 매수를 하면, 다시 거래량이 증가하면서 가격 상승 움직임이 발생한다. 하락하는 주가 움직임과 거래량, 호가 잔량의 변화는 상승의 반대로 생각하면 된다.

움직임을 이용한 매매에서 포인트는 다음과 같다.

첫째, 움직임의 영역을 사전에 설정한다. 움직임이 어디까지 나타날 것인가를 사전에 예상해둔다는 의미다. 매매 타이밍의 판단에서는 예측에 의한 매매를 하지 않는다고 했다. 여기서 설명하는 영역의 예측은 일정 하락률 이상의 하락은 큰 위험이 있을 수 있고, 일정 상승률 이상의 상승은 고점의 우려가 있기 때문에 예상 수준의 주가 움직임에서 타이밍을 판단하고자 하는 것이다. 예상하는 영역 내에서 기다리던 시그널이 발생하면 매매 타이밍이 된다. 일정한 영역의 예측이란 지지, 저항, 추세, 패턴을 이해하고 그 움직임의 영역 내에서 지켜보고 판단하는 것을 의미한다.

둘째, 움직임을 쉽게 판단할 수 있는 단순화된 화면 구성이 중요하다. 장중 분봉 차트나 선차트로 흐름을 판단할 수 있고, 호가 잔량과 체결량을 볼 수 있는 현재가 화면을 사용한다.

셋째, 움직임을 인지하기 위한 타이밍을 정해두는 것도 좋다. 온종일 움직임과 멈춤을 관찰하기 어려운 직장인이라면 더더욱 오전과 오후 특정한 시간에 장중 흐름과 움직임을 체크하겠다고 정해두는 것이 좋다.

넷째, 움직임을 주관적으로 해석해 매매해선 안 된다. 움직임을 이용한 매매에서 가장 흔히 나타나는 오류는 움직임을 주관적으로 예측하여 '여기까지 하락할 거야', '이 정도면 충분히 하락했어'라고 판단하는 것이다. 그러나 움직임은 시장에서 나타나는 객관적인 현상이며, 그것을 임의대로 판단해서는 안 된다. 저점 또는 고점이라고 판단할 수 있는 신호가 발생할 때까지는 그저 관찰자의 입장이어야 한다.

다섯째, 움직임을 관찰하는 동안 매매 타이밍을 판단하고 실제 매수 및 매도 준비를 한다. 움직임을 관찰한다는 것은 예컨대 하락 움직임일 경우 저점을 잡고자 하는 것이므로, 가격 하락의 멈춤이 발생하면 곧바로 매수에 들어가기 위해 미리 준비를 해둔다. 매수 후엔 상승 움직임을 지켜보며, 가격 상승의 멈춤이 발생하고 하락 반전하는 시점에 매도할 수 있도록 타이밍을 판단하고 매도 준비를 한다.

차트 2-10은 현재가 화면 구성의 예를 보여준다. 호가 잔량과 체결량, 5분선 차트로 이뤄져 움직임을 한눈에 파악할 수 있다.

〈그림 2-8〉은 움직임과 멈춤을 도식화한 것이다. 멈춤을 이용한 매매에서는 멈춤을 'STOP'에서 인식할 것인가 'PAUSE'에서 인식할 것인가를 판단하는 것이 중요하다. 여기서 STOP은 멈춤이라는 현상이 정확히 특정 가격을 찍고 터닝하는 경우를 말한다. 그러나 실전에서는 멈춤이 한 번에 일어나지 않고 추가 하락을 한다든지, 여러 번의 멈춤으로 다중 고점과 다중 저점을 만들 때가 많다. 한 지점에서 STOP하고 반등하는 것이 아니기에 하락을 멈추려는 상태를 보일 때 PAUSE라고 표현한다.

흔히 멈춤의 속임형이 나타나기도 하는데, 멈춤의 현상이 아주 잠

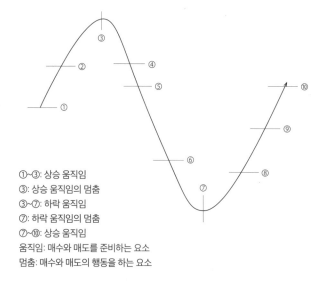

그림 2-8 **움직임과 멈춤**

①~③: 상승 움직임
③: 상승 움직임의 멈춤
③~⑦: 하락 움직임
⑦: 하락 움직임의 멈춤
⑦~⑩: 상승 움직임
움직임: 매수와 매도를 준비하는 요소
멈춤: 매수와 매도의 행동을 하는 요소

깐 나타나고 곧바로 재하락하는 경우가 있다. 이런 경우 자칫 큰 손실로 이어질 수 있다. 하락 움직임의 멈춤이 나타나면 곧이어 상승 움직임이 나타나야 하는데, 상승 움직임이 아주 약하면 곧바로 재하락할 수 있음을 주의해야 한다. 우리는 멈춤에서 매수 또는 매도의 행동을 해야 한다. 따라서 그 영역을 설정한다는 것은 어느 정도의 하락 시, 어느 정도의 상승 시에 매수 또는 매도하겠다고 영역을 일정 부분 예상한다는 뜻이다.

이런 예상은 지지, 저항, 추세. 패턴을 이해하고 오랜 경험이 있어야 가능하다. 그러나 전문가라고 하더라도 다 능숙하게 해내는 것은 아니다. 미리 설정한 영역에서 무조건적인 매매를 하는 것이 아니라 그 영역에서 멈춤이 일어나리라는 예측만 하고, 실제 멈춤의 신호가 확인되어야 매매를 한다. 움직임을 판단하는 것은 단지 준비일 뿐이지만, 멈춤을 판단하는 것은 매매 행동에 나서는 것이므로 매우 신중해야 한다.

실제로 멈춤을 잘못 판단하여 손실을 보는 경우가 많다. 쉬운 예로 일봉상 단기 급락하던 주가가 일정한 가격권에서 더는 하락하지 않고 횡보할 때 매수하는 사람이 많다. 그러나 그 가격권에서 반등하지 못하고 횡보 후 재차 급락하는 경우가 더 많다. 이처럼 멈춤을 잘못 판단하면 손실을 입게 된다. 가격 상승의 멈춤이라고 판단해 매도했는데 이후 더 상승하는 경우, 가격 하락의 멈춤이라고 판단해 매수했는데 이후 더 하락하는 경우가 많다. 전자는 수익의 폭이 줄었을 뿐이지만, 후자는 손실을 피할 수 없으므로 매수 타이밍을 판단하는 데 더욱 신중해야 한다.

지수 멈춤은 비교적 인지하기도 쉽고 생각할 시간적 여유가 있는 반면, 종목별 멈춤은 아주 짧은 시간에 일어나고 다시 상승 움직임 또는 하락 움직임이 나타난다. 따라서 움직임을 관찰하다가 멈춤을 인지했다면 신속히 주문을 입력해야 한다. 그러지 않으면 매수 타이밍과 매도 타이밍을 놓치게 된다. 매매를 실행하는 데 단호함이 필요하다는 얘기다.

자신의 매매 원칙을 스스로 신뢰할 수 있으려면 훈련을 하고 경험을 쌓아야 한다. 평소 지수의 움직임과 멈춤을 관찰해 매매에 적용하면서 원칙을 쌓아가는 것도 좋은 방법이다. 지수 움직임과 멈춤은 비교적 쉽게 판단할 수 있으므로 지수를 통한 연습을 많이 해두면 좋다. 지수 관련주들은 지수와 함께 움직이는 경향이 있다. 3장에서 '지수 움직임을 이용한 매매'를 따로 설명할 것이다. 지수의 급락 움직임이 나타날 경우에는 지수와 상관계수가 높은 종목들, 강세 종목들의 움직임을 관찰하고, 하락 움직임의 멈춤이 발생하면 관찰한 종목을 매수한다. 그 이후에는 지수의 반등이 멈추고 반락하는 시점에 종목도 함께 매도한다.

속도의 의미와 활용 방법

· · ·

움직임과 멈춤에 대해 설명했는데, 이때의 속도 또한 중요한 판단 요소다. 가격 움직임의 속도가 빠르다는 것은 주가가 급등락한다는 뜻이다. 급등과 급락이 있을 땐 체결 속도와 거래량 증가 속도도 빨라진다. 따라서 속도가 빠르다는 것은 그만큼 위험이 커지는 것이지만, 위험이 곧 변동성이므로 변동성을 이용한 단기거래에는 좋은 기회다. 변동성이 클수록 더 큰 수익의 기회가 있다. 거래량 증가의 속도가 빠르면 빠를수록 매매할 수량 및 금액의 크기도 커지고, 언제든 매매할 수 있는 유동성이 보장된다. 가격 변화의 속도가 빠르면 빠를수록 목표수익률도 더 높아진다. 45도 이하의 각도로 천천히 상승하는 주식은 목표수익률도 그만큼 낮지만, 거의 90도 각도로 급등락하는 주식은 위험이 큰 만큼 목표수익률도 높다.

가격 변화의 속도로 목표수익률을 정한다. 스캘퍼들의 개념으로 생각해보면 빠른 속도로 하락해 10% 이상 급락한 주식은 목표수익률을 3~4% 이상으로 잡을 수 있지만, 느리게 하락하여 3% 내려간 주식은 목표수익률이 1%도 안 될 수 있기 때문에 매매 대상에서 제외된다. 거래량의 증가 속도가 빠르면, 즉 대량거래가 터지면 더 많은 수량을 매수할 수 있다. 시장에서 한 번의 매매로 매수 및 매도 주문을 체결할 수 있는 수량을 체크하여 그 범위 내에서 투자 금액을 정한다. 하루 거래량이 10만 주밖에 안 되는 주식을 5~6만 주 매수하면, 수익이 나서 매도 타이밍이 됐다고 하더라도 원하는 가격에 매도할 수 없다.

움직임의 속도는 멈춤의 속도와 비례한다. 급등한 주식의 고점은 아주 '잠시'뿐이다. 그 타이밍을 놓치면 수익 중이던 매매를 손실로

─── 그림 2-9 **가격 움직임의 기울기와 주식 보유 기간** ─────────────

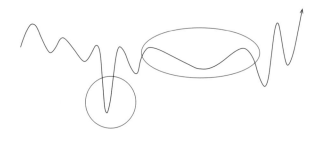

끝낼 수도 있다. 급락한 주식의 멈춤 역시 마찬가지다. 매수 타이밍이 아주 짧다. 저점에서 긴 시간 동안 매수 기회를 주면(멈추어 있으면), 그 주식은 추가 하락한다. 급등한 주식이 고점을 찍고 하락하지 않고 횡보하면(멈추어 있으면), 그 주식은 추가 상승한다. 등락의 속도로 멈춤의 시간을 판단하며, 그 판단에 따라 매매를 실행한다. 속도의 변화는 주가 움직임의 변화다. 빠르게 상승하던 주가가 점차 속도가 느려진다는 것은 매수세가 약해졌다는 뜻이다. 이제 곧 멈춤이 나타날 것이다. 주가 하락 속도가 점차 느려지면, 이제 곧 멈춤이 나타나서 반등하거나 멈추었다가 재하락하는 변곡점이 된다.

━━━ 그림 2-10 **속도와 수익·위험의 관계** ━━━━━━━━━━

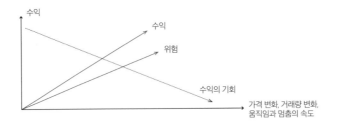

느리지만 안정적으로 움직이는 주식이 좋을까? 아니면 이슈가 있고 성장 모멘텀이 탄탄해서 상승 강도가 강하고 변동성이 큰 주식이 좋을까? 증권사에서 계좌를 개설할 때 '고객 성향 파악'이란 것을 한다. 주식은 '초고위험 상품'이다. 위험을 회피하려는 중위험 이하의 성향이 나오면 주식 투자를 위한 계좌 개설도 안 된다. 주식에서 안정적인 것은 없다. 위험을 수익으로 만들기 위해 투자 공부를 하고 정보를 찾아다니는 것이다. 주가 움직임은 안정적인 것과는 거리가 멀다. 하루에 상하 30%, 전체적으로는 60%의 매우 큰 변동폭을 갖고 있다. 실전 매매에서 안정적인 주가 흐름을 추구하다 보면, 수익을 낼 때는 작고 손실을 볼 때는 클 가능성이 있다. 비단 단기거래에서만이 아니라 모든 주식 투자에서 빠른 속도로 움직이는 주식을 선택하고, 그 속도를 이용하여 투자할 수 있어야 한다.

가격 변화의 속도가 빠르다는 것은 하락 움직임과 상승 움직임이 굉장히 빠르다는 의미로 급등락이 나타난다는 뜻이다. 따라서 수익의 폭이 크고 위험도 상대적으로 높다. 다만, 수익의 기회는 줄어든다. 빠른 시간에 움직인다는 것은 매수·매도 타이밍을 잡기가 그만큼 어렵다는 뜻이기 때문이다. 거래량 변화의 속도가 빠르다는 것은 거래량이 급격히 증가하거나 감소한다는 의미다. 거래량이 급증하며 움직이면 수익의 폭이 커지고 상대적으로 위험은 작아진다. 이때도 수익의 기회는 가격 변화의 속도와 같은 의미로 줄어든다. 움직임의 속도가 빠르다는 것은 급등락이 나타난다는 뜻이므로 수익이 크고 위험도 크다. 반면 수익의 기회는 줄어든다. 멈춤의 속도가 빠르다는 것은 매매 타이밍이 순간적으로 나타난다는 뜻이므로 수익의 기회는 현저히 적다고 볼 수 있다. 다만, 그 순간에 잡을 수만 있다면 큰 수익을 낼 수 있으며 위험은 작다.

속도를 이용한 매매의 포인트는 다음과 같다.

첫째, 가격 변화의 속도를 파악하여 목표 매수·매도 가격을 산정한다. 가격 변화가 빠르다는 것은 급등락했다는 의미이므로 목표 매수가는 낮게, 목표 매도가는 높게 잡을 수 있다.

둘째, 거래량 변화의 속도를 파악하여 목표 매매 수량을 산정한다. 거래량 변화, 즉 거래량 급증 또는 급감이 일어나는 가운데 매수 또는 매도하려는 수량을 적절히 조절한다. 급증하는 거래량을 이용해 거래할 때는 시장에서 소화할 수 있는 유동성이 있기 때문에 충분히 많은 수량을 매수할 수 있다.

셋째, 움직임의 속도를 파악하여 멈춤의 속도를 예측하고 목표수익률을 결정한다. 움직임의 속도가 빠르면 그에 비례해 멈춤의 속도도 빠르다. 이런 점을 고려하여 움직임을 관찰하면서 멈춤이 얼마나 빨리 나타날지를 예측하고, 멈춤 시 얼마나 신속히 매수할지를 판단한다. 상승 움직임이 얼마나 빠른가에 따라 목표수익률을 예측한다. 상승 움직임이 빠르다는 것은 급등한다는 의미이므로 목표수익률을 높게 잡을 수 있다.

넷째, 멈춤의 속도를 파악하여 주문 수량과 목표수익률을 산정한다. 멈춤이 빠르다는 것은 다른 매매 참여자는 타이밍을 놓치고 나만 매수했다는 의미이므로, 많은 수량을 매매할 수 있을 뿐 아니라 목표수익률 또한 높게 잡을 수 있다. 많은 사람이 매수하지 못했다는 것은 상승 시 매물이 없다는 뜻으로, 급상승할 수 있기 때문이다.

다섯째, 속도가 감소하면 매수 또는 매도 타이밍이다. 하락 움직임의 속도가 감소한다는 것은 매도 강도가 점차 줄어든다는 뜻이므로 이제 곧 매수 타이밍이 다가온다고 예측할 수 있으며, 상승 움직임의 속도가 감소한다는 것은 매수 강도가 점차 줄어든다는 뜻이므로 이제 곧 하락 반전한다고 예측할 수 있다. 이처럼 속도의 감소를 인지하고 매수 또는 매도 타이밍을 잡는다.

TRADING SKILL

지지와 저항,
돌파

지지의 의미와 **활용 방법**

· · ·

지지란 일정 가격권까지 하락하면 신규 매수세가 강하게 들어와
주가가 더는 하락하지 않는 것을 말한다. 지지 가격, 지지 가격권,
지지 가격선, 지지 가격대를 포괄하는 의미로 사용한다. 저항이란
일정 가격권까지 상승하면 매물이 출회되면서 주가가 더는 상승하
지 못하고 되밀리는 것을 말한다. 저항 가격, 저항 가격권, 저항 가
격선, 저항 가격대를 포괄하는 의미로 사용한다.

지지와 저항에서 가장 중요하게 봐야 하는 요소는 역할 반전이다. 즉, 저항선을 상향 돌파한 이후에는 이전의 저항선이 강력한 지지선 역할을 해주어야 한다는 뜻이다. 이런 역할 반전이 이루어지지 못하면 지지와 저항의 의미가 약해진다. 특히 돌파를 이용한 매매를 할 때는 역할 반전의 성공 여부가 매매 성공의 관건이 된다.

—— 그림 2-11 **지지, 저항, 돌파** ————————————————

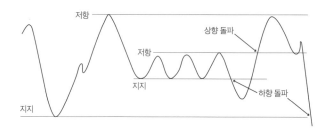

돌파는 상향 돌파와 하향 돌파로 구분되는데, 상향 돌파란 저항을 뚫고 상승하는 것을 말하고 하향 돌파는 지지를 뚫고 하락하는 것을 말한다. 통상 상향 돌파 시를 매수 타이밍으로 잡고 돌파 이후 상승에 따르는 수익을 기대하는 매매를 많이 한다. 그러나 하향 돌파로 인한 깊은 하락도 스캘퍼에게는 또 하나의 좋은 매매 타이밍이 된다.

횡보는 박스권 조정이나 일정 가격권의 가격 강화를 말한다. 지수나 가격이 일정 기간 일정 가격권에서 움직이는 현상이다. 이때 그 폭이 충분히 이익을 낼 수 있는 구간이면 매매가 가능하지만, 그렇지 않다면 오히려 손실의 위험이 크다.

라운드 피겨 가격(마디 가격)은 주가 10,000원 또는 100,000원, 지수 2000포인트 또는 3000포인트로 딱 떨어지는 숫자의 가격을 말한다. 지지와 저항에서 라운드 피겨 가격이 중요한 것은 대부분 지지와 저항이 라운드 피겨 가격에서 형성되기 때문이다. 이를 이해하고 시장을 관찰한다면 지지와 저항을 이용한 매매에 보다 쉽게 접근할 수 있다.

지지선으로 작용하는 가격은 전저점(직전 저점 또는 장중 저점에 이르러 더는 하락하지 않고 후속 매수세가 유입되는 가격), 직전 상향 돌파 가격(직전에 상향 돌파했던 저항 가격이 역할 반전을 하여 지지 가격으로 바뀐 것), 라운드 피겨 가격, 심리적으로 공포나 불안을 느끼는 가격(가격이 하락 움직임을 지속하면서 급락하는 가운데 일정 가격 이하로 하락하면 공포를 느껴 매도하는 가격) 등이 있다. 장중에는 시가가 최저가이고 이후 상승하여 장중 양봉을 만들며 움직인 종목이 하락하는 경우, 시가(금일 장중 최저가)에서 지지를 받는다.

지지를 이용해 주문 내는 방법은 다음과 같다.

매도 가격은 '지지 가격 ≧ 매도 가격'으로 정한다. 자칫 지지선이 무너져 손절매를 해야 할 경우를 대비하기 위해서다. 손절매를 하는 것은 고점에서 매수하여 추가 상승을 예상했으나 예측과 달리 하락하는 경우에 매도하는 것이므로, 지지 가격이라고 예상되는 가격이나 바로 아래 가격이라도 신속히 매도해야 한다. 지지 가격이 무너지면 급락의 위험이 있기 때문이다. 이익실현 매도라고 하더라도 확실하게 매도하여 수익을 확정해야 한다.

매수 가격은 '지지 가격 〈 매수 가격'으로 정한다. 즉 지지 가격 바로 위의 가격에 주문하는 것이다. 고점에서 내려오던 주가가 지지 가격에 이르러 하락 속도가 줄어들면 지지 여부를 확인할 수 있다. 지지에 대한 확신으로 매수에 들어갈 때는 지지 가격에 주문을 내서는 안 된다. 왜냐하면 나만이 아니고 많은 시장참여자가 그 가격에 지지되리라는 점을 인식하고 있어서 많은 매수가 들어오기 때문이다. 따라서 지지를 이용한 매수를 하고자 한다면 지지 가격 바로 위에서 매수해야 한다. 지지 가격에 매수 주문을 냈는데 쉽게 체결이 된다면, 지지하고 상승하기보다 오히려 지지에 실패하고 하향 돌파되기가 더 쉽다.

지지를 이용한 매매에서 주의할 사항은 지지선 붕괴 시 곧바로 매도하고 재매수 시점을 노려야 한다는 것이다. 지지선이 붕괴됐는데도 반등하여 다시 상승할 것이라고 기대하는 것은 위험하다. 지지선이 붕괴되면 예상보다 큰 하락이 나타나기 마련이고, 이후 상승을 한다고 하더라도 지지선이 저항선으로 역할 반전이 된 상황이어서 거기서 막히기 때문이다. 따라서 지지선 붕괴 조짐이 보이는 상황에서는 즉시 매도하고 급락을 이용한 매수 타이밍을 잡는 것이 오히려 낫다.

지지선 붕괴 시 급락을 이용한 매매를 하는 경우에는 추가 하락의 위험을 고려하여, 주가가 예상대로 움직이지 않을 경우 곧바로 손절매할 생각도 해야 한다. 지지선 붕괴 시에 주가는 급락할 확률이 높다. 이후 붕괴됐던 지지선(역할이 반전되어 저항선)을 다시 상향 돌파한다면 문제가 없겠지만, 반등이 약해 곧바로 재하락하는 경우 추세적으로 하락하게 된다.

지지선 붕괴 시의 저가 매수는 매우 위험한 매매 중 하나다. 그러나 낙폭이 크고 스캘핑으로 대처하면서 빠르게 판단할 수 있다면 훌륭한 매수 타이밍이 될 수 있다.

저항의 의미와 활용 방법

• • •

저항선으로 작용하는 가격은 전고점(직전 또는 장중 고점을 찍고 내려온 주가가 상승 전환하면서 올라갈 때는 전고점이 저항 가격이 된다), 직전 하향 돌파 가격(직전에 하향 돌파했던 가격이 역할 반전을 하여 저항 가격으로 바뀐 것), 라운드 피겨 가격, 심리적으로 안정감을 느끼거나 확신하는 가격(주가가 일정 영역을 벗어나 상승하면 금방이라도 상한가에 진입할 것 같은 가격대가 있다. 또한 저점에서 매수한 트레이더들이 일정 가격 이상이 되면 큰 수익을 낼 수 있는 가격대가 있다. 특정 가격권을 돌파해 급등할 것이라고 예상되는 가격대가 되면 심리적으로 확신을 하며 큰 수익에 대한 기대감으로 흥분하게 된다. 그러나 시장의 전문 트레이더들은 바로 이런 가격대를 매도 타이밍으로 선정한다) 등이 있다. 장중에는 시가가 최고가이고 이후 하락하여 장중 음봉을 만들며 움직인 종목이 상승하는 경우, 시가(금일 장중 최고가)에서 저항을 받는다.

저항을 이용해 주문 내는 방법은 다음과 같다.

매도 가격은 '저항 가격 > 매도 가격'으로 정한다. 즉 돌파해야 하는 저항 가격 바로 아래에서 매도하는 것이다. 저점에서 훌륭하게 매수한 경우 주가가 상승하면 매도 타이밍을 잡아야 한다. 이때 저항 가격권에서 매도해야 한다면 저항 가격 바로 아래 가격에서 매도해 이익실현을 해야 한다. 예컨대 저항 가격이 10,000원인데 바로 그 가격인 10,000원에 매도 주문을 내놓으면 주문이 체결되기 전에 재하락할 가능성이 크다. 시장에 참여하고 있는 많은 투자자가 저항 가격이 10,000원이라는 사실을 알고 있기 때문에 다들 10,000원에 매도 주문을 내놓을 것이다. 따라서 그 가격을 한두 번 찍는다고 하더라도 내 물량은 체결되지 않고 저항에 밀려 다시 하락할 수 있다. 그러면 매도 물량이 급격히 늘어나면서 급락할 수 있다. 따라서 이익실현을 할 때는 저항 가격 약간 아래에 매도 주문을 내야 한다.

매수 가격은 '저항 가격 ≤ 매수 가격'으로 정한다. 싸게 사려고 저항 가격 아래에 주문을 넣을 경우, 급등하는 주식은 매수되지 않고 재하락하는 주식일 때만 주문이 체결되기 때문이다. 저항선 돌파 시 중요한 점은 '대량의 매수가 짧은 시간에 급격히 들어오는가' 하는 것이다. 이 경우 빠른 속도 탓에 매수 타이밍을 놓치기 쉽다. 따라서 저항 가격에 잔량이 많으면 그 가격 또는 바로 위 가격에 주문을 내서 매수해야 한다.

저항선을 이용한 매매에서 주의할 사항은 저항선 아래에서 이익을 실현했을 경우 곧바로 재매수 타이밍을 준비해야 한다는 것이다. 저항선 바로 아래에서 이익실현 매도를 했다는 것은 저가에 매수해서 저항선 부근의 매물을 예상하고 매도했다는 의미다. 비록 이익실현은 했지만, 주가가 저항선을 상향 돌파하면 더 강하게 상승하기 때문에 자칫 매도 후 급등하는 주식을 보게 될 수 있다. 따라서 저항선에서 매물이 나오는데도 소폭 조정 후 곧바로 돌파가 일어날 때는 추격 매수해야 한다. 저항선 근처에서 매도한 경우에도 마찬가지다. 반드시 이후 주가 움직임을 살펴보고, 재상승을 하지 못하고 추세 하락으로 전환된다면 그 종목의 매매를 끝마쳐야 한다. 저항 돌파 매수 시에는 돌파 가격대의 매수 호가 잔량을 확인하는 것이 중요하다.

저항 가격대까지 진입한 주가가 곧바로 강한 상승을 하거나, 돌파 이후 눌림목을 주고 상승하거나, 아니면 곧바로 하락하여 재상승을 못 하고 추세 하락하는 등 여러 가지 상황이 나타날 수 있다. 이때 판단의 기준은 돌파 전 상승 강도와 돌파할 때 매물이 얼마나 많았는가, 돌파 후 매수 호가 잔량이 얼마나 많은가다. 돌파 전 상승할 때는 점진적·추세적 상승이 아닌 급등이어야 확실한 돌파가 되며, 돌파할 때 매물이 5만 주였다면 돌파 후 매수 잔량이 최소한 5만 주는 넘고 이상적으로는 그 2배 이상이어야 한다. 돌파 후 매물이 나와도 충분히 소화할 수 있는 매수 호가 잔량이 되어야 주가는 재하락하지 않고 추가 상승을 할 수 있다. 그 수량을 보고 추격 매수 또는 조정 시 후속 매수세가 유입되기 때문이다. 매수 호가의 잔량이 적으면 돌파 매수한 트레이더도 실망 매물을 내놓을 뿐 아니라 후속 매수세가 붙지 않아 곧바로 하락할 수 있다.

저항선이 지지선으로의 역할 반전에 실패할 경우 곧바로 매도를 고려해야 한다. 지지와 저항의 개념에서 가장 중요한 요소는 역할 반전이 확실히 나타나느냐 아니냐다. 확실한 역할 반전이 되어야 예상했던 대로의 상승 움직임이 나타난다. 강력한 저항 가격대를 상향 돌파했을 경우 이 가격대가 강력한 지지 가격대로 작용해주어야만 주가가 탄력을 받고 움직일 수 있다. 그러나 시황이 약세이거나 일부 세력이 인위적인 상승을 시도했을 경우 상향 돌파 후 곧바로 재하락하는 경우가 흔히 나타난다. 따라서 원칙으로 대처해야 한다. 역할 반전 실패 시에는 곧바로 매도한다는 원칙을 갖고 매매한다면, 손실을 줄이고 재매수 타이밍을 잡을 수 있다.

돌파의 의미와 **활용 방법**

● ● ●

돌파 매매는 여러 상황에서 널리 사용된다. 그중 가장 위험이 적으면서도 큰 수익을 노릴 수 있는 상황은 강력한 전고점 돌파, 대량매도 물량 돌파, 상승 추세 돌파, 신고가 돌파 등이다. 강력한 돌파가 이후 강한 상승을 만든다. 상승 추세, 신고가 등의 돌파에서는 되돌

림도 크고 하락 변동성보다 상승 변동성이 크기 때문이다. 반대로 약세로 전환된 종목의 돌파는 돌파에 성공했다고 하더라도 하락 변동성이 더 우세하기 때문에 곧이어 약세 전환해 급락할 위험이 있다. 돌파의 네 가지 유형을 〈그림 2-12〉에 정리했다.

그림 2-12 **돌파 매매의 유형**

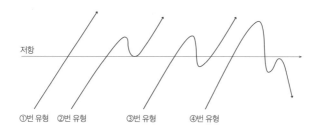

①번 유형은 돌파 후 상승 움직임이 더욱 강해져서 급등하는 경우이므로, 멈춤이 나타날 때 매도하면 된다. 돌파 매매의 기본형으로 강세장, 강세 종목에서 나타나는데 이런 강력한 돌파에는 몇 가지 조건이 있다. 첫째, 돌파하려는 저항 가격에 매도 물량이 많아야 한다. 대량의 매물을 돌파해야 상승의 힘이 더욱 강해지기 때문이다. 둘째, 돌파할 때 대량의 체결이 연속적으로 이루어져야 한다. 셋째, 돌파 가격의 매물이 잘게 오랫동안 체결되어서는 안 된다. 대량매물이라고 하더라도 서너 번의 체결로 소화돼야 한다. 즉 빠른 시간에 돌파되어야 한다는 뜻이다. 넷째, 돌파 이후 돌파 가격대에 대량의 매수세가 유입되어야 한다.

②번 유형은 대부분의 돌파에서 나타나며, 돌파 후 눌림목을 주고 재상승하는 경우다. 이때 재상승을 위해서는 돌파한 저항 가격대를 다시 하향 돌파해선 안 된다. 돌파한 가격대를 재하락하지 않는다는 것을 확인한 시장참여자들이 눌림목에서 매수해 상승에 힘을 보태는 유형으로 가장 흔히 나타난다. 이른바 N자형 상승으로 알려져 있고, 많은 사람이 이 유형을 이용해 매매하고자 한다.

③번 유형은 박스권 장세 또는 약세장에서 나타나는 경우가 있으며, 일부 세력에 의해 주가 움직임이 결정될 때도 나타난다. 즉 강력한 돌파를 해놓고 위에서 일부 매도해 주가를 돌파 가격 아래로 하락시킨다. 그런 다음 돌파를 이끌었던 매수자들이 돌파 가격 아래 지점에서 재매집해 상승시키는 경우다. 손절매한 주식이 급등하는 경우가 발생하는 것도 이런 유형이다.

③번 유형에서 재돌파 실패 시 ④번 유형처럼 추세 하락으로 전환될 수 있으며, 이때는 큰 손실을 보기 쉽다. 대응 방안은 돌파 가격 직전에 매수해서 돌파 후 상승에 매도하는 것이다. 돌파를 보고 매수했다면 역할 반전이 되는지, 반락했다면 돌파 가격을 얼마나 빨리 다시 돌파하는지를 확인해야 한다. 역할 반전 실패 후 재돌파 시간이 길어지면 힘을 잃고 추세 하락으로 전환된다. ④번 유형은 돌파 이후 하락한 가격이 재돌파에 실패하여 추세 하락하는 경우다. 이런 유형이 나오면 이후에는 매매하지 않는다. 이미 약세 기조로 전환됐으므로 항상 주의해야 한다.

추세

추세의 **의미**

· · ·

〈그림 2-13〉은 상승 추세를 도식화한 것이다. 상승 추세에서의 매매 타이밍으로는 추세선의 저점 매수, 고점 매도 외에 돌파 매매가 있다. 상승은 길고 하락은 짧기 때문에 주식 보유 시간을 비교적 길게 가져가도 되고 초보 투자자라고 하더라도 수익을 내기가 쉽다. 추세가 만들어지는 초반에는 인지하기 어렵다. 추세가 만들어지는 과정에서 인지하는 경우가 많고 그 과정에서 매매 타이밍을 판단

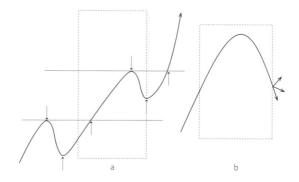

하는 것이다.

추세 초반에는 매수 제3원칙의 방법으로 판단하고, 추세 도중의 매수는 제2원칙을 적용한다. 추세는 한번 만들어지면 대부분 3회 정도의 파동으로 움직이며, 마지막에는 주추세의 각도와 달라지며 마무리된다. 따라서 3회 정도의 파동과 함께 마지막에 큰 폭의 상승이 있은 뒤의 파동에서는 매매를 하지 말아야 한다. 뒤 파동에서는 이미 시세 분출이 끝나고 추세 전환으로 이어지는 경우가 많기 때문이다. 이때 단기 추세는 마감되지만 기간 조정 후 다시 추세를 만들며 장기 추세로 움직이는 경우도 많다. 추세의 각 파동은 수급에 의해서 비슷한 시간을 보인다. 따라서 추세를 이용해 매매할 때는 주식 보유 시간을 예측할 수 있다는 장점이 있다.

추세의 유형별 활용 방법

· · ·

추세선을 그려놓고 '추세선 저점에서 매수하여 고점에서 매도, 돌파 시에 매수하여 고점에서 매도'라는 식의 이야기는 누구나 할 수 있다. 저점에서 매수하라고 하는데, 저점을 어떻게 잡을 것이며 어떤 상황이 저점인가? 고점에서 매도하라고 하는데, 어떤 상황이 되면 고점이고 고점을 어떻게 알 수 있는가? 돌파 시에 매수하라고 하는데, 돌파 시의 매수는 어떻게 해야 하는가? 이런 질문이 나올 수밖에 없다.

사실 당신은 이미 알고 있다. 저점과 고점의 시그널, 저점에서의 매수 신호인 매수 제2원칙, 고점에서의 매도 신호인 매도 제1원칙, 돌파할 때 성공 여부의 판단과 주요 포인트까지 모두 설명했기 때문이다. 사후적인 이론은 의미가 없다. 추세를 모두 그려놓고 사후적으로 설명하는 건 쉽다. 기술적 분석으로 얻은 매매 신호는 대부분 가격과 거래량의 움직임에 따른 결과로 사후적으로 나타난다. 그러나 실전은 사전적이다. 〈그림 2-13〉의 'b'에서와 같이 현재 하락이 진행되고 있는 과정에서 판단해야 한다. 주가는 추가 하락할 수도 있고, 횡보할 수도 있고, 반등에 성공할 수도 있다. 이 세 가지 경우의 수에서 반등할 확률을 더 많이 찾아내는 트레이더가 유능한 트레이더다.

매수 및 매도 원칙에서 설명했지만, 여섯 가지 핵심 개념으로 타이밍을 판단하면 다음과 같다.

상승 움직임이 나타났음을 인지했다면 즉시 추격 매수하는 것이 아니라 지속적으로 관찰하면서 그 움직임이 멈추는 시점, 즉 고점을 찍고 하락 반전하는 시점을 확인한다. 이후 하락 움직임을 관찰하면서 하락이 멈추는 시점을 매수 타이밍으로 잡는다. 상승하고 있을 때는 매수 호가 잔량이 증가하고 매도 호가 잔량이 감소한다. 가격이 상승하여 충분한 이익을 주는 구간에 도달하면, 매수 호가 잔량은 급격히 증가하고 매도 호가 잔량은 급격히 감소한다. 급격한 호가 잔량의 변화, 즉 매도 호가 잔량의 최저 시점 그리고 매수 호가 잔량의 증가가 멈추는 시점이 매도 타이밍(고점)이다.

가격이 하락하는 동안에는 매도 호가 잔량이 증가하고 매수 호가 잔량은 감소한다. 가격이 충분히 하락한 시점에서 견디다 못한 일부 매물이 나올 무렵이면, 매도 호가 잔량이 급증하고 매수 호가 잔량은 급감한다. 이때 매수 호가 잔량의 최저 시점 그리고 호가 잔량의 급격한 변화가 생기는 시점이 바로 최적의 매수 타이밍(저점)이다.

저점과 고점 타이밍의 시그널에 익숙해지면 어떤 상황에서도 매매하여 이익을 낼 수 있다. 시장과 상관없이 이런 매수 타이밍은 늘 발생하기 때문이다. 어떤 차트 유형이든 같은 맥락에서 해석할 수 있기 때문에 이기는 게임을 할 수 있다.

하락 추세는 하락이 길고 반등은 짧기 때문에 하락을 이용한 매매를 할 때는 매수 후 반등이 나왔을 때 곧바로 매도해 수익을 챙겨야 한다. 그러지 않으면 긴 하락으로 큰 손실을 입을 수 있다. 그래서 하락 추세 매매는 상승 추세 매매보다 훨씬 더 어렵다. 상승 추세에서는 돌파 매매가 가능하지만 하락 추세에서 하향 돌파일 때는 매매할 수 없으므로 (공매도를 하거나 인버스 상품에 투자하는 경우를 제외하고) 매매 기회도 적다. 그래서 일반 투자자나 초보 트레이더의 경우 약세장이나 하락 추세에서 매매하다가 큰 손실을 입는 경우가 빈번하다. 하락 추세에서 저점 매수를 한다는 것은 짧은 반등을 이용해 이익을 내려는 것이므로 반드시 단기거래로 대처해야 하며, 가능한 한 하락 추세를 이용한 매매보다는 급락, 즉 가격 갭하락을 이용한 매매를 해야 한다. 선불리 하락 추세를 이용하여 이익을 추구하다가 연속적인 손실을 입게 될 수 있다. 상승 추세에서와 마찬가지로 하락 추세에서도 3회 정도의 추세 하락 이후 마지막으로 큰 폭의 하락이 나타나면 추세 전환하는 경우가 많다. 이때 추세 전환을 확인한 후 매매하면 위험을 줄일 수 있다.

추세를 이용한 매매 타이밍을 살펴보자. 상승 추세를 이용한 매매 시에는 제일 먼저 추세를 인지하는 것과 추세가 어떤 국면에 있는지를 파악하는 것이 중요하다. 추세의 마지막 국면에 진입한 경우라면 오히려 큰 손실의 우려가 있기 때문이다. 상승하는 추세를 발견했다고 곧바로 추격 매수해선 안 된다. 상승 움직임이 멈추고 하락으로 전환한 다음, 하락 움직임의 멈춤이 발생했을 때 매수해야 한다. 이때 주의할 사항은 가격이 직전에 돌파한 고점 이하까지 하락한다면 추세 전환이 일어날 수 있다는 점이다. 앞서 설명한 바와 같이, 조정 하락이라면 반드시 직전 상승폭의 50% 수준에서 멈춰야 한다. 추세 하락 시의 매매는 자칫 짧은 반등 시기에 진입해서 큰 손실을 볼 수 있으므로 빠른 매매로 대응해야 하며, 반등 시 직전 고점을 돌파할 것이라는 무리한 예상 매매는 금해야 한다. 하락 추세를 이용한 매매보다는 급락을 이용한 가격 갭 매매를 한다는 생각으로, 저점에서 매수한 가격 대비 일정 부분 상승했거나 상승 움직임이 멈추면 신속히 매도하고 차익을 실현해야 한다. 하락 추세에서는 하락이 길게 이어질 수 있다는 위험을 항상 염두에 두고 매매해야 한다.

차트 2-11은 유신의 일봉으로, 추세를 만들며 상승하고 있다. 1월부터 2월까지 추세 상승을 했지만 2월 중순 이후 추세대를 하향하며 조정을 받았다. 세 차례 정도의 파동 이후 네 번째 상승 시에는 음봉

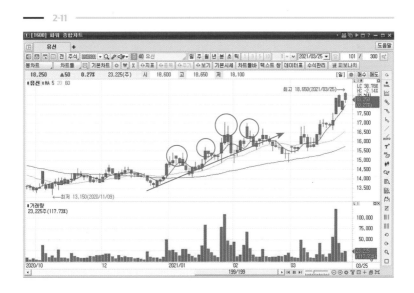

2-11

으로 고점을 형성하고 조정에 들어갔다. 1개월 조정 후 3월에 다시 상승하여 중기 추세를 만들고 있다. 중기 추세로 보자면 2020년 10월 부터 첫 번째 파동, 2021년 1월부터 두 번째 파동, 3월 중순부터 세 번 째 파동으로 해석할 수 있다.

차트 2-12는 파크시스템스의 일봉이다. 작은 상승 파동을 세 번 정 도 거치고 조정을 받은 다음, 다시 세 번 정도의 파동을 이어가는 전 형적인 상승 추세를 보여준다. 차트에서 맨 오른쪽은 2021년 3월 현 재 상승하고 있는 모습으로, 상승 각도가 기존보다 크고 기간도 길 다. 추세의 기간과 폭의 변화로 볼 때 단기 상투일 가능성이 있으므 로 주의해야 한다.

2-12

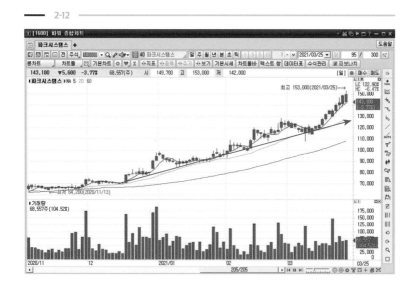

패턴

패턴의 의미

• ● •

기술적 분석에서 패턴은 추세, 지지 및 저항과 함께 가장 일반적으로 사용되는 도구다. 그러나 실전 매매보다는 기술적 분석가들이 주가 움직임을 설명할 때 주로 사용한다고 할 수 있다. 패턴이라는 말 자체가 과거의 움직임을 분석하여 미래에도 과거와 비슷하게 움직일 것이라는 의미를 담고 있기 때문이다. 다시 말하면, 반드시 그러하다는 것이 아니라 그런 패턴을 많이 보이더라는 뜻이다. 그러므로 실전에서 패턴대로 움직일 것으로 판단하고 매매하는 것은 위험하다.

기술적 분석의 특성이 그러하다. 과거의 데이터를 통한 경험적인 움직임을 미래에도 그러리라고 전제하기 때문에 기술적 분석 자체의 유용성보다는 군중 심리에 의해 유용성을 갖게 된다는 표현이 더 맞을 것이다. 예컨대 시장참여자들이 많이 보지 않는 지표보다는 대다수의 시장참여자가 참고하는 지표가 훨씬 더 맞을 확률이 높다. 많은 사람이 사용하는 지표가 매수 신호를 주면 많은 사람이 매수에 참여할 것이고, 그러면 주가는 상승하고 그 지표는 잘 맞는 것이 된다.

패턴은 차트에서 '가격의 움직임을 나타내는 추세선과 외곽선을 분석해보니 특정한 모양을 형성하더라'라는 데서 출발한다. 매수세와 매도세에 의해 형성된 가격의 특수한 형태를 분석하여 향후 주가 움직임을 예측하는 것이 패턴 분석이다. 이런 패턴 분석으로 주가의 방향을 예측하고 매수 및 매도 타이밍을 선정하며, 목표치를 계산하여 홀딩하거나 손절매를 결정한다. 패턴은 사후적인 요소가 강하므로, 패턴을 보며 매매하고자 하면 주식 보유 시간이 길어질 수밖에 없다.

그럼에도 매매 타이밍을 공부하면서 패턴을 알아야 하는데 그 이유는 크게 세 가지로 볼 수 있다. 첫째, 추세와 마찬가지로 패턴을 이루며 움직이는 종목에서 매매 타이밍을 판단할 때 패턴을 알면 보다 정형화된 원칙에 가깝게 매매할 수 있으며 때론 수익을 극대화하기 위한 기다림이 가능해진다. 둘째, 패턴의 유형을 알면 연속적인 매매가 가능하다. 즉 한 번의 매매로 차익을 내고 끝내는 것이 아니라 패턴이 완성되는 순간까지 지속적으로 관찰하면서 패턴을 이용한 매매 타이밍을 잡을 수 있다. 셋째, 매도할 때 감정에서 벗어나 기술적 분석상의 원칙을 가질 수 있다.

패턴의 유형별 **활용 방법**

· · ·

패턴의 유형은 여러 가지로 분류되지만 어디가 저점인지 또는 어디가 고점인지, 계속 보유할 것인지 또는 이제 이익실현을 해야 하는지를 판단하는 것이 관건이다. 패턴의 유형에는 헤드앤숄더, 역헤드앤숄더, 이중천정형, 이중바닥형, 원형천정형, 원형바닥형, V자형, 다중천정형, 다중바닥형, 상승삼각형, 하락삼각형, 상승쐐기형, 하락쐐기형, 패넌트형, 직사각형 등이 있다. 가장 중요한 것은 저점 형성과 고점 형성, 하락 지속과 상승 지속, 그리고 추세의 전환이기 때문에 이를 중심으로 설명하겠다. '무슨무슨 형'이라는 이름을 바탕으로 미래 주가의 움직임을 예측하는 것이 아니라 그런 유형이 나오는 이유를 알고 매매 타이밍을 잡을 수 있어야 하기 때문이다.

주가 움직임을 이해하는 데 기본이 되는 패턴은 '높은 곳에서 공을 떨어뜨려 지면으로부터 튀어 오르는 힘'으로 설명할 수 있다. 흔히 상승 탄력, 하락 탄력이라고 표현한다. 강한 주식은 더 오르려는 힘을 갖고, 약한 주식은 예상보다 더 하락하는 경우가 많다. 강한 주식은 조정 후 반등할 때도 힘이 강하다. 그러다가 매수세의 힘이 약해지면서 반등의 힘이 약해진다. 높은 곳에서 공을 떨어뜨리면 처음에는 강하게 튀어 오른다. 즉, 반등의 힘이 강하다. 그렇지만 반등이 몇 차례 계속되는 동안 힘이 점차 약해지다가 결국에는 움직임이 멈춘다. 튀어 오르는 힘은 주가의 변동성이며, 움직임이 멈췄다는 것은 변동성이 줄어들면서 결국 거래량도 줄어든다는 것이다.

━━━ 그림 2-14 **주가 반등의 힘** ─────────────

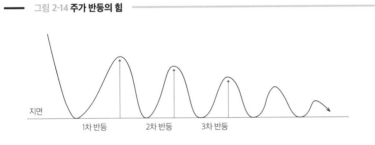

〈그림 2-14〉에서 볼 수 있듯이, 저점은 '지면'으로 동일하지만 고점은 점차 낮아진다. 주가가 이런 움직임을 보일 때 '하락삼각형'이라고 한다. 이론적으로는 이런 패턴 후 주가는 하락한다. 지면으로부터 크게 튀어 오르려면 누군가가 다시 공을 높이 끌어올려야 하기 때문이다. 주가는 일정 정도 상승한 후에는 차익실현을 하려는 매도자들

의 매물 출회로 하락하고, 하락 조정 후에는 다시 저가 매수세가 유입되어 상승한다. 마치 공이 지면으로부터 튕겨 오르듯이.

전환 패턴은 상승 추세가 하락 추세로 또는 하락 추세가 상승 추세로 바뀌는 일시적인 매수·매도의 균형 상태에서 나타난다. 대표적인 하락 전환 패턴이 '헤드앤숄더형'이다. 앞서 간략히 짚었지만, 실사례와 함께 다시 한번 살펴보자.

—— 그림 2-15 **헤드앤숄더형**

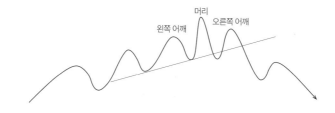

〈그림 2-15〉에서 볼 수 있듯이, 상승 추세 중에는 고점이 계속 높아진다. 그런데 어느 시점에서 조정 후 상승할 때 전고점을 상향 돌파하지 못하고 하락한다. 직전의 고점을 '머리', 그 전의 고점을 '왼쪽 어깨', 이번 고점을 '오른쪽 어깨'로 구분하여 오른쪽 어깨가 왼쪽 어깨 부근이긴 하지만 직전 고점인 머리를 돌파하지 못할 때, 특히 왼쪽 어깨보다 거래량이 증가했음에도 돌파에 실패할 때 하락 전환한

다. 이 패턴은 빈번히 발생하며 상승 3단 추세를 마치고 마지막 강한 시세를 분출한 이후에 만들어진다. 일봉보다는 주봉에서 나타났을 때 중기 추세 반전의 확률이 높고, 지수 차트에서 많이 발생한다. 추세는 개별 종목보다 지수에서 더욱 명확하다. 시장참여자 전체의 심리가 반영되기 때문이다.

차트 2-13이 전형적인 헤드앤숄더형을 보여준다. 패턴을 완성한 후 깊게 하락하고 있는 모습이다. 헤드앤숄더라는 패턴으로 설명하지만, 사실 추세에서 전고점 돌파에 실패한 유형이다. 특히 거래량이 증가하며 돌파에 실패했기에 매도 제2원칙의 시그널이 발생했다. 거래량 증가 양봉 시 매수 신호이고 전고점 돌파가 가능해지는데, 거래

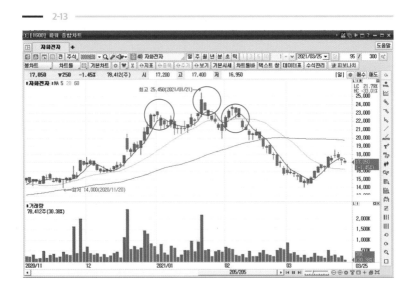

2-13

량이 증가하면서 돌파하지 못해 음봉으로 하락 전환한 것이다. 실전에서 흔히 나타나는 패턴이며, 많은 투자자가 추종하는 것이기에 간과해서는 안 된다.

지수 차트에서는 패턴을 보다 명확하게 확인할 수 있다. 차트 2-14는 코스닥지수 일봉으로, 헤드앤숄더형이 만들어진 후 하락하고 있다.

2-14

그 외에 이중천정형·삼중천정형·다중천정형도 있다. 일정한 가격을 돌파하기 위해 두 번 또는 세 번 시도했는데 실패하고 하락으로 전환한 패턴이다. 특정 가격대를 돌파하고자 연속해서 시도했으나 실패했다는 것은, 그 가격대에 매물이 점차 쌓였다는 뜻인다. 따라서 시간이 길어질수록 돌파하기는 더 어려워진다. 또한 수 차례의 돌파 시도가 실패하면 실망 매물이 급격히 출회돼 급락하게 된다.

원형천정형과 역V자형천정형은 점진적인 상승을 하다가 특정 가격(통상 라운드 피겨 등 저항 가격)을 찍은 후 다시 그 가격에 가지 못하고 점진적으로 하락하는 패턴이다. 앞의 '여섯 가지 핵심 개념'에서 움직임과 멈춤을 설명했듯이, 상승하던 가격이 상승을 멈추고 하락으로 전환하는 유형과 마찬가지라고 이해하면 된다.

상승 전환 패턴

상승 전환 패턴은 하락 추세를 마무리하고 상승으로 전환되는 패턴이다. 하락 전환 패턴의 반대 상황으로 이해하면 된다. 대표적인 상승 전환 패턴이 '역헤드앤숄더형'이다.

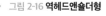

그림 2-16 **역헤드앤숄더형**

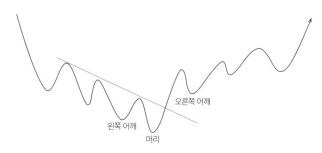

〈그림 2-16〉에서 볼 수 있듯이, 하락하던 주가가 하락 속도를 더

하며 왼쪽 어깨보다 더 낮은 저점(머리)을 형성한다. 그런 다음 반등 이후 하락이 직전 저점인 머리를 하향하지 않고 대량의 매수세가 유입되면서 저점이 높아진다.

이런 유형은 약세장에서 강세장으로 전환될 때, 오랫동안 추세 하락하던 주식이 상승으로 전환될 때 빈번히 나타난다. 하락 추세를 마무리하고 상승으로 전환하는 시점에서 저점을 다시 하향하지 않고 저점과 고점이 갈수록 높아지고 거래량도 증가한다. 매수 제3원칙의 신호가 발생하면 곧이어 역헤드앤숄더 패턴이 만들어질 확률이 높다. 확실한 저점 확인을 위해서는 거래량 급증과 강한 반등이 있어야 한다. 그래야만 시장참여자들이 동시에 저점을 확신해 매수에 나서기 때문이다. 어설픈 저점 인식은 큰 손실로 이어질 수 있으니 주의해야 하며, 매매 타이밍을 비교적 천천히 잡아도 되는 유형이므로 확인 후 매매한다.

차트 2-15는 KH바텍의 일봉이다. 2020년 내리 하락했지만 2020년 11월부터 2021년 1월 사이 반등해 왼쪽 어깨를 만들고, 2월경 반락해 저점 머리를 만들었다. 2월 중순부터 다시 반등하기 시작하여 현재 상승 중이다. 이번 상승으로 직전 2월의 저점은 하향하지 않을 가능성이 크다. 이후 1월의 고점을 돌파하는 데 성공하면 역헤드앤숄더 패턴이 완성되므로 강한 상승을 예상할 수 있다.

그 외에 이중바닥형, 삼중바닥형, 다중바닥형도 있다. 특정한 가격까지 두 번 또는 세 번 이상 하락했는데 신규 매수세가 유입돼 매번 반등한 패턴이다. 이 유형은 특정 가격대에서 매물이 계속 출회되는데도 신규 매수세가 유입된다는 점과 함께 강력한 지지를 의미하는 순간체결량 급증이 나타난다는 특성을 가지고 있다. 주의할 점은 고점에서 돌파 실패 시는 곧바로 매도해야 하지만 저점에서는 지지한다고 곧바로 매수해선 안 된다는 점이다. 저점을 분명히 확인해야 하며, 저점을 높이며 확실히 반등할 때 비로소 매수에 나서야 한다.

원형바닥형 또는 V자형바닥형은 단기 움직임에서 흔히 발생하며 지수보다는 경기 추세에서 많이 나타난다. 원형 바닥이니 V자형 바닥이니, U자형 또는 L자형 바닥이니 하는 말을 많이 들어봤을 것이다. 경기 바닥을 논할 때 흔히 쓰는 용어다. 주가 움직임을 이야기할 때도 하락하여 저점을 찍고 바닥을 형성하는 모양이 어떤가에 따라 여러 가지로 불린다. 점진적인 하락을 했다면 바닥도 천천히 형성돼 원형을 그릴 것이며, 급락했다면 반등도 급격히 이뤄져 V자형이 나타날 것이다.

지수 차트를 보면 보다 분명히 알 수 있다. 급락 후엔 급반등하여 V자형 저점이 되지만, 경기 후퇴기에 추세적으로 하락할 땐 반등 역시 U자형을 만들며 추세적인 상승으로 전환된다. '여섯 가지 핵심 개념'에서 설명했듯이 수급에 의해 모양이 달라지는 것이다. 즉 천천히 하락할 경우 하락하는 동안 매수한 거래자들이 많아 반등 시 매물이 많이 나온다. 반면에 큰 가격 갭을 주고 순간적으로 하락하면 저점을 짧게 주고 곧바로 반등한다. V자형 바닥이 형성되는 것이다. 만약 L자형처럼 하락 후 반등하지 못하고 오랫동안 횡보한다면 수익보다는 손실의 위험이 크다. 따라서 확실한 신호가 발생하기 전까지는 막연히 싸다고, 많이 하락했다고 매수해선 안 된다.

지속 패턴

지속 패턴은 상승 추세 또는 하락 추세의 연속선상에서 나타나는 일시적인 횡보 상태로, 이후 큰 상승 또는 하락 움직임이 나타나기 전 일시적인 조정이라고 볼 수 있다. 지속 패턴에는 대칭삼각형, 상승삼각형, 하락삼각형, 패넌트형, 강세쐐기형, 약세쐐기형, 직사각형 등이 있다. 지속 패턴이 나타난 이후 상승하느냐 하락하느냐는 '저점과 고점이 상승하고 있는가, 아니면 하락하고 있는가'로 판단할 수 있다.

대칭삼각형은 횡보성 조정이라고 볼 수 있다. 이는 상승 이후 또는 하락 이후 상황에 따라 나타날 수 있으며, 이런 기간 조정 이후 주가의 움직임은 추세로 판단해야 한다. 대칭삼각형이 만들어지면 이후 주가의 움직임을 이전 데이터를 바탕으로 유추해볼 수 있다. 즉 이전에 상승 추세였다면 조정 뒤에 추가 상승을 예상할 수 있으며, 하락 추세였다면 조정 뒤에 추가 하락을 예상할 수 있다. 상승 시 매수 타이밍은 대칭삼각형이 완성되는 시점, 즉 변동폭으로 인해 벌어졌던 이격이 좁아지는 순간이다.

상승삼각형은 고점은 같은 가격이거나 비슷한 가격대로, 그곳에서 저항을 받고 내려오지만 저점은 점차 높아져서 삼각형을 완성하는 유형이다. 이 또한 이격을 줄이기 위한 조정으로 볼 수 있으며, 이 조정 이후 움직임은 저점과 고점의 변화로 알 수 있다. 이 유형의 주식은 저점이 점차 높아지는 패턴을 완성한 후 고점만 돌파하면 급등할 수 있다. 시간이 흘러갈수록 더 높은 가격에라도 매수하고자 하는 투자자가 많아진다는 의미이기 때문이다.

하락삼각형은 저점에서는 지지하려는 매수세가 유지되고 있는 데 반해, 고점이 점차 낮아지면서 하락에 대한 압박이 강해지는 유형이다. 지지 세력에 의한 지지 노력에도 불구하고 주가 상승 시 매도세가 더욱 강해지면서 고점이 점차 낮아지는 것이다.

쐐기형에는 상승쐐기형과 하락쐐기형이 있다. 저점도 높아지고 고점도 높아지지만 변동폭이 점차 줄어들어 끝내 한곳에서 만나는 것을 상승쐐기형, 저점과 고점이 동시에 낮아지지만 변동폭이 점차 줄어들어 끝내 한곳에서 만나는 것을 하락쐐기형이라고 한다. 쐐기형은 특이하게도 이름과 이후 예상되는 주가 움직임이 반대다. 저점과 고점을 높여가며 만들어진 상승쐐기형에서는 이후 주가 하락을 예상하고, 저점과 고점을 낮춰가며 만들어진 하락쐐기형에서는 이후 주가 상승을 예상한다.

이런 유형 역시 급격한 상승 또는 하락 시 가격, 단기 이평선, 장기 이평선 간에 급격히 벌어진 이격을 줄이기 위한 조정이라고 볼 수 있다. 시간이 지나면서 가격의 급격한 변동폭이 줄어들면 장기 이평선이 따라 올라오거나 내려와 이격을 줄이게 된다. 저점과 고점을 점차 높여가며 이격 줄이기를 하는 상승쐐기형은 상승의 강도가 점차 줄어드는 유형으로 주가가 곧 하락으로 전환할 것을 암시한다. 반면 하락쐐기형은 저점과 고점을 점차 낮춰가며 이격 줄이기를 함으로써 하락의 강도가 점차 줄어드는 유형으로, 주가가 곧 상승하리라는 것을 암시한다. 주가가 상승하던 중 일시적인 하락쐐기형 조정이 나타났는데 조정이 양호하게 끝나면, 큰 폭으로 상승한다.

직사각형은 박스권과 다를 바 없다. 주가가 저항선과 지지선 사이에서 등락하다가 상향 돌파 또는 하향 돌파를 한다. 직사각형은 패턴

이후에 상승이 될지 하락이 될지를 예측할 수 없다. 다만 직전에 장기 추세가 상승이었는지 하락이었는지는 참고가 된다. 박스권 조정 후에 시장이 상승할 것인가, 하락할 것인가를 판단할 때 장기 시황이 대세 상승이었는가, 아니면 대세 하락이었는가가 중요한 것과 같은 개념이다.

급등 후 횡보, 급락 후 횡보 패턴은 장중에 흔히 볼 수 있다. 장 초반 상승한 후 장중 내내 횡보하거나 장 초반 하락하여 장중 내내 횡보하는 경우가 많다. 이에 대해서는 장중 흐름의 네 가지 유형을 설명할 때 자세히 이야기했다. 일봉에서도 급등 종목이 어느 순간부터 횡보 또는 박스권으로 진입하거나, 하락 종목이 더는 하락하지 않고 횡보 또는 박스권으로 등락하는 경우가 많다. 이런 유형 역시 직전의 추세가 어떤 상황이었는지가 중요하다. 기간 조정을 받은 후 이전 추세대로 움직이는 경우가 많기 때문이다. 다만 횡보 기간이 너무 길어지면 안 된다. 횡보 기간이 길면 그만큼 매수세의 힘이 점차 약해졌거나 약해질 수 있기 때문이다. 너무 긴 횡보는 주가 하락의 원인이 되기도 한다. 주가는 오르거나 내리거나의 방향을 갖고 움직이는데, 너무 긴 횡보는 시장에서 소외됐음을 의미하기도 한다.

트레이딩 종목의
선정

● ● ●

실전 매매자 입장에서는 무엇보다도 종목 선택이 중요하다. 좋은 종목을 고르면 투자의 반은 성공한 것이라고 볼 수 있다. 좋은 매매 기법을 가지고 있더라도 매매할 종목을 잘못 선정하면 수익을 내기가 어렵다. 좋은 종목을 선정하여 바스켓에 넣어두고, 그 종목들 중 매매 신호가 발생했을 때 원칙대로 매매하는 것이 중요하다.

최근에는 알고리즘 매매가 유행하고 있다. 수많은 알고리즘이 등장했는데, 이때 투자자들이 간과하는 것이 있다. 모집단, 즉 알고리즘을 적용할 주식 집단을 시장 전체 종목으로 한다는 것이다. 그러면 결과가 나쁘게 나올 수 있다. 전문가의 노하우를 따라 일종의 '풀pool'을 만들고, 그 풀 안에서 로직을 돌리면 성공 확률이 훨씬 높아진다. 좋은 종목을 선정하는 것은 전문가, 즉 사람이 해야 한다.

이 책의 목적은 훌륭한 매매 타이밍을 포착해내는 것이다. 여기에는 사전에 좋은 종목을 선정해두었다는 전제 조건이 필요하다. 전문 트레이더들이 사전에 종목을 선정하는 방법과 HTS 기능을 이용하여 매매 대상을 찾는 방법을 소개한다.

장 시작 전 종목 선정 방법

● ● ●

—— 표 2-1 장 시작 전 종목 선정 방법

구분	확인할 요소	장점	단점
최근일 강세 또는 연속 상승 종목 선정	• 신고가 여부 • 매물대 돌파 여부 • 거래량 증감 • 하루 중 등락폭과 추세 유지 여부 • 지지와 저항 • 패턴 형성 여부 • 최근 시장 호재 • 테마 형성 여부	• 해당 종목에 집중할 수 있어서 매매 타이밍 선정에 유리하며 움직임 포착 시 순간적으로 상승하므로 비교적 큰 폭의 수익이 가능하다. • 상승 변동성이 크고 후속 매수세가 강해 매매가 용이하고 단기 수익률이 좋다.	• 해당 종목에 집중하여 한 번의 투자로 높은 수익률을 추구할 수 있는 반면, 여러 종목을 전반적으로 보기는 어렵다.
최근일 약세 또는 연속 하락 종목 선정	• 신저가 여부 • 반등 시 매물대 확인 • 거래량 증감 • 하루 중 등락폭과 하향 추세 여부 • 저항선 하향 돌파 여부 • 최근 시장 약세 이유	• 해당 종목에 집중할 수 있으며 장중 급락에 이은 반등을 이용하는 강한 반등 매매가 가능하다. • 하락이 멈추고 상승 반전하는 경우 터닝포인트, 즉 저점을 놓치지 않을 수 있다.	• 이미 약세로 접어든 종목은 약세가 지속되는 경우가 많아 오히려 반등은 작고 하락이 깊어지는 경우 손실의 우려가 있다.

구분	확인할 요소	장점	단점
시장 재료에 의한 종목 선정	• 테마 형성 • 강세 섹터 • 호재 발표 또는 예정 종목	• 호재가 발표됐거나 테마가 형성되어 시장에서 가장 핫한 테마 및 섹터에 집중 공략할 수 있다. • 테마나 섹터 그룹은 여러 종목이 무리를 지어 등락하기 때문에 비교적 매매가 쉽다.	• 시장에서 관심이 높은 테마나 섹터는 이미 주가가 상승하여 상투에 이르렀을 가능성이 있다. 재료를 제대로 해석하고 빠르게 대처하지 못할 경우 손실의 우려가 있다.
차트에 의한 종목 선정	• 지지와 저항, 추세, 패턴 등의 차트 분석	• 미리 분석한 차트의 가격권을 기준으로 매매할 수 있어 신속히 대응하는 데 용이하다.	• 예상 매매를 할 경우 위험하다.

장중 종목 선정 방법

● ● ●

—— 표 2-2 **장중 종목 선정** ——————————————————————

구분	확인할 요소	장점	단점
전체 종목을 순간(단위) 체결량으로 검색하여 선정	• 체결량 급증 • 가격 급변 • 전일 대비 거래량 급증 • 상대 강도	• 장중 특이한 거래가 발생하는 대부분 종목을 파악할 수 있다. • 연속적인 매매가 가능해 수익을 극대화할 수 있다.	• 종목별 집중력이 떨어져 추세나 패턴을 분석하기가 어렵다. • 위험 종목에 대한 사전 지식이 부족해 빠른 대응이 오히려 손실을 초래할 우려가 있다.
시스템으로 종목을 검색하여 선정	• 가격 급등락 • 거래량 급변 • 자신이 만들어놓은 검색식에 의한 종목	• 기존 HTS의 가격과 거래량 급변 메뉴를 이용할 수 있다. • 자신이 만들어놓은 검색식에 의해 종목을 리스팅하여 거래할 수 있다.	• 시스템의 도움으로 매매 종목을 선정하는 경우 시장의 대세 흐름이나 테마, 주도 섹터 등을 파악하지 못할 수 있다.
지수 움직임과 상관계수가 높은 종목을 선정	• 지수 움직임을 파악할 수 있도록 화면 구성	• 지수 움직임과 멈춤을 이용해 매매 타이밍을 판단할 수 있다. • 베타계수가 높거나 강세 종목을 매매하게 되므로 비교적 쉽다.	• 지수 변동성을 기반으로 하는 매매이므로 지수의 변동성이 현저히 줄어든 상황에서는 매매하기 어렵다.

구분	확인할 요소	장점	단점
시장 외부 충격에 의해 급등락한 종목 선정	• 공시, 시황, 속보, 뉴스 등을 주시	• 장중 호재로 급격히 움직이는 종목을 매매할 수 있어 짧은 시간에 원하는 매매가 가능하다. • 외부 충격에 의한 급락 상황에서 단기에 높은 수익을 추구할 수 있다.	• 공시 등의 재료에 의한 매매는 신속성과 재료 판단이 중요하다. 늦은 대응은 자칫 고점 매수로 손실을 입을 우려가 있다.

HTS 기능을 이용한 **종목 선정 방법**

● ● ●

시세 변동을 이용할 때 가장 기본적인 화면은 '순간체결량'으로, 매번의 체결을 리스팅해준다. 순간체결량은 누적 거래량이 아니고 매수·매도 거래가 한 번 체결될 때 발생한 거래량을 말한다. 즉 '한 번에 몇 주씩 거래됐는가'를 의미한다. 한 번의 체결에서 대량거래가 됐다는 것은 누군가가 큰 금액으로 한 번에 매수했다는 뜻이고, 반대로는 누군가가 한 번에 대량으로 매도했다는 것이다.

어떤 주식이 급등하거나 급락할 때는 당연히 대량체결이 연속적으로 이뤄진다. 순간체결량을 관찰하고 있으면 급등하거나 급락하는 주식을 놓치지 않을 수 있다.

차트 2-16의 순간체결량 화면에서 '거래량비' 항목은 전일 거래량 대비 현재까지의 거래량을 말한다. 대량체결이 되면서 주가가 급등락하면 당연히 거래량도 전일 대비 급증할 것이다. 특히 장 시작하자마자 거래량이 전일 대비 50%를 넘어서거나 극단적으로 100% 이상

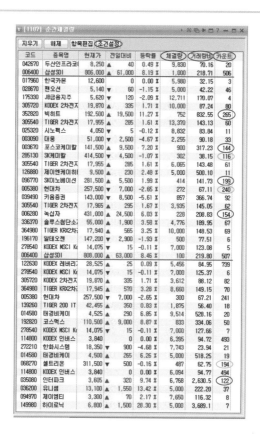

거래되면서 주가가 움직인다면, 당일 대량의 거래와 함께 상승하거나 하락하는 것이기 때문에 의미가 크다.

화면에서 '카운트'는 해당 주식이 순간체결량 검색 조건에 맞아 몇 번이나 리스팅됐는지를 보여준다. 대량체결이 연속되며 급등하거나 급락하는 경우 카운트는 급증할 것이다. 화면에서 두 차례 리스팅된 삼성SDI를 보면 8% 이상 상승하고 있는데, 순간체결량이 급증하여 전

일 거래량 대비 218~219%로 2배 이상 증가했다. 카운트가 506~507회
나 된다는 것은 대량체결이 지속적으로 나타났다는 뜻이다.

　대량체결 카운트가 100회 이상이면서 상승하고 있는 종목들로는
삼성SDI 외에 빅히트, 포스코케미칼, SK이노베이션, 녹십자, 인터파
크 등이 있으며 대부분 큰 폭으로 상승 중이다. 반대로 카운트가 100
회 이상이면서 하락하는 종목들은 SK케미칼, 현대차, 셀트리온 등이
다. 이들 종목은 당일 상승 전환이 어려울 것이다. 그 외에 대부분의
ETF는 워낙 거래량이 많아서 리스팅되고 있다.

　차트 2-17은 순간체결량 화면으로 검색했던 삼성SDI의 일봉이다.
눌림목 후 상승 전환, 매수 제2원칙의 시그널을 주며 상승하고 있다.

2-17

HTS 기능을 이용하면, 이렇게 매수 타이밍을 주는 종목을 놓치지 않을 수 있다.

순간체결량을 활용하려면 어떻게 조건 설정을 해야 하는지 설명하겠다. 차트 2-18은 순간체결량의 조건 설정 화면이다.

2-18

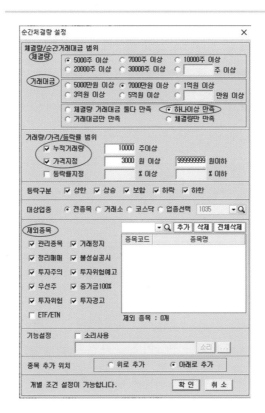

상단 메뉴 중 '체결량'은 한 번 체결된 수량, '거래대금'은 '한 번 체

결된 수량×가격'을 의미한다. 두 조건에 대해 '둘다만족'과 '하나이상 만족'으로 구분되어 있는데, 체결량은 많지만 저가인 주식이 있고, 체결량은 적은데 고가인 주식이 있기 때문에 양쪽을 모두 고려한다면 AND(둘다만족) 조건보다는 OR(하나이상만족) 조건이 좋다.

그 아래에 '거래량/가격/등락률 범위' 메뉴가 있는데, 누적 거래량이 너무 적거나 가격이 너무 싼 주식까지 포함하면 저가주들이 너무 많이 리스팅되므로 일정한 가격 이상으로 지정한다. 관리종목, 정리매매, 투자주의 등 거래하지 않을 종목들도 제외 대상으로 지정한다. 이렇게 지정하여 장 시작부터 이 화면으로 관찰하면 시스템이 전 종목을 검색하여 조건에 부합하는 종목을 리스팅해준다. 대량체결이 되며 가격이 급변하는 주식은 이 화면을 벗어나지 못한다. 단기거래자들의 목표인 시세 변동성이 큰 주식을 이 화면에서 빠짐없이 보여주는 것이다. 매매 타이밍이 발생하는 당일엔 가격과 거래량 변동성이 크기 때문에 이 화면으로 놓치지 않을 수 있다. 극단적으로 '한 번 체결에 1억 원 이상, 체결량은 50,000주 이상'으로 검색 조건을 지정해두면 큰 금액과 수량으로 매매되는 것만 확인할 수 있다. 이 방법은 장중의 대량 자전성 거래를 찾아내는 데 용이하다.

종목 검색식을 자신이 만들어 사용하면 가장 좋을 것이다. 이 책에서 설명하는 다양한 타이밍 신호를 공부하고 직접 만들어보기 바란다. HTS에서 제공되는 기본적인 검색 기능과 종목 리스팅 메뉴도 많다. 여러 검색식이 있지만 그 하나하나에 집중하기도 만만치 않다.

그중 자신이 가장 잘하는 매매에 필요한 화면을 선택하면 된다. 예컨대 최근일 초강세인 주식만 거래, 최근일 급락한 주식만 거래, 테마가 형성된 주식만 거래, 신고가만 거래, 신저가만 거래, 상한가만 거래, 하한가만 거래, 거래 폭증 주식만 거래, 지수 연관 주식만 거래, 정보에 의해서 등락하는 주식만 거래, 시스템에서 검색되는 주식만 거래 등 자신의 매매에 맞는 조건 검색 화면을 찾아 이용하자.

차트 2-19는 업종별 종목 시세 화면이다. 당일 강세 업종과 기간별 강세 업종을 빠르게 확인할 수 있으며, 업종명을 클릭하여 그 업종 내 주식들의 시세를 보면 어떤 주식이 가장 강하게 업종 상승을 이끄는지 알 수 있다. 강세 섹터 및 테마 매매자들이 흔히 이용하는 화면으로 투자할 종목을 선정하는 데 이용한다.

—— 2-19 ——

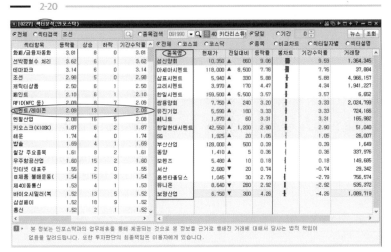

순위	종목명	현재가	전일대비	등락률	거래량	최저가일자	최저가	최저가대비	상승률
1	쎄트렉아이	64,400 ▼	3,200	4.73	1,672,498	2021/01/18	37,200	27,200	73.12
2	구영테크	2,870 ▼	230	7.42	12,057,369	2021/01/18	1,720	1,145	66.57
3	데브시스터즈	22,400 ↑	5,150	29.86	908,820	2021/01/19	13,800	8,600	62.32
4	성안	1,005 ▲	105	11.67	41,139,975	2021/01/20	624	381	61.06
5	한국비엔씨	6,840 ▲	670	8.92	43,057,892	2021/01/18	4,350	2,480	57.01
6	글로스퍼랩스	12,150 ▲	50	0.41	252,687	2021/01/18	7,740	4,410	56.98
7	셀리버리	280,200 ▲	60,300	27.42	978,984	2021/01/18	183,300	97,700	53.30
8	삼신브레이크	5,280 ▲	455	9.43	21,538,892	2021/01/19	3,470	1,810	52.16
9	에스엘	26,800 ▲	50	0.19	1,096,648	2021/01/18	17,650	9,200	52.12
10	제주반도체	6,290 ▲	640	11.33	91,471,446	2021/01/18	4,170	2,130	51.08
11	키이스트	18,900 ▲	700	3.85	7,137,168	2021/01/18	12,700	6,200	48.82
12	켄코아에어로스페이	12,500 ▼	750	5.66	1,381,778	2021/01/18	8,450	4,050	47.93
13	S&T모티브	79,200 ▲	2,200	2.86	500,993	2021/01/18	54,100	25,300	46.77
14	신라에스지	13,050 ▲	3,590	29.21	3,875,977	2021/01/18	8,900	4,150	46.63
15	두산퓨얼셀1우	20,600 ▲	4,600	28.75	5,931,471	2021/01/18	14,050	6,550	46.62
16	덕양산업	3,740 ▲	435	13.16	13,165,724	2021/01/18	2,570	1,185	46.11
17	유니셈	12,950 ▲	1,400	12.12	5,584,801	2021/01/18	8,920	3,980	44.62
18	금호석유우	83,300 ▲	11,400	15.86	301,778	2021/01/18	57,500	25,600	44.52
19	LG전자우	88,400 ▼	1,600	1.78	3,899,117	2021/01/18	61,500	26,900	43.74
20	성우하이텍	8,830 ▲	1,780	25.25	28,563,682	2021/01/18	6,120	2,660	43.46

차트 2-20은 섹터(테마)별 시세 화면이다. 2021년 3월 31일 현재 시멘트 섹터가 강세임을 알 수 있다. 해당 섹터명을 클릭하면 강세 종목부터 리스팅된다. 이 화면을 이용하면 당일 또는 기간별로 어떤 섹터, 어떤 테마가 가장 강한지 알 수 있으며 그중 대장주를 선별할 수 있다.

앞에서 강세 업종과 섹터(테마)를 찾고 그 안의 종목을 검색했다면, 차트 2-21의 화면에서는 해당 기간의 강세 종목을 찾을 수 있다. 여기서 검색된 종목들의 차트를 보고 관심 종목을 만들어둔다.

3장
실전 트레이딩 스킬

강세 종목의 탄력을 이용한 매매

• • •

강세 종목은 예상보다 더 오르고, 약세 종목은 예상보다 더 하락한다.

시장에서는 너무 많이 올랐다고 생각하는 종목들의 주가가 더 오르고, 내려도 너무 많이 내렸다고 생각하는 종목들은 오히려 더 하락하는 경우가 빈번하다. 이른바 상승 탄력이나 하락 탄력이라고 표현하기도 하지만, 결국은 심리에 의한 수급 때문이다. 상승하고 있는 종목은 탐욕에 의해 매수하고자 하는 심리적 매수세가 몰리고, 조금이라도 하락하면 이때를 놓치지 말아야 한다며 강한 매수 유입이 된다. 반면에 약세 종목은 상승해도 '일시적 반등이겠지' 싶어 그 타이밍에 매도하고자 하며, 하락하면 '역시 더 하락할 거야'라는 생각에 서로 먼저 팔고자 한다. 강세 종목은 서로 사려고 하니 급등하고, 약세 종목은 서로 팔려고 하니 급락하는 것이다.

강세 종목은 매수세가 강해 하락 조정을 기다리다가는 매수 타이밍을 찾기 어렵다. 통상 5일선을 타고 상승하며, 매매 공방에 의한 조정 역시 장중 조정으로 마무리하고 연속적으로 상승한다. 만일 강하게 상승한 종목이 내가 원하는 가격까지 하락했다면, 그 종목은 이후 약세로 전환될 가능성이 더 크다.

즉, 강세 종목이란 시장 상승을 이끄는 주도주, 성장으로 진입한 섹터의 주도주, 강세 테마의 주도주, 호실적이나 호재 등의 개별 이슈에 의해 급등하는 주식을 말한다.

강세 종목의 **주가 움직임**

① 최근일 강한 상승으로 상투에 대한 두려움이 있지만, 지금 시점이 상투가 아닌 상승 초기일 수 있다는 판단이 상충하면서 시장의 관심을 받으며 변동성과 유동성이 급격히 증가한다.

② 회귀성이 강하다. 매물이 나오더라도 언제든지 강세로 전환된다. 투자자들은 강세 종목이 하락하면 추세가 전환될까 봐 두려움을 느끼기보다는 조정에 매수하려는 심리가 더 강하기 때문

이다.

③ 추세적이라는 평범한 주가 움직임에서 벗어난다. 대부분의 주도주는 시장 관심의 핵심에 있기 때문에 추세선의 상단에서 조정 하락, 하단에서 재상승이라는 흐름에서 벗어난 등락을 한다. 하루에도 여러 번 등락이 나타나기도 하기에 스캘퍼들은 강세 종목을 가장 선호한다.

④ 변동성이 크다는 것은 장중이나 일간 등락에서 주가 움직임의 폭이 크다는 것이다. 보통의 종목이라면 하루에 3~5% 정도 등락할 경우 꽤 큰 폭이라고 본다. 강세 종목의 움직임은 그보다 훨씬 크다는 것을 전제로 주가 움직임을 관찰해야 한다. 결국 단기거래자들에게는 가장 좋은 매매 대상이다. 어떤 투자자든, 단기에 큰 수익을 원하는 마음은 같기에 당연히 좋은 매매 대상이 된다.

⇩⇧⇩ 강세 종목의 매매 포인트

✓ 강세 종목의 선정

- 시장을 주도하는 종목, 테마 주도주, 개별 호재 발생 종목
- 최근일 최고가를 형성하며 5일선 위에서 상승하여 신고가를 돌파했거나 돌파가 임박한 종목

- 거래량이 최근일 대비 큰 폭으로 증가하면서 장대양봉을 만든 종목
- 최근일 작은 음봉으로 연달아 하락한 후 그 음봉들을 모두 합친 것보다 큰 양봉을 만든 종목

✓ 시가 확인

- 시가가 5% 이상 급등 또는 급락하여 출발하면 매매하지 않고 관망한다.
- 시가가 전일 가격 부근에서 출발할 때 매매를 준비한다.
- 시가가 당일 저가이거나, 장이 시작되고 나서 1시간 이내에 저가를 형성한 후 그 가격을 하향하지 않고 반등할 경우에만 매매한다.

✓ 시가 후 움직임에 따른 대응

- 시가 후 상승할 경우: 상승에 추격 매수하지 말고, 장 시작 후 30분 이내에 고점을 찍고 하락했다가 시가 위에서 조정을 마무리하고 재상승 시 매수한다.
- 시가 후 하락할 경우: 하락폭이 크다고 좋은 것은 아니다. 5% 이내의 하락 후 다시 거래 실리면서 상승할 때 1차 매수하고, 시가를 돌파할 때 2차 매수한다.

- 매수 후 상승 시: 상승 후 횡보 구간에서 거래량이 감소해야 좋고, 이 상태가 오후까지 유지되어야 한다. 전일 고점 또는 장중 고점을 돌파하면 더욱 강세로 판단한다.
- 매수 후 하락 시: 하락 시 거래량이 급감해야 하며 가격 측면에서는 1차 시가, 2차 장중 저가 위까지의 하락을 조정으로 판단한다. 거래량이 증가하면서 오전 저가 아래로 하락하면 단기거래자는 위험관리 차원에서 매도하고, 일반 거래자는 일봉의 50% 룰을 적용하여 그 아래까지 하락하지 않을 경우 홀딩한다.

✅ 전략

오전 저점 형성 후 상승한 종목은 결국 양봉을 만들기 때문에 훌륭한 매수 타이밍이 된다. 오후까지 기다려 오후 3시 전후 다시 상승하여 장중 고점을 돌파하면 추격 매수도 할 수 있다. 만일 추격 매수가 부담스럽다면 다음 날 다시 '강세 종목의 매매 포인트'로 대응한다.

차트 3-1은 대덕전자 일봉으로, 1월 11일 일봉상 직전 고점을 돌파하며 강세를 보이고 있다. 여기서 추가 상승하면 역사적 신고가를 넘어서는데, 주가는 신고가 경신 후 더 강해지는 속성이 있다. 거래량 증가와 함께 만들어진 장대양봉으로, 이후 강세를 예상할 수 있다. 돌파의 개념으로 접근하여 다음 날 '강세 종목의 매매 포인트'로 매수하기 위해 준비한다.

— 3-1

전일 강했음에도 다음 날 시가 -1.85%에서 출발하여 저점 -3.3%까지 하락한 후 곧바로 반등했다(3-2). 이때 체크해야 할 사항은 거래

량 증가와 호가 잔량이다. 호가창에서 매수 호가 잔량보다 매도 호가
잔량이 월등히 많으면 좋다. 분봉상으로 반등할 때 거래량 증가와 함
께 상승하여 +26%까지 급등했고, 이후에는 +20% 전후에서 장중 내
내 박스권 등락을 거듭했다. 전일 강세의 힘이 다음 날 강한 상승을
하게 한 것이다. 단기거래자에게는 매우 높은 수익률이므로 차익을
실현한다. 단기거래자가 아니라면 이후 일봉에서의 거래량과 봉의
크기로 보유 또는 매도를 판단한다.

— 3-2

차트 3-3은 마감 후의 일봉이다. 전일 강세였음에도 당일 오전엔
살짝 하락했다가 상승하여 장대양봉을 만들었다. 시가 및 저가가 전
일 종가 아래에서 형성됐고, 시기는 오전이라는 것이 포인트다.

차트 3-4는 CJ E&M의 일봉이다. 오랜 횡보 끝에 거래량 증가와 함께 양봉을 만들며 5일선을 타고 상승하고 있다. 1월 11일 음봉 십자형이 출현했으므로 다음 날 매수 기회를 줄 수 있다.

차트 3-5는 음봉 십자형이 출현한 다음 날의 5분봉이다. +1.38%로 시작하여 오전에 저가 -0.75%를 찍었으며, 시가 부근에서 거래량 없이 등락하면서 곧바로 돌파하지 못했다. 즉 강한 매수세 유입이 없는 것이다. 이럴 때는 매수를 유보하며 기다려야 한다. 10시 40분을 넘기면서 체결량이 급격히 늘며 상승하여 시가를 거래량 증가와 함께 돌파했는데, 이때가 매수 타이밍이다. 이후 +6%까지 상승했다가 단기 거래자들의 매물로 반락하고 있다. 이때 거래량이 증가하면 단기거래

3-5

자들은 매도한다. 오후 2시 이후 재상승했으므로 보유할 만한 주가 움직임이지만, 오후 거래량이 부족하므로 일봉으로 판단한다.

차트 3-6은 다음 날의 일봉을 보여준다. 장 후반에 다시 상승하여 아래꼬리 달린 양봉을 만들었다. 다음 날 다시 단기거래를 할 수 있다. 단기거래자가 아니라면 이후 거래량과 봉의 크기를 보며 보유 또는 매도를 판단한다.

3-6

차트 3-7은 HMM의 일봉이다. 5일선 위에서 상승하고 있는 전형적인 강세 종목인데, 봉의 크기가 작아 변동성이 크지 않다는 점이 스캘퍼에게는 단점이다. 양봉의 하단을 보면, 시가가 거의 매일 5일선을 터치하는데, 이것은 오전엔 약하다가 반등했음을 의미한다. 이런 종목을 오전에 매수하는 것이 강세 종목의 탄력을 이용한 매매의 전형이다.

3-7

차트 3-8은 위꼬리 달린 장대양봉이 출현한 날과 다음 거래일인 3월 8일 오전의 5분봉이다. 8일 시가 +1.14%에서 출발하여 약 30분간 하락하며 저가 -1% 정도에서 반등하고 있다. 아직 진행 중에 캡처한 것으로 이후 거래량 증가와 함께 시가를 돌파하면 매수 타이밍이다. 그렇지 않으면 관망한다. 거래량 증가와 함께 시가를 돌파하면 양봉이 만들어질 것이므로 매수 타이밍이 되는 것이다. 그러나 거래량 없는 십자형 또는 작은 양봉으로 마감하면 당일 매수하지 않고 다음 날 다시 매수 타이밍을 포착한다.

3-8

거래량을 활용한
매매

• • •

거래량은 매수자와 매도자들이 매일매일 시장에서 매매 공방을 벌인 결과다. 모든 사람이 주가가 계속 상승할 것으로 생각한다면 매도자는 없고 매수하려는 투자자들만 있을 것이다. 하지만 주식시장에서 그런 경우는 거의 없다.

물론 아주 예외적인 경우가 있긴 하다. 바로 '기세 상한가'라는 것인데, 상한가에 매수 호가가 쌓여 있지만 매도는 단 1주도 나오지 않는 경우다. 그런 날은 시가부터 상한가로 직행하여 1주도 거래되지 않은 채 상한가 그대로 마감한다. 이와 비슷하게 '점상한가'라는 게 있는데, 시가부터 상한가로 직행하는 건 같지만 단 몇 주라도 거래가 이뤄지는 경우다. 즉, 매도 물량이 조금은 있는 경우이며, 상한가에 매수 호가가 쌓인 채로 장을 마감한다. 이런 예는 신규 상장한 주식이나 대형 호재가 발생한 소형주에서 간혹 나타난다. 그 외에는 아무리 좋은 주식이라고 하더라도, 향후 주가가 많이 상승할 것으로 판단되는 주식이라도, 매도하고자 하는 투자자는 항상 있다.

주가는 매수와 매도의 균형, 즉 수급의 균형점에서 형성된다. 높은 가격이라도 매수하려는 투자자가 절대적으로 많으면 상승하고, 낮은 가격이라도 매도하려는 투자자가 절대적으로 많으면 하락한다. 어느 쪽이 더 우세하냐의 차이일 뿐 늘 매수자와 매도자가 있기에 거래가 형성되는 것이고, 그들이 활발하게 거래할 때 거래량은 증가한다.

거래량은 매수자와 매도자 간 생각의 차이에서 나타나는 체결의 결과다. '주식 투자는 타이밍의 예술'이라고 흔히 말한다. 급등한 주식이라고 해도 언제 사고 언제 파느냐에 따라 수익을 낼 수도 있고 손실을 볼 수도 있다. 거래량은 타이밍을 제공한다. 매수 타이밍이든 매도 타이밍이든, 거래량이 크게 증가한 날이 타이밍이다. 매수 타이밍은 시장의 주도 주체들이 가격을 올리면서 매수를 하기 시작하는 시점이고, 매도 타이밍은 시장의 주도 주체들이 가격을 내리면서 매도를 하기 시작하는 시점이다. 그들이 적극적으로 매수·매도하는 시기에 거래량이 크게 증가한다.

시장에는 '거래량이 많으면 상승한다'라는 잘못된 인식이 있다. 거래량은 타이밍만을 제공할 뿐 이후 주가의 향방은 봉의 모양으로 결정된다. 매수하려고 하는 주식을 실제로 매수하는 타이밍, 보유하고 있는 주식을 실제로 매도하는 타이밍은 거래량이 증가하는 날에 결정한다. 거래량이 증가하지 않았다는 것은 시장의 주도 주체들이 사거나 팔지 않았다는 것이며, 해당 주식에 특별한 모멘텀이 발생하지 않았다는 것이다. 그런 시기에는 대다수의 개인 투자자 역시 거래하지 않고 관망한다. 결과적으로 거래량이 감소한다. 거래량 없이 작은 봉으로 가격이 움직인 날에는 우리도 매매하지 말고 관망해야 한다.

가격은 오전에 상승하다가도 오후에 하락으로 전환될 수 있다. 매도하려고 하는 주체들이 오전에 주가를 올리는 척하다가 고점으로부터 매도하기 시작하여 장대음봉을 만들기도 한다. 매수 주체들이 오전에는 매도에 나서는 척하다가 장중에 저가로부터 매수하여 장대양봉을 만들기도 한다. 데이 트레이더는 대체로 당일 장중에 거래를 마감하므로, 이들의 매수세로 강하게 상승하다가도 그들이 고점으로부터 매도하는 바람에 다시 하락하는 경우도 흔히 볼 수 있다.

결국 시장의 주도 주체들이 가격 움직임을 자신들이 원하는 방향으로 컨트롤하기도 하고, 그 밖의 여러 변수에 의해 주가는 등락한다. 봉과 이동평균선 등의 기술적 지표들은 매수 신호를 주었다가도 다시 매도 신호로 전환하기도 하며, 매도 신호였던 상황이 다시 매수 신호로 전환되기도 한다. 분봉만이 아니라 일봉에서도 전고점을 돌파하며 추세 상승을 하는 것처럼 움직이다가도 곧바로 하락으로 전환하기도 하며, 며칠 급락하여 좋지 않다고 판단해 매도하면 그때부터 급등하는 주식도 많다. 결국 주가는 시간의 흐름에 따라 움직임을 급격히 바꿀 수 있다. 차트는 그 움직임의 궤적을 그릴 뿐이다.

그러나 거래량은 반전할 수 없다. 증가한 거래량을 다시 줄일 수는 없다. 그래서 가격은 속여도 거래량은 속일 수 없다'라는 말이 있는 것이다. 가격을 상승시키며 매수하고 싶어 하는 매수 주체든 가격을 하락시키며 매도하고 싶어 하는 매도 주체든, 가격은 매수자와 매도자의 힘으로 움직일 수 있으나 거래량은 그들이 거래한 흔적을 남기는 것이기에 그것을 없앨 수는 없다. 거래량은 매수와 매도 주체들의 자취인 것이다. 그 자취를 통해 투자자들의 심리를 읽을 수 있으며, 변화하는 심리를 포착해 매매 타이밍을 판단할 수 있다.

추세적으로 상승하는 주식이라 할지라도 어느 정도 상승하면 매도세에 의해 조정 하락이 일어나고, 이후 다시 상승하길 반복한다. 주가가 하락 후 다시 상승할 때는 거래량이 증가한다. 매수자는 조정 이후 상승이니 추가 수익을 낼 수 있다는 판단으로 매수하며, 매도자는 직전 상승 시 추격 매수하여 손실 상태에서 반등이 나타나면 조금이라도 손실을 줄이기 위해서 또는 수익을 실현하기 위해서 매도한다. 그런 생각의 차이에서 거래가 이루어지고 거래량은 증가한다.

그러다가 주가가 상승하면 할수록 거래량은 감소한다. 매수자는 자칫 고점에서 추격 매수하게 될까 봐 손실에 대한 두려움으로 매수하지 못한다. 매도자는 상승 중인 주식이기에 추가 수익에 대한 기대로 매도하려 하지 않는다. 양쪽 모두 거래하지 않고 관망하게 되기에 거래량은 감소한다. 그렇게 거래량 없는 상승 중에 어느 날 거래량이 급증하는 것은 매수자는 추가 상승에 대한 욕심, 매도자는 고점 후 이익 감소에 대한 두려움으로 매매가 활발해진 것이다. 또다시 양쪽의 생각 차이로 거래량이 급증하는 것이다.

상승하는 동안 거래량이 감소했다가 다시 크게 증가한다는 것은 매도자들이 매도량을 늘린 것이므로, 얼마 후 주가는 단기 상투에 가까워지거나 그날이 단기 상투가 된다. 거래량 없이 횡보하던 주식에서 어느 날 갑자기 대량거래가 이뤄졌다면, 호재든 악재든 해당 종목의 가격에 영향을 주는 모멘텀이 발생한 것이다. 그 내용을 정확히 알지 못한다고 하더라도, 거래량이 급증하면 무언가 모멘텀이 발생했다고 가정하고 주가를 관찰한다. 주가의 움직임엔 반드시 거래량이 동반된다. 따라서 거래량을 기준으로 종목을 선정하거나 타이밍을 판단할 수 있다.

거래량을 활용한 매매 종목의 **주가 움직임**

① 거래량 증가와 함께 장대양봉을 만든 경우에는 매집으로 판단하며, 조정 시 지지 매수세가 유입된다.

② 거래량 증가와 함께 장대음봉을 만든 경우에는 매물로 판단하며, 반등 시 저항 매도세가 된다.

③ 상승 초기에는 거래량이 급증해야 하지만, 상승폭이 커지면 커질수록 거래량이 감소해야 한다.

④ 상승 초기에 매도자가 많아 거래량이 증가하는 것은 당연하다. 그러나 강한 상승 종목에 매도자가 많다는 것은 매도의 이유가 있다고 판단해야 한다.

⑤ 가격이 크게 상승한 후에 거래량이 급증하면 매도 타이밍이라는 신호다. 이때 십자형 또는 음봉이 발생하면 매도세가 강한 것이므로 1차 매도 신호로 판단한다.

⑥ 가격이 크게 하락한 후에 거래량이 급증하면 매수 타이밍이라는 신호다. 이때 십자형 또는 양봉이 발생하면 매수세가 강한 것이므로 1차 매수 신호로 판단한다.

⑦ 조정 구간이나 하락 구간에서는 거래량이 '급감' 하는 것이 좋으며, 최소한 상승 시기의 거래량보다는 현저히 적어야 한다.

⑧ 장대양봉이나 장대음봉인 경우 거래량이 증가하면 매매 타이밍으로 판단해야 한다. 간혹 거래량은 적은데 장대양봉이나 장대음봉인 경우가 있다. 그런 경우엔 주가 등락의 이유가 기업 외부에 있을 것이다. 그 이유를 판단하여 결정한다.

⇊⇧⇊ 거래량 급증 종목의 **매매 포인트**

⊘ **거래량 급증 종목의 선정**

- 장중 순간체결량이 급증하는 종목(연속적이어야 하며 일봉을 동시에 확인한다)
- 분봉 거래량이 증가하며 상승하는 종목(일봉을 동시에 확인한다)
- 일봉상 거래량이 최근일 대비 500% 이상 급증한 종목

⊘ **차트 확인**

- 과거에 거래량이 급증한 적이 있었다면 이후 어떤 흐름이었는지 파악한다.
- 단기 차익 흐름이었으면 차익을 실현하고, 매집으로 판단되면 보유한다.

⊘ **매도의 판단**

- 장중 거래량이 급증하며 위꼬리가 만들어지면 매도한다.
- 다음 날부터는 거래량을 체크한다. 거래량 급증 십자형 또는 음봉이 만들어지면 매도하고, 그렇지 않으면 보유한다.
- 주가가 급등한 상태에서 호재가 발표되거나 거래량이 급증하면 차익을 실현한다.

차트 3-9는 대한유화의 일봉이다. 2018년 1월 고점 347,000원을 찍은 후 무려 2년 동안이나 하락하여 2020년 3월에 60,600원까지 내려왔다. 하락하는 동안 거래량은 음봉일 때만 증가하고 양봉에서는 증가하지 않아 매수 신호가 한 번도 없었다. 2020년 9월 드디어 대량거래와 장대양봉이 발생했다. 차트에서 보듯이, 이후 매도 신호(거래량 증가 음봉)를 한 번도 주지 않고 300% 이상 상승하고 있다.

3-9

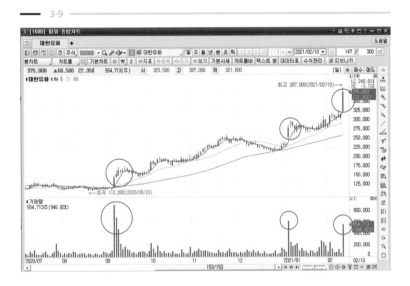

차트 3-10은 펩트론의 일봉이다. 2020년 6월 거래량 급증과 함께 십자형이 만들어져 매도 신호를 주었고, 이후 몇 달 동안 매수 신호

는 없었다. 그러던 중 11월 12일 거래량 증가와 함께 장대양봉이 만들어져 매수 신호가 발생했다.

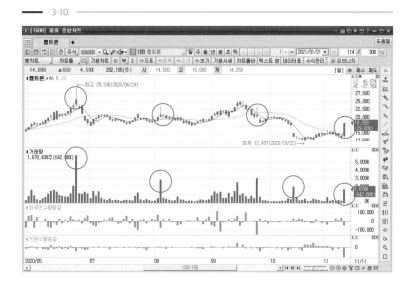

3-10

차트 3-11은 다음 날의 일봉을 보여준다(맨 마지막 봉). 전일 거래량의 2배가 넘는 거래량과 함께 장대음봉을 만들면서 전일 양봉의 50% 아래로 하락했다. 가장 좋지 않은 유형이다. 전일 매수자들은 대부분 손실인 상태로, 그들의 보유 물량이 이후 매물이 될 것이다. 다음 날 바로 매도 신호가 발생한 사례다.

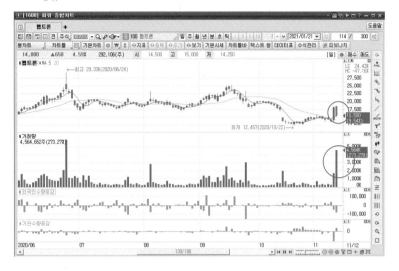

차트 3-12는 매수 신호 다음 날 곧바로 매도 신호가 발생한 이후의 주가 움직임을 보여준다. 이런 주식은 다시 상승 추세로 전환하려면 오랜 시간이 필요하거나 강력한 모멘텀이 발생해야 한다. 보유하지 말아야 한다.

차트 3-13은 삼천당제약의 일봉이다. 2020년 12월 21일 급등하여 상한가로 마감했다. 그러나 바로 다음 날 전일 거래량과 맞먹는 대량 거래가 발생하며 전일 양봉의 50% 아래에서 마감했다. 이런 유형은 거래량으로 볼 때 주도 세력이 강한 상승을 만든 후 고점에서 매도한 것으로 판단할 수 있다. 이런 종목을 보유하고 있으면 손실일 가능성이 크며, 향후 다시 상승하기까지 시간도 오래 걸릴 것이다. 반드시 팔아야 하는 거래량이다.

3-12

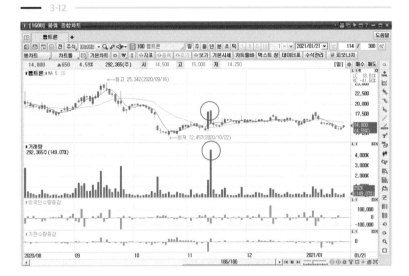

3-13

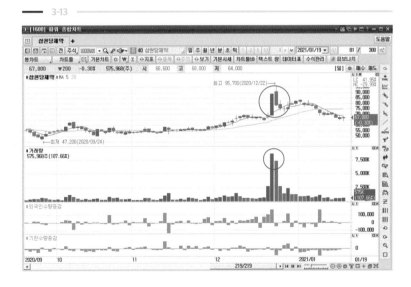

차트 3-14는 에스엘의 일봉이다. 대량거래와 함께 장대양봉이 만들어져 매수 신호가 발생했다. 이후 6일간의 하락 조정이 있지만 거래량이 크게 감소하고 있다.

— 3-14

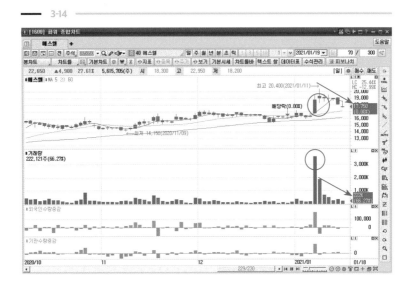

6일간 거래량 없는 조정 후 7일 차에 다시 대량거래가 발생하며 장대양봉을 만들었다(3-15). 이런 흐름의 주식은 이후 추가 상승할 것으로 판단한다. 가장 전형적이며 좋은 매수 타이밍을 보여주는 차트다.

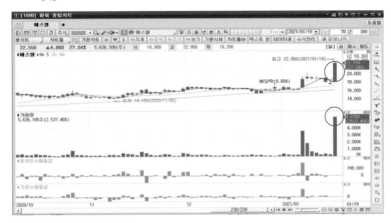

　　차트 3-16은 선익시스템의 일봉이다. 2021년 1월부터 거래량 증가 장대양봉, 조정 하락 시기엔 거래량 급감으로 8,000원대에서 21,000원대까지 상승했다. 이렇게 강한 상승을 하면 상승의 이유들이 회자될 것이며 애널리스트들은 장밋빛 보고서를 내놓을 것이다. 그러나 거래량의 흐름으로 보면, 3월 들어서면서 가격 하락은 없지만 거래량이 증가하며 등락하고 있다. 팔고 있는 것이다. 거래량을 기반으로 한 판단으로는 분할 매도해야 한다.

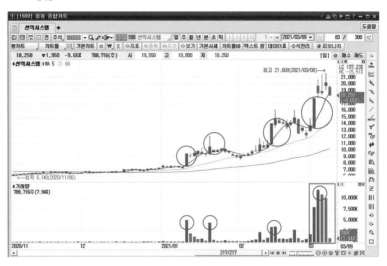

　　차트 3-17은 에이치엘비의 일봉이다. 2020년 9월 21일 매도 신호를 주고 지속 하락했다. 12월 7일 거래량 증가 양봉으로 1차 매수 신호가 발생했으나, 다음 날 곧바로 전일 거래량과 비슷한 장대음봉으로 매도 신호를 주었다. 그 후론 매수 신호가 없었다. 그러던 중 2021년 2월 16일 악재가 발생하며 폭락했다. 이런 유형을 설명하는 이유는 거래량 없이 횡보하는 구간에서 매수하는 것이 얼마나 위험한지 보여주기 위함이다. '고점 대비 많이 하락했으니 분할 매수할까?' 또는 '향후 전망을 기대하고 분할 매수할까?' 등의 생각을 하기 쉬운데, 이 책으로 공부하는 우리는 이제부터 그런 매수를 하지 말아야 한다.

　　차트 3-18은 폭락한 당일의 10분봉이다. 거래량이 급증하며 하락

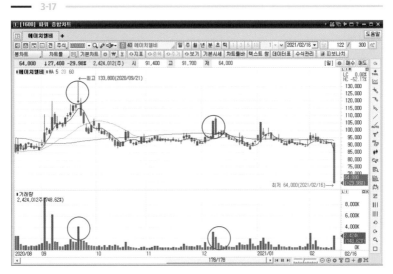

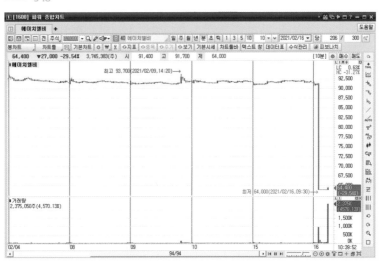

했다. 장중 순간체결량이 급증하면, 급등하든 급락하든 주가 역시 급격히 변화한다.

지금부터 몇 가지 차트를 통해 주가를 움직이게 할 수 있는 세력이 자신들이 컨트롤할 수 있는 중·소형주를 어떻게 매집하고 어떻게 올려서 파는지 살펴보고자 한다. 가격을 올렸다 내렸다 하면서 단기 차익을 실현하기도 하고, 그 와중에 매집을 하여 일정 시점에 급등시켜 팔기도 한다. 그들의 행보를 알 수는 없다. 그러나 거래량으로 그들의 움직임을 유추할 수는 있다.

차트 3-19는 팬엔터테인먼트의 일봉이다. 12월부터의 주가 움직임을 보면, 매수를 하면서 주가를 올렸다가 꽤 오랜 기간에 걸쳐 주가가 하락하는 걸 방치하고 있다. 일반 개인 투자자들이 매도할 만한 상황까지 기다렸다가 그 매물을 저가에 매수하여 다시 상승시키는 움직임이 반복되고 있다. 하락 조정 시 거래량이 없다는 것은 주도 세력이 아직 팔지 않았다는 것이다. 이런 주가 움직임이 끝나는 시기는 어느 날 갭상승하여 거래량이 급증할 때다. 가격을 올려놓고 파는 것이다. 당일 호재가 시장에 회자되면 더욱더 상투가 될 것이다.

차트 3-20은 중앙에너비스의 일봉이다. 장중에 급등시켜 차익을 실현하는 세력의 움직임을 볼 수 있다. 2020년 9월 대량거래와 함께

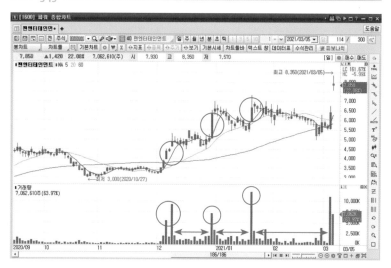

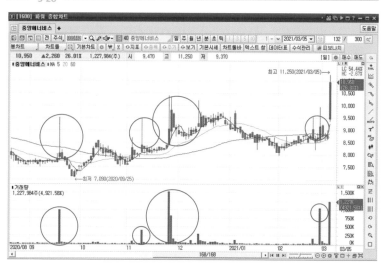

급등했지만 위꼬리가 긴 봉으로 마감됐다. 즉 고점에서 매도한 것이다. 11월 10일과 25일에도 급등했다가 위꼬리를 만들며 반락했다. 2021년 2월 26일에도 똑같은 유형이 나타났다. 3월 5일 현재 상한가 근처까지 급등하고 있지만, 추격 매수하면 안 된다. 이 종목을 매매하는 주도 세력은 늘 급등시켜 차익을 실현한 단기 세력이었다는 점을 염두에 둬야 한다.

차트 3-21은 KCTC의 일봉이다. 꽤 오랜 기간에 걸쳐 꾸준히 주가 관리를 하는 모습이다. 2020년 11월 대량거래로 상승할 때 매집을 했다. 그런 후 한 달 이상 거래 없이 횡보했다. 이 기간에 많은 개인 투자자가 매도했을 것이다. 2021년 1월, 다시 대량거래로 매집을 했다. 2월 드디어 4일 만에 4,000원에서 10,000원 위로 급등시켜 팔고 있다. 장대음봉인 날 거래량을 보면 매집한 것을 다 팔지는 않은 것으로 보인다. 이후 추가 상승 시도를 하겠지만, 이미 매집 물량의 상당 부분을 매도했을 가능성이 크다. 이제부터는 추종하지 말아야 한다.

차트 3-22는 한국주강의 일봉이다. 거래량 없이 등락하던 주식이 2월 4일 거래량 증가와 함께 급등했다. 그러나 위꼬리가 긴 봉을 만들면서 단기 급등시킨 후 차익을 실현했음을 보여준다. 3월 5일에 20% 이상 급등했지만 음봉을 만들고 있다. 앞서 살펴봤듯이, 단기 차익을 실현하는 세력일 수 있으므로 추종해서는 안 된다.

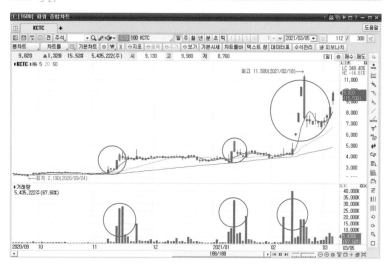

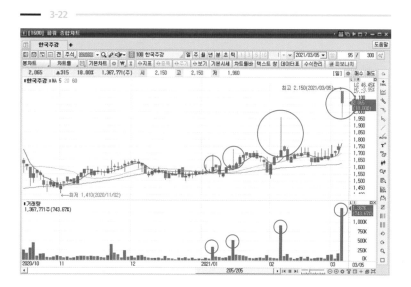

연속 급등 종목의
매매 타이밍

· · ·

장중에 처음 급등한 후 일간으로 연속 급등하는 주식이 있다. 이런 주식의 특징은 대량거래가 발생하며 상승하고, 단기간에 연속적인 상승으로 하나의 추세를 만드는 동안 상승폭이 크다는 것이다. 처음 강세 이후 하루 이틀 사이에 조정을 받을 때, 그 폭이 작으면 후속 매수세가 강해진다. 연속 급등 후 차익실현을 원하는 매물 탓에 하락할 땐 하락의 폭이 깊다. 단기 급등한 만큼 변동성도 큰 것이다. 반면 하락 시 매수세도 강하게 유입된다. 조정 후 추가 상승을 기대하는 매수 대기자들이 많기 때문이다.

연속 급등하는 주식은 혼자 급등하기보다는 테마를 이루며 상승할 때 더욱 강하다. 연속적이긴 하나 상승 일수가 너무 길어지면, 상승폭이 점차 작아지면서 거래량도 줄어든다. 연속 급등 주식의 이와 같은 속성을 이용하여 매매 타이밍을 포착한다.

대량거래가 터지며 처음 급등한 주식은 다음 날 곧바로 하락할 수도 있다. 그렇지만 연속 급등한 주식은 좀처럼 하락하지 않는다. 이미 강세로 전환돼 하락 시마다 강력한 매수세가 유입되기 때문이다. 연속 급등한 주식을 관심 종목으로 분류하여 매매 준비를 한다. 강력한 테마의 주도주가 가장 안전하고 수익률도 좋다.

급등 주식의 성향을 이용한 단기매매이므로 회사의 가치나 상승 재료보다는 어떤 매매 주체가 얼마나 강력하게 매수하는지가 중요하다. 전일 미리 선정한 급등 종목 중 오전 조정 하락을 이용한다. 이때 조정 하락이 첫 번째 하락인가, 아니면 여러 차례 조정받은 다음 상승하던 주식이 다시 하락한 것인가를 본다. 첫 번째 하락일 때는 아직 상승폭이 크지 않기 때문에 매수하려는 대기자가 많다. 반면 여러 차례 하락 조정을 거치고 상승한 주식은 조정 시마다 주가를 올리던 주도 세력이 이미 많은 물량을 차익 매도한 이후일 수도 있기 때문에 주의해야 한다. 급등 주식의 첫 번째 조정 시 하락폭이 클 수도 있지만, 상승 탄력이 있어 반등의 힘이 강하기 때문에 단기거래의 대상이 된다.

첫 번째 조정을 거치고 있는 급등 주식을 오전 조정 하락 때 매수한다. 만일 오전 매수 타이밍을 놓쳤다면, 상승하는 주가를 따라서 추격 매수하지 않는다. 급등한 주식은 언제든 차익 매물로 단기 고점이 될 수 있기 때문이다. 오전 매수 타이밍을 놓쳤다면 오후까지 기다려서 장 막판 다시 상승하여 시가를 돌파할 때 매수한다. 매수 후에는 거래량이 크게 증가하면서 반드시 양봉을 형성하는 상승이 있어야 하며, 거래량 증가가 없다면 십자형 또는 작은 음봉도 조정으로 판단하고 기다린다. 만일 거래량이 증가하며 십자형 또는 음봉이 발생하면 단기 상투로 보고 매도해야 한다.

이때 양봉이면 전고점을 돌파하는지, 저항대를 돌파하는지 등의 추세나 패턴을 확인하여 매도 가격권을 생각해둔다. 상승하지 못하고 매물을 맞으며 하락할 땐 지지 가격권이나 특히 대량거래가 발생한 가격권을 매도 가격으로 미리 생각해둔다.

연속 급등 주식의 매매 포인트는 상승 탄력을 이용하는 것이다. 주가는 상승할수록 추격 매수자들에 의해 상승 탄력이 강해지는 속성을 지니고 있다. 오전에 일시적으로 조정 하락할 때 매수한 후 다시 상승 탄력이 발생하는 것을 이용하여 수익을 추구한다. 그리고 차익 매물로 인해 장중 내내 조정 하락을 한 주식이 오후에 매수 세력의 재진입으로 상승할 때 매수한다. 다음 날부터 다시 상승하는 탄력을 이용하여 수익을 추구하는 것이다.

결국 대기 매수자가 많거나 강력한 매수 세력이 진입해 있는 주식이 큰 수익을 주는 것이므로, 우선 그런 주식을 선택해야 한다. 그런 주식은 이미 기본 개념에서 설명한 바와 같이 대량의 거래가 연속으로 터지면서 짧은 시간에 급등한 주식이다. 그 이면에는 대형 호재 등의 이유가 있을 것이다. 그 이유를 파악한 다음에 매매하고자 한다면, 이미 타이밍을 놓칠 수도 있다. '상승 탄력을 이용한 매매'라는 원칙을 잊지 말아야 한다.

연속 급등 종목의 주가 움직임

① 강세로 전환하여 상승하는 초기에는 대량거래가 발생하며, 상승폭이 커질수록 거래량이 감소한다.

② 상승하는 구간에서도 차익 매물이 꾸준히 나오고, 그 매물을 소화하면서 상승하기 때문에 장중에 약세로 전환되기도 한다. 급등 종목이라면 약세 전환이 대부분 오전 10시 이전에 나타나며, 저점은 5일선 전후에서 형성된다.

③ 거래량의 급증과 가격의 비정상적 급등이 발생할 경우, 단기 상투를 치고 조정을 받을 때 진입한다.

④ 테마나 성장 섹터가 동반 상승할 때는 주도주가 가장 빠른 속도로 가장 크게 상승하고, 하락 조정은 가장 소폭으로 나타난다.

⑤ 첫 번째 조정 하락 시에는 대기 매수세가 강하지만, 두 번째나 세 번째 조정 시에는 점차 매수의 힘이 약해진다.

⑥ 조정 하락 구간에서 거래량도 없고 작은 십자형으로 매도 신호
가 없더라도, 그 기간이 길어지면 결국 하락 전환될 수도 있으니
주의해야 한다.

연속 급등 종목의 매매 포인트

⊘ 연속 급등 종목의 선정

- 테마나 섹터가 강세일 때는 주도주를 선택한다.
- 5일선 위에서 며칠간 연속적으로 상승한 주식을 선택한다.

⊘ 시가 확인

- 시가가 +5% 이상 갭상승하면 장중 하락 위험이 있으므로 매매
  종목에서 배제한다.
- 시가가 -5% 이상 갭하락하면 다시 반등할 때 어려울 수 있으므
  로 매매 종목에서 배제한다.

⊘ 매수 타이밍

- 매수 제1원칙의 방법으로 오전에 매수 진입한다. 이후 장중 흐
  름 ②번 유형(1장 '매수 및 매도 타이밍의 장중 시그널' 참고, 이하 같다)이 발
  생하면 매도한다.

- 매수 제1원칙이 어려웠다면 장중 흐름 ③번 유형이 발생하는 것을 확인한 후 오후에 매수한다.

☑ **매도 타이밍**

- 장중 대량거래가 발생하면, 일봉을 체크하고 거래량이 최근일 대비 큰 폭으로 증가하며 십자형 또는 음봉을 만들면 매도한다.
- 장중 대량거래가 없었다면, 오후 2시 30분 이후 일봉을 확인하여 거래량, 봉의 색과 크기로 보유 또는 매도 결정을 한다.

⇊⇈⇊ 실전 **사례**

차트 3-23은 DB하이텍의 일봉이다. 무려 한 달 동안이나 5일선 위에서 상승하고 있다. 이렇게 연속 상승하는 주식의 매수 타이밍은 어떻게 잡아야 할까? 내가 매수하는 날이 고점일 수 있다. 봉을 보면 매일 강하게 상승한 것도, 매일 갭상승한 것도 아니니 말이다. 하지만 바로 그 때문에 매수 타이밍이 발생하는 것이다.

차트 3-24는 가온미디어의 일봉이다. 2021년 2월 2일 5일선 위로 상승한 이후 8일간 7,840원에서 15,000원까지 올랐다. 이렇게 강하게 상승한 주식도 2월 8일 갭상승 후 양봉 십자형을 만든 날을 제외하면, 모든 날에 전일 종가 아래까지 내려갔다가 상승했다.

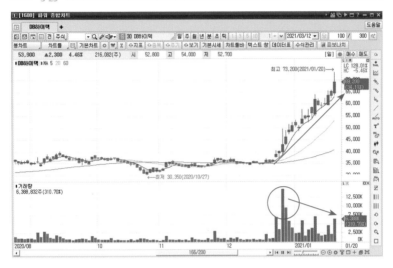

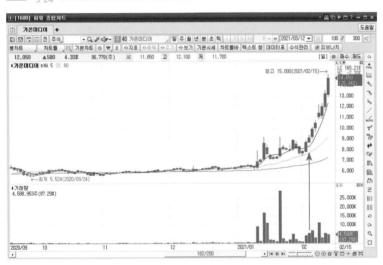

차트 3-25는 가온미디어가 7일째 상승한 날의 3분봉이다. 시가 보합에 출발하여 곧바로 -2%까지 하락했다가 9시 30분에 거래량이 급증하며 상승했다. 이날 고점 +13%를 찍고 종가 +10%로 마무리되면서 강세를 이어갔다. 장중 흐름 ①번 유형이다.

—— 3-25 ——

차트 3-26은 그다음 날인 8일째 되는 날의 3분봉이다. 시가 -0.38%에서 출발하여 오전에 저가 -2.27%를 찍은 후 곧바로 강세로 전환됐다. 이날 고점 +13.6%를 찍고, 종가 10.9%로 마감했다. 5일선 위의 강한 상승, 10% 이상의 강한 상승을 하는 움직임이지만 오전에는 마이너스까지 내려간 후에 양봉을 만들었다.

차트 3-27은 현대건설기계의 일봉이다. 2021년 3월 11일 대량거래로 강하게 신고가를 경신했다. 이날로부터 본격적인 강세를 보이며 연속 급등할 가능성이 있다. 이런 종목은 다음 날 매수 타이밍을 준비한다.

차트 3-28을 보면, 시가 -0.32%에서 출발하여 오전에 저가 -1.84%까지 내려갔다가 다시 상승했다. 종가 +2.38%로 마감했다. 일봉으로 보면 거래량도 감소한 작은 양봉이다. 홀딩해야 하며, 당일 매수하지 않았다면 다음 날 '연속 급등 종목의 매매 타이밍'으로 거래한다.

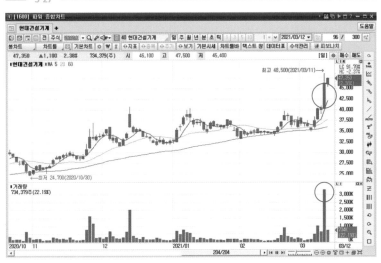

차트 3-29는 에버다임의 일봉이다. 3월 5일 거래량 증가 장대양봉으로 강세 전환했다. 이를 인지하고 연속 급등 가능성을 고려하여 매매 타이밍을 포착한다. 3월 11일 다시 거래량 증가 장대양봉이 출현했으므로, 다음 날 오전 매수 제1원칙의 타이밍을 준비한다.

3-29

차트 3-30은 거래량 증가 장대양봉이 출현한 다음 날인 3월 12일의 5분봉이다. 시가 -0.35%, 저가 -1.74%, 고가 +1.57%, 종가 -0.7%로 매매 타이밍을 주지 않았다. 만일 보유하고 있다면, 일봉 거래량이 급감했고 십자형이 만들어졌으므로 홀딩한다. 그러나 신규 매수 타이밍은 없었다.

차트 3-31은 잉크테크의 일봉이다. 2021년 3월 5일 대량거래와 함께 주가가 5일선 위로 올라서면서 강세 전환했다. 이후 주가 움직임을 보면, 5일 동안 연속 급등했지만 매번 전일 종가 아래로 한 번씩은 하락했다가 다시 상승했음을 알 수 있다.

차트 3-32는 3월 12일의 3분봉이다. 시가 약보합으로 출발해 오전에 잠깐 공방을 벌인 뒤 곧바로 상승하여 장중 흐름 ①번 유형을 유지했다. 오전에 매수 타이밍을 잡기 어려웠다면 오후 장 마감 무렵 매수한다.

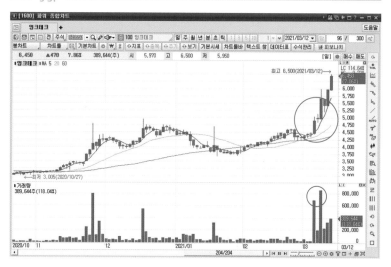

차트 3-33은 다음 거래일인 15일의 3분봉이다. 시가 +8.8%에서 출발하여 오전에 고가 +19.6%까지 갔다가 지속 하락했다. 대량체결이 되면서 하락하여 매도 신호를 주었다. 이때 일봉 거래량을 확인하여 최근일 거래량보다 아주 작다면 비록 하락폭이 크더라도 일부 매도 또는 홀딩도 고려해볼 수 있다. 하지만 장중 흐름 ④번 유형이 나타나 전형적인 매도 신호를 주고 있다. 이처럼 시가가 너무 높아 인위적인 추가 상승의 정황이 나타나면 상투일 확률이 높다.

── 3-33 ──

차트 3-34는 장중 흐름 ④번 유형이 나타난 15일의 일봉을 보여준다(맨 마지막 봉). 아직 장이 마감되기 전에 캡처한 화면이지만, 일봉상 대량거래와 함께 만들어진 장대음봉이므로 보유 중인 주식이 있

다면 매도해야 한다.

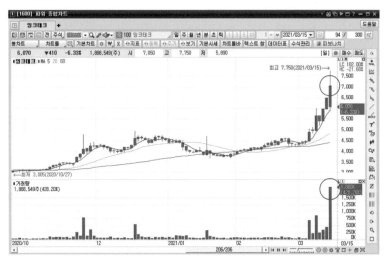

연속 급락 종목의
매매 타이밍

• • •

장중 첫 번째 대량거래와 함께 급락한 주식이 당일 반등하지 못하면 연속 급락으로 이어진다. 개별 악재든 업황이나 시황상의 악재든, 단기 악재를 반영한 후 곧바로 반등하지 못하면 하락이 진행될수록 매도세가 강해진다. 첫 번째 하락 시에는 조정이라고 판단하는 매수세가 유입되므로 반등의 힘이 있다. 하지만 연속 하락 시엔 대다수 시장참여자가 추세 하락으로 판단하며, 더 하락하기 전에 매도하고자 하기 때문에 매도세가 강해지는 것이다.

첫 번째 하락에 매수하여 단기 차익을 추구하고자 했던 물량, 눌림목 조정이라고 판단하여 매도하지 않았던 물량들이 연속 하락에선 모두 매물이 되어 깊은 하락을 만든다. 하락 일수가 길어질수록 물린 매수자들이 많아지므로 반등 시마다 매물이 쏟아져 나온다. 투자자들은 연속 하락 후 다시 반등하려면 많은 시간을 거쳐서 매물을 소화해야 한다는 것을 알기 때문에 빠른 시간에 반등하지 못하면 매도하려고 한다. 손절매 원칙을 정해놓은 개인이나 로스컷 규정을 지켜야 하는 기관 투자가들 역시 일정 하락폭까진 보유하지만, 하락폭이 깊어질수록 추가 매수가 아니라 매도로 대응한다.

기업 가치의 변함이 없고 일시적인 노이즈나 거짓 정보에 의해 하락하더라도 한번 매물이 나오기 시작한 주가는 '매물이 매물을 낳는' 수급 왜곡 현상이 마무리될 때까지는 좀처럼 강하게 반등하지 못한다. 이를 흔히 '수급이 꼬였다'라고 말한다. 섹터 ETF 등의 자금이 빠져나가거나 특정 섹터에 악재가 나왔을 때도 집중적으로 매물이 나온다. 이때 개별 주식의 하락만이 아니라 해당 섹터나 테마에 속한 주식이 집단적으로 하락하는 경우도 많다. 알려진 악재와 관련 없는 기업이라고 하더라도 동일 섹터나 테마에 속해 있다는 이유만으로 연속 급락하는 것이다.

연속 하락하는 주식이라고 하더라도 끝도 없이 하락하는 것은 아니다. 결국 저점을 형성할 것이다. 그 저점이 대세 바닥인지, 반등 후 다시 하락하는 중간 바닥인지는 지나고 나야 알 수 있다. 매수 타이밍이 포착된 이후에 판단할 문제다. 일정한 하락 후엔 반등하기 마련이므로, 반등 시의 매수 타이밍을 잡아내야 한다.

　단기거래의 속성에 기반해 저점을 판단할 수 있다. 처음 하락할 땐 대량거래가 일어나고 가격이 급변한다. 하락 일수가 길어질수록 일정 시점부터는 거래량이 줄어들고 가격 하락폭도 줄어들며 하락의 각도가 완만해진다. 이때는 매수의 기본 원칙 중 제3원칙을 적용할 수 있다. 연속 하락하는 주식을 매수할 때는 연속 상승하는 강세 주식을 매수할 때보다 훨씬 더 주의해야 한다. 강세 주식은 설령 매수 타이밍을 잘못 잡았다고 하더라도 강세 탄력이 있기 때문에 손해 보지 않고 매도할 기회가 확률적으로 많다. 반면, 연속 하락 주식은 이미 약세로 접어들어 누구나 매도하고 싶어 하는 상태이기 때문에 자칫 단기매매로 수익을 내려다가 큰 손실을 볼 수 있다.

　업종이나 테마로 동반 하락한 경우는 상대적으로 매매하기 쉽다. 기준이 있기 때문이다. 극단적인 사례로 과거 IT 버블이 붕괴되던 시절 코스닥의 IT 관련주들을 들 수 있다. 관련주들이 동반 급락하면서 일제히 하한가에 진입했다. 그중 주도주가 새롬기술과 다음 등이었는데, 이들이 하한가에서 벗어나서 반등하면 나머지 주식들도 동반 반등했다. 결국 주도주들이 반등하는지만 지켜보면 나머지 주식들의 움직임을 쉽게 알 수 있었다. 당시는 주도주가 상한가에 진입하면 동반하여 상한가에 진입하는 이해 안 되는 수급 논리가 시장을 지배했다. 지금은 그렇게 단순하지는 않지만 주가가 비슷하게 움직이는 건 여전하다.

주식 투자자들은 대부분 관심 종목을 PC나 휴대폰에 리스트업할 때 업종이나 테마별로 분류해둔다. 과거 증권사 객장에 가면 전광판에 업종별로 종목 시세가 나오던 것과 비슷하다. 업종별로 주요 주식들을 관심 종목군으로 만들어두면 그 화면만 봐도 오늘은 어떤 업종이 상승하는지, 어떤 테마가 상승하는지를 알 수 있다. 이때 중요한 것은 그 업종과 테마의 주도주들을 리스팅하는 것이다. 같은 개념으로 매매 스타일에 따라 관심 주식을 리스팅한다. 한쪽에는 거래량이 증가하며 가격이 급등하는 주식들을, 또 한쪽에는 거래량이 증가하며 가격이 급락하는 주식들을 리스팅해두고 원하는 매수 타이밍의 시그널이 발생하는지를 관찰한다.

　연속 하락한 주식을 매수할 때는 하락하는 과정에서 거래량을 잘 살펴야 한다. 하락하는 동안 거래량이 많다는 것은 그만큼 반등 시 매물이 많다는 것이므로 피해야 한다. 거래량이 감소하며 하락한 주식이 다시 거래량이 증가하며 십자형 또는 양봉을 만들 때를 매수 타이밍으로 잡는다. 앞서 설명한 매수 제3원칙이다. 이때 체크해야 할 사항은 하락의 이유, 하락할 때 집중 매도한 주체들이 매물을 대량으로 내놓았는지 또는 아직도 매도할 물량이 남아 있는지다. 강한 매도세로 하락할 때는 체결 강도가 100 아래로 나타나며 순간체결량이 많다. 반면 매도 강도가 약해질 때는 순간체결량이 적고, 반대로 위의 가격에 매수하는 수량이 많아진다. 즉 체결 강도가 100 이상으로 높아진다.

하락하는 동안 추세나 패턴을 분석하여 어떤 가격권에서 반등할 수 있는지를 예상하되, 그 시점이 매수 타이밍이 되는 것이 아니고 매수 시그널이 발생할 가능성이 있다는 정도로 파악해둔다. 반드시 대량거래와 함께 만들어진 양봉을 확인하고 매수해야 하며, 매수 후엔 곧바로 반등의 힘과 속도, 상승할 때의 거래량을 체크해야 한다.

연속 상승하는 주식은 상승의 각도가 급격히 가팔라지면서 급등할 때 단기 상투를 치고 반락한다. 연속 하락하는 주식 역시 하락의 각도가 급격히 가팔라지면서 급락할 때, 즉 투매가 발생할 때 저점을 만들고 반등한다. 매수 후 원하는 수익을 얻으려면 대량거래가 일어나면서 상승해야 하며, 직전 고점을 돌파하는 추세 전환이 되어야 한다. 중기적으로 추세 하락하는 종목이 추세 반전을 하려면 '역헤드앤숄더' 패턴이 나타나야 한다. 그렇지 않으면 약간 반등 후 추가 하락하여 하락 추세의 연장이 된다.

주식 투자는 '싸다고' 무조건 매수하여 기다리는 것이 아니다. 싼 주식에는 다 이유가 있고, 급락한 주식 역시 마찬가지다. 그 이유가 해소되거나 주가에 반영됐다고 하더라도, 나올 매물이 다 나와야 비로소 반등한다. 주가가 반 토막이 나서 더는 하락하지 않고 횡보하는 구간이라도 매수해서는 안 된다. 매수 시그널이 나와야 한다. 대량의 거래가 터져야 하며, 연속 체결과 함께 체결 강도가 강해져야 한다. 그것이 강력한 매수 주체가 진입했다는 뜻이다. 주가가 많이 하락했다고 매수하는 것은 자칫 성장이 멈추거나 하락 사이클로 진입하는 업종과 테마에서 매수하는 실수를 범할 수 있다. 중장기 투자라고 하더라도 급락하는 주식의 저점 매수 신호를 공부하여 최초 진입 시기를 잘 선택해야 하는 이유다.

⇓⇑⇓ 연속 급락 종목의 **주가 움직임**

① 최초 하락할 때는 추세 하락이 아닌 조정 하락이라고 판단한 매수자에 의해 대량거래가 발생한다. 대량거래와 함께 십자형 또는 음봉이 만들어진 다음 하락하기 시작한다.

② 추세 하락을 인지한 이후에는 반등도 작고, 작은 거래량에도 지속적으로 하락한다.

③ 섹터나 테마의 종목들은 동반하여 하락하는 경우가 많다.

④ 아무리 많이 하락했다고 하더라도 확실한 매수 주체의 진입이 있기 전에는 추세가 전환되지 못한다.

⑤ 시장이 급락하는 시기에 동반 하락한 경우, 시장의 저점을 판단함으로써 연속 급락한 주식의 저점을 크로스체킹한다.

⇊⇈ 연속 급락 종목의 **매매 포인트**

☑ 연속 급락 종목의 리스팅

- 섹터, 테마별로 묶어서 리스팅한다.
- 기업 가치의 변화가 아닌 외부 요인으로 하락한 종목을 리스팅한다.
- 하락하는 동안 거래량이 감소한 종목이 더 좋다.
- 하락 추세로 전환하기 전 상승 추세일 때 강하게 상승했던 종목일수록 좋다.

☑ 매매 종목 선택

- 리스팅된 종목 중 오전부터 순간체결량이 많아지고 체결 속도가 빠른 종목을 선택한다.
- 거래량 측면에서 개장 직후 30분 만에 전일 대비 50% 이상 급증 또는 전일 동 시간대 대비 300% 이상 급증하는지를 확인한다.

☑ 매수와 매도 대응

- 거래량이 증가한 종목에서 오전 저점 후 상승을 시작하는 과정에 1차 매수한다(매수 제1원칙).
- 1차 매수 후 거래량이 더는 증가하지 않고 상승의 힘이 약하면 추가 매수는 보류한다.

- 오후 2시 이후 순간체결량과 거래량이 증가하면, 일봉을 확인하여 최근일 거래량보다 현저히 많은 거래량과 십자형 또는 양봉일 경우 매수한다. 그렇지 않을 경우엔 매수를 보류한다.
- 매수 신호가 발생하여 매수했는데, 이후 보류 신호가 나타나면 추가 매수 없이 관망한다.
- 그러던 중 매도 신호가 발생하면, 즉 거래량 증가 양봉을 보고 매수했는데 이후(특히 오후에) 음봉으로 전환되면 매도한다.

⇅ 실전 사례

차트 3-35는 바이오톡스텍의 일봉이다. 대량거래가 이뤄지면서 12,000원대에서 단기간에 22,000원대까지 상승했다. 이후 거래량도 없이 3개월 이상 하락하고 있다. 아마도 이 종목에는 많은 투자자가 물려 있을 것이다. 그들은 어떻게 해야 할까? 이런 종목을 매수하려면 어떤 타이밍에 해야 할까? 매수 제3원칙의 신호가 발생할 때까지 끈기있게 관찰하며 기다려야 한다.

차트 3-36은 휴젤의 일봉으로, 고점 229,400원을 찍고 지속 하락 중이다. 하락 도중 2월 3일에 대량거래와 13%의 하락이 있었다. 장대음봉이다. 이렇게 하락한 종목은 다시 상승하기 어렵다. 2월 3일의 거래량은 대량매물이다. 이런 차트 유형은 다시 대량거래와 장대양봉이 나타날 때까지 관심 종목에서 제외해야 한다.

3-35

3-36

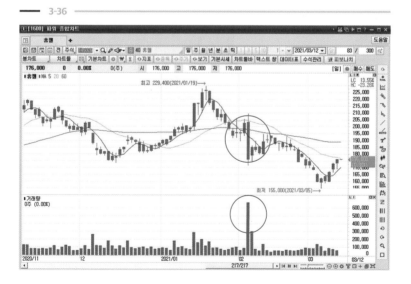

차트 3-37은 유틸렉스의 일봉으로, 2021년 연초에 급등한 후 2개월 정도 하락했다. 3월 5일에 대량거래가 발생하면서 10% 이상 급등했다. 직전 상승 시에 급등했던 종목은 반등할 때도 급등한다. 대량거래와 함께 장대양봉이 발생했으므로 1차 매수 신호가 발생한 것으로 보고 이제부터 관심 종목에 추가한다.

3-37

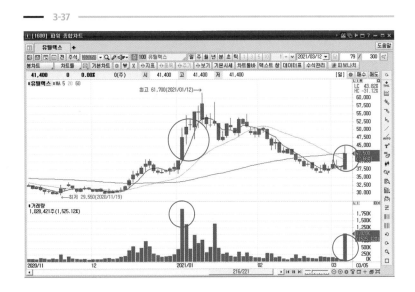

차트 3-38은 SK이노베이션의 일봉으로, 2년 이상 하락하다가 2020년 3월 코로나19 사태로 단기에 폭락했다. 3월 24일과 25일 양일간 대량거래가 발생하면서 매수 제3원칙의 신호가 발생했다. 매수한 후, 매도 신호가 발생할 때까지 홀딩한다.

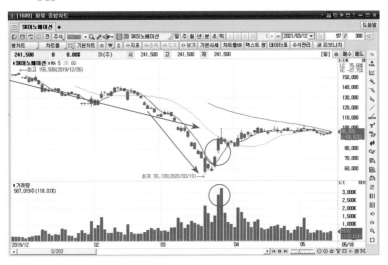

  차트 3-39는 SK이노베이션의 이후 주가 움직임을 보여준다. 2020
년 3월 저점 60,000원 부근에서 매수 타이밍이 발생한 후 한 번도 매
도 신호가 발생하지 않았다. 상승할 땐 거래량 증가 양봉, 하락할 땐
거래량 감소 작은 음봉이 나타났다. 2021년 연초가 되자 거래량이 증
가하며 고점 318,500원을 찍고 서서히 하락하고 있다.

  차트 3-40은 에이디테크놀로지의 일봉이다. 2020년 8월 고점
34,900원을 기록한 이후 추세 하락했다. 하락하는 동안 매수 신호는
없었다. 10월 27일 대량거래와 장대양봉 출현으로 드디어 매수 신호
가 발생했다. 이날이 1차 매수 타이밍이며, 이후 2차 매수 신호를 관
찰한다.

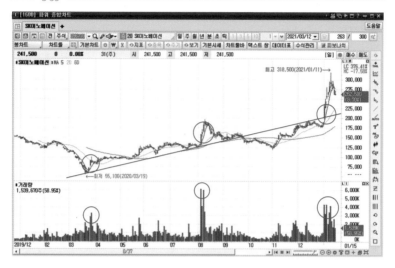

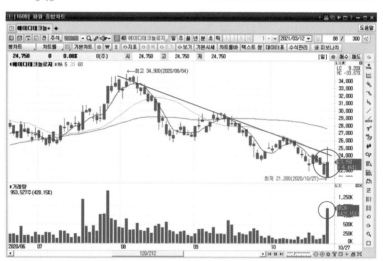

차트 3-41은 이후 에이디테크놀로지의 주가 흐름이다. 10월 27일 저점을 형성한 후 매도 신호도, 매수 신호도 없이 소폭 상승을 거듭했다. 12월 17일 다시 거래량 증가와 함께 양봉을 만들면서 2차 매수 신호를 주고 상승 추세로 전환했다.

3-41

차트 3-42는 박셀바이오의 일봉이다. 시장의 화두가 됐던 종목으로, 10,000원대에서 무려 299,700원까지 상승했다. 이후 2개월 동안 지속 하락하여 90,000원까지 떨어졌으니 고점 대비 하락폭이 70% 수준이다. 이런 종목을 '피보나치 수열의 되돌림'이라고 하면서 38.2%에서 매수, 50%에서 매수 등의 이론을 적용했다면 큰 손실을 봤을 것이다. 매수 신호는 없었다. 그러다가 2021년 2월 24일 처음으로 거래량 증가와 함께 장대양봉이 출현해 1차 매수 신호가 발생했다. 이때부터 '연속 급락 종목의 매매 타이밍'을 활용하기 위해 관심 종목에 포함한다.

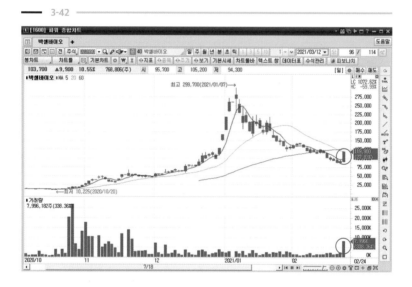

3-42

차트 3-43은 박셀바이오의 3월 12일 1분봉이다. 오전부터 거래량이 증가하며 상승하다가 장중 매수 신호가 발생했다. 그러나 이전에 연속 급락하는 흐름을 보였기 때문에 일봉을 확인해야 한다. 대량거래인지 장대양봉인지를 확인한 후 장중에 1차 매수를 했다면, 홀딩한다. 오후까지 강세를 유지하는 것을 보고 매수하고자 한다면, 이때도 일봉 거래량을 확인해야 한다.

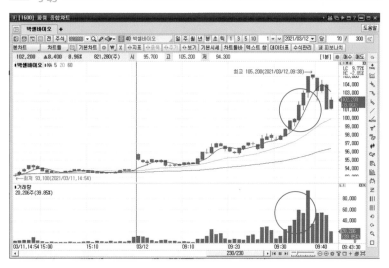

차트 3-44는 센트랄모텍의 일봉이다. 2020년 8월에 고점 33,200원을 찍은 후 3개월간 연속 급락하고 있다. 그동안 매수 신호는 없었고, 11월 5일 대량거래가 일어나면서 매수 신호가 발생했다. 이날 1차 매수를 하고, 이후 매도 신호가 없으면 홀딩한다. 추가 매수 신호가 발생하면 2차 매수를 한다.

11월 5일, 상승 후 주가는 직전 양봉의 50% 라인에 이르기까지 하락했다(3-45). 그러나 거래량이 급감했다. 11월 5일에 매수한 세력이 자신들의 매수 가격 부근까지는 매도하지 않고 지켜보고 있는 것이다. 12월 18일 강력한 매수 신호가 발생하면서 상한가에 진입했다.

12월 18일에 대량거래 장대양봉으로 매수 신호가 발생했지만 이후 거래량이 감소하며 하락하고 있다(3-46). 거래량과 주가 움직임의 전형적인 모습을 보여준다. 앞서 여러 차례 설명했듯이, 이런 흐름의 주식은 분명 주가를 컨트롤하는 주도 세력이 있는 것이다.

3-46

장중 급등 종목의
매매 타이밍

· · ·

장중에 호재성 재료가 나오거나 시황 급변 등의 이유로 주가가 급
등하는 경우에는 당연히 고민이 될 것이다. 추격 매수할까? 추종
했다가 손실이면 어쩌나? 주가를 올려 팔아먹으려 하는 세력은 아
닐까?

 어떤 이유에서 급등하지를 아는 것도 중요하겠지만, 그 순간에는
매매 타이밍이 훨씬 더 중요하다. 우선, 순간체결량이 증가하고 대량
거래를 수반하며 상승하고 있는지를 확인한다. 대량거래 없이 급등
한 경우에는 매매하지 않는다. 호가 갭이 발생하여 매수 후 곧바로

급락할 수도 있다. 순간체결량을 확인할 때는 체결단위가 보통의 경우보다 10배 이상이고 연속적으로 빠른 시간에 체결되어야 한다는 점을 중요하게 봐야 한다.

대량체결이 되는 초기에 발견했다면 신속히 추격 매수하여 수익을 낼 수 있다. 그러나 이미 주가가 큰 폭으로 상승한 이후라면 급등하는 과정에서 순간체결량과 거래량, 매수 강도, 호가 잔량, 가격 상승폭을 확인한 후 상승이 멈추고 조정 하락할 때를 기다려서 매수해야 한다. 하락 전환 후 거래량이 감소하고 상승폭의 30% 이내 가격에서 거래되며 횡보하면 매수 준비를 한다. 장중 눌림목 매수를 하는 것이다. 하락할 때 거래량이 증가하는 것은 상승 주체들이 매도하는 것으로 봐야 한다. 그들이 매도한 후엔 추가로 하락할 수 있으므로 조정 하락 시엔 순간체결량이 절대적으로 감소해야 한다. 이후 다시 거래량이 증가하며 상승하는 첫 시점에 매수해야 한다. 판단이 늦을수록 수익의 폭이 줄거나 높은 가격에 추종하여 손실 나는 매매를 하게 된다.

급등 주식을 추종하는 매매는 강세장이나 강한 테마가 형성되어 있는 시장에서 성공 확률이 높다. 강세장에선 시장에 자금이 풍부하여 좀더 높은 가격에라도 매수하고자 하는 투자자들이 많다. 강력한 테마 시장에서는 급등했다고 하더라도 추후 더 상승할 것이라는 기대로 매수세가 유입되기 때문이다. 반대로 약세장일 경우엔 시장에 자금이 부족하여 테마라고 하더라도 모두 강한 상승을 하진 못하고,

일부 주식만 상승하거나 상승의 힘도 약하기 마련이다. 특정한 세력이 적은 금액으로 주가를 단기간에 끌어올려 차익 매도를 하는 경우도 빈번하다. 강세장처럼 상승 주체들이 매도해도 대기 자금이 많아 매수세가 강할 때는 주가가 쉽게 내려오지 않는다. 그러나 약세장에서는 일부 세력의 자금으로 주가가 움직이기 때문에 급등 후 하락 시 급락할 위험이 있다. 따라서 현재 시황이 어떤지, 추가로 상승할 수 있을 정도로 대기 자금이 풍부한 상황인지를 반드시 확인해야 한다.

장중 눌림목에 매수하여 추가 상승할 때 스캘퍼는 바로 차익 매도를 하고, 데이 트레이더는 장중 추세적 흐름을 보고 판단하며, 스윙 트레이더는 온종일 강세를 이어갈 경우 다음 날도 강세일 것으로 판단하고 수익 극대화를 위해 보유한다. 예상과 반대로 급등 후 반락하면 스캘퍼는 곧바로 매도하고, 데이 트레이더는 장중 추세 유지 시 보유하고 추세 붕괴 시 매도한다. 스윙 거래를 하는 입장에서는 일봉 차트와 거래량을 보고 보유 여부를 판단한다.

장중 급등 주식의 거래는 추종 매수하고 싶다는 욕심과 급등 후 하락에 대한 불안이 교차하는 심리에서 이루어진다. 그만큼 순간적인 갈등 속에서 판단도 빨라야 한다. 따라서 자신만의 매매 원칙이 확고해야 한다. 그때그때 판단이 달라져선 위험하다. 아마도 단기거래에서 가장 어려운 일이겠지만, 매매 원칙이 확고해야만 이 책에서 소개하는 다른 어떤 매매보다 장중 급등 주식의 매매로 큰 수익을 기대할 수 있다. 오랫동안 하락했던 종목의 저가 매수 타이밍, 추세 움직임

속에 조정 후 재상승 시의 매수 타이밍, 강력한 재료나 테마 형성이 시작되는 종목의 매수 타이밍 등 단기거래자가 아니더라도 강한 상승을 시작하는 초기 시점에 매수 타이밍을 포착할 수 있는 좋은 매매 전략이 될 수 있다.

⇓⇑⇓ 장중 급등 종목의 **주가 움직임**

① 해당 종목이 속한 섹터, 테마의 호재로 동반 강세가 빈번히 일어 난다.

② 처음엔 동반 상승하지만 일정 폭의 상승 후엔 주도주만이 추가 상승한다.

③ 강세장, 강세 테마가 형성될 때 유리하며 약세장일 경우엔 종목 별로 각각 움직인다.

④ 개별 종목의 호재성 뉴스로 장중 급등하기도 한다.

⑤ 빠른 시간에 상승하고, 상승 시 체결단위가 급격히 증가하며 속 도가 빨라진다.

⑥ 호재 때문이든 추세가 반전되어서든, 강력한 상승 초기에 발생 하는 경우가 많다.

장중 급등 종목의 **매매 포인트**

급등의 이유 판단

- 시장 또는 섹터, 테마의 강세 때문인가?
- 뉴스 등의 이슈로 개별 종목이 강세를 보이는 것인가?
- 전고점 돌파, 신고가 돌파, 저점 확인 등 의미 있는 차트의 위치 때문인가?

매매 종목 선정

- 시장, 섹터, 테마의 주도주를 선택한다.
- 체결단위가 급증하고, 빠른 속도로 상승하는 종목이어야 한다.

매수와 매도 대응

- 체결단위가 급증하고 연속 체결되는지 확인한다.
- 매수 진입 여부: 상승 초기라면 추격 매수하고, 이미 상승폭이 크다면 눌림목을 기다린다.
- 눌림목에서 체결단위가 감소하고 체결 속도가 줄며 분봉 거래량이 줄어들 때 매수를 준비한다.
- 다시 대량의 매수 체결이 이뤄질 때 동반 매수한다.
- 급등 후 추가 상승이 없을 경우에는 거래량이 감소해야 한다. 거래량이 증가하며 반락한다면 매도를 고려한다.

- 일봉상 위치를 확인해 테마·섹터의 강세일 경우, 관련 종목들이 동시에 강세를 보인다면 홀딩한다.
- 개별 이슈에 의한 강세일 경우, 그 내용이 현재 시장의 이슈에 부합하면 홀딩하고, 그렇지 않으면 차익을 실현한다.

실전 사례

차트 3-47은 에스씨엠생명과학의 5분봉이다. 오후 1시부터 대량체결이 연속으로 이어지며 급등하고 있다. 분봉의 거래량을 보라.

3-47

차트 3-48은 같은 날 에스씨엠생명과학의 일봉을 보여준다(맨 마지막 봉). 주가가 상당히 하락한 후 저점에서 거래량 증가와 함께 반등 시도를 한 것이다. 하지만 직전의 상승 시기보다 현저히 적은 거래량 이다. 홀딩하지 않고 장중에 차익을 실현한다.

— 3-48 —

차트 3-49는 포스코인터내셔널의 3분봉이다. 개장 이후 점진적 상 승 흐름을 보였으나, 11시부터 대량체결이 연속되며 급등함으로써 매수 신호를 주었다.

차트 3-50의 뉴스 화면을 보면, 포스코인터내셔널이 급등한 이유가 시장의 핫한 이슈인 전기차 부품 사업 관련 뉴스 때문임을 알 수 있다. 강세 테마의 호재로 오후에 되밀리지 않는다면(장중 흐름 ②번 유형) 홀딩해야 한다. 화면 오른쪽 하단의 선차트는 장중 흐름을 한눈에 파악하는 데 유용하다.

차트 3-51을 보면, 결국 장중 25%까지 상승했고 종가 +17%로 마감했다. 눌림목 후 매수 제2원칙을 적용할 수 있는 전형적인 차트로 장중 급등 시 매수하여 큰 수익을 낼 수 있었다.

차트 3-52는 엔케이맥스의 3분봉이다. 12시 30분부터 체결단위가 급증하고 연속 체결이 나타났다.

3-52

차트 3-53의 호가 잔량을 보면, 21,900~22,000원의 마디 가격에 대량매물이 있다. 그 지점을 돌파하기 위해서는 체결단위가 확연히 증가하면서 급격히 상승해야 한다. 이때 매물이 많으면 많을수록 돌파 후 상승의 힘이 강해진다.

차트 3-54는 당일의 일봉을 보여준다(맨 마지막 봉). 22,000원은 직전 고점에 근접한 마디 가격으로, 이 가격을 강하게 돌파하면 이후 강한 시세를 이어갈 것으로 기대할 수 있다.

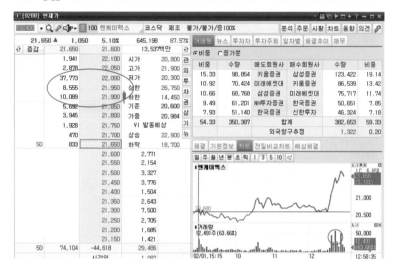

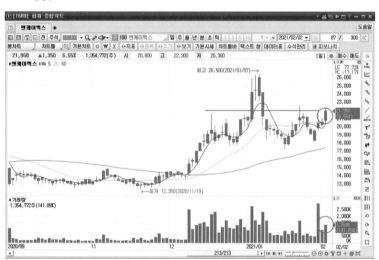

차트 3-55에서 12시 이전까지의 체결단위를 보면, 체결량이 분당 몇백 주 수준임을 알 수 있다.

3-55

12시 30분 이후에는 수천 주씩으로 체결단위가 많아지다가 36분부터 수만 주씩으로 급격히 증가했다(3-56). 체결단위가 수백 주에서 수천, 수만 주로 증가하며 상승하는 구간에서 매수해야 한다.

대량매물이 쌓여 있던 21,900~22,000원에 진입하자 체결단위가 더 크게 증가했다(3-57). 이 매물을 대량체결로 돌파하고자 시도할 텐데, 매물이 지속적으로 나오면 돌파에 실패하고 반락할 수 있다. 따라서 나올 수 있는 매물이 가능한 한 대량으로 한 번에 나오는 것이 좋고, 돌파도 대량매수로 한 번에 성공해야 이후 상승의 힘이 더욱 강해진다(2장 '돌파의 의미와 활용 방법' 참고).

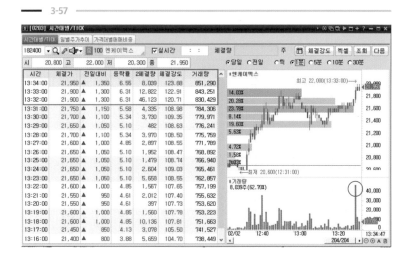

차트 3-58은 같은 날의 3분봉이다. 대량매물을 소화하며 22,000원
을 돌파하는 모습이다.

3-58

체결단위와 속도를 관찰하면서 전체적인 흐름은 장중 선차트로
파악한다(3-59).

돌파 후 다시 매물이 나왔기 때문에 이후에도 대량체결이 이어지
고 있다(3-60). 돌파 후엔 돌파 가격에서 가능한 한 멀리 도망가야 한
다. 그래야 이후 돌파 가격이 지지 가격이 된다. 그런데 이 종목은 돌
파 가격인 22,000원에서 멀리 벗어나지 못하고 대량체결이 연속되고
있다. 당일 거래량이 크게 증가했다면 보유, 그렇지 않다면 차익을
실현해야 한다.

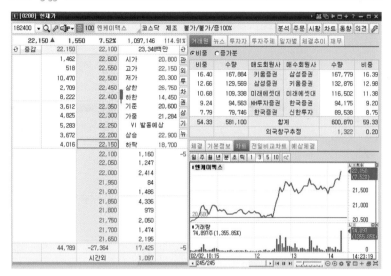

258　매매의 기술

결국 돌파 가격 22,000원 바로 아래인 21,950원에 마감했다(3-61). 돌파 가격을 지지하지 못하고 끝났다는 것은 강한 매수세 유입도 있었지만 매도 세력 역시 만만치 않았다는 뜻이다.

3-61

차트 3-62는 돌파 가격을 지키지 못한 이후 주가가 어떻게 움직이는지를 보여준다. 추가 상승하지 못하고 등락하고 있는데, 돌파할 때 매물을 완벽히 소화하지 못했기 때문이다. 2월 2일의 거래량을 보면, 1월 29일의 50% 수준이다. 예컨대 지속 매도한 어떤 주체가 100만 주를 보유하고 있었고, 그들이 대부분 매도했다면 이후 주가는 아주 강하게 상승했을 것이다. 하지만 어떤 이유에서든, 그들이 분할 매도하고 있었기 때문에 돌파 후 강한 상승을 하지 못한 것이다. 그들의 매물을 분석하지 않았다고 하더라도 22,000원 돌파 후 주가가 멀리 도망가 23,000원 전후로 마감했다면 이후 다시 22,000원 아래로 하락하지는 않았을 것이다. 이 종목은 2월 2일에 대량거래 돌파가 있었던 것처럼, 어느 날 다시 그런 장중 대량체결과 급등이 있어야만 전고점을 돌파하고 신고가를 향해서 갈 것이다. 그렇지 못할 경우 오히려 하락할 것이다. 그러므로 이후 대량체결이 일어나는지를 지속적으로 관찰해야 한다.

3-62

장중 급락 종목의 매매 타이밍

. . .

장중 시황 또는 개별 악재에 의해 급락하는 주식을 저점에 매수한 후 반등 시 차익실현 매매를 하는 것이 초단기매매의 원조 격이라 할 수 있다. 미국 시장이 크게 하락한 다음 날 우리 시장은 장 시작부터 갭하락했다가 장중에 반등하는 경우를 흔히 볼 수 있다. 장중 외부 악재가 발생할 때 시장 전체적으로 급락했다가 다시 반등하는 경우도 빈번하다. 예컨대 북한과 군사적 문제가 발생할 때 빠른 시간에 급락했다가 빠르게 반등하곤 한다.

개별 종목의 급락보다는 시장 전체나 업종과 테마가 동시에 급락하는 경우에 수익의 기회가 더 많고 위험도 작다. 예컨대 바이오 업종의 어떤 주식에서 임상 실패라는 재료가 발생하면 임상 재료로 상승하던 바이오 주식들이 일제히 급락할 때가 있다. 그런 경우 임상 실패 발표가 나온 종목이 아니라 동반 급락한 주식을 저점에 매수하여 수익을 추구할 수 있다. 급락의 강도가 강할수록 수익의 기회와 폭이 크다.

주식시장은 지난 수십 년 동안 온갖 악재로 급락하는 모습을 보였다. 아시아 외환위기, IT 버블 붕괴, 미국발 글로벌 금융위기, 남유럽 PIGS(포르투갈·이탈리아·그리스·스페인) 국가들의 디폴트, 코로나19 사태 등은 경기 및 기업의 가치에 영향을 주는 악재로 단기 급락 후 오랫동안 시장을 힘들게 했다. 미국의 9·11테러, 동일본 대지진 등 세계 각국에서 일어나는 정치적·군사적 사건이나 자연재해 역시 금융 시스템의 일시적 붕괴를 초래하고 주식시장에 악영향을 미쳤다.

우리나라에서는 1997년 외환위기 후 1998년 하반기에 증거금과 결제 제도가 바뀌었다. 그 전엔 증권사 창구를 통해 거래해야 했고 장내 3일 결제 시스템이었지만, 이후 결제 시스템이 바뀌고 온라인 거래 시스템이 도입되면서 연속 재매매를 할 수 있게 됐다. 당시는 외환위기 직후였고, 시장은 급등했다가 급락하는 등 변동성이 매우 컸기 때문에 1998년에서 2000년 사이에 단기거래가 성행했다. 급락 종목을 저가에 매수한 후 반등 시 차익을 실현하는 데이 트레이딩으로 수익을 내기가 수월했기 때문이다. 많은 트레이더가 그 시절에 활발하게 거래를 했고, 그 매매 기법이 이후 수십 년 동안 이어졌다. 그것이 바로 장중 급락 종목의 저점 매수다.

꼭 대외 악재가 아니더라도, 시황이 급변하는 상황이 아니더라도, 수급의 이유로 업종별·테마별로 급락하는 상황은 빈번하게 일어난다. 삼성전자가 장중 급락하면 관련 IT 부품주들도 동반 급락하는 경우를 흔히 볼 수 있다. 이렇게 급락하는 주식을 매수하는 것은 훈련이 되어 있지 않은 평범한 투자자들에겐 심리적으로 어려운 일이다. 급락하는 주가를 보면 가지고 있던 주식을 팔고 싶은 심리가 우세하지, 저점 매수를 하겠다고 생각하긴 어렵기 때문이다. 따라서 몇 가지 지켜야 할 원칙들을 숙지하고 훈련을 통해 자기 것으로 만들어야 한다. 이 원칙을 이해하고 자기 것으로 만드는 데 성공하면, 시장 상황과 무관하게 언제든지 매매할 수 있는 스킬을 얻게 됨과 동시에 일반적인 추세 흐름의 거래에서도 주가 움직임의 속성을 활용할 수 있다.

어떤 업종 또는 어떤 테마가 급락할지를 사전에 알 수는 없다. 따라서 시장 충격으로 급락할 때 매수할 주식을 관심 종목으로 리스팅해두어야 한다. 즉 그 시장에서 가장 강한 주식, 그 업종에서 가장 강한 주식, 그 테마에서 가장 강한 주식, 당일 가장 강한 주식을 항상 알고 있어야 한다. 예를 들어 당일 강력한 호재로 상한가에 진입한 주식이 있는데, 장중 급격한 시장 하락으로 그 종목 역시 상한가를 못 지키고 하락한다면 어떻게 해야 할까? 이런 경우는 거의 무위험 수익의 기회라고 생각해야 한다. 시장이 급락한 후 아주 조금이라도 반등하면 그 주식은 하락폭이 얼마였는지와 상관없이 곧바로 다시 상한가에 진입한다. 과거 스캘퍼들이 큰돈을 벌 수 있었던 것은 시황의 급격한 변동으로 상한가 또는 그와 유사한 강세를 보이던 주식들이 마이너스 또는 극단적으로 하한가 근처까지 하락했다가 시장 반등 시 곧바로 상한가에 재진입했기 때문이다. 초단기매매로 막대한 수익을 낼 수 있었던 것이다.

시장 급락에 영향을 받아 가장 큰 폭으로 하락한 주식을 매수하는 것이 아니다. 핵심은 가장 강한 주식을 매수하는 것이다. 약했던 주식은 매도세가 있었다는 뜻이고, 그런 주식은 시장이 반등하더라도 동반 반등세가 약하거나 오히려 추가로 하락할 수 있다. 그러나 강했던 주식은 강력한 매수세가 있었다는 뜻이고, 급락 후 그 매수세에 의해 곧바로 제자리를 찾아간다.

가장 강했던 주식을 매수해야 하는 이유를 이해했을 것이다. 그렇다면 그 시기 시장을 이끈 주도주, 업종의 주도주, 테마의 주도주를 리스팅해두어야 하는 이유도 이해할 수 있을 것이다. 특정 업종이나 테마에 악재가 발생하면 관련주들이 동반하여 급락한다. 시장이 계속 하락하지 않는 것처럼 업종이나 테마라는 섹터도 일정 시점에서 반등한다. 이때 저점 매수 후 확실한 수익, 높은 수익은 주도주에서 얻을 수 있다.

주도주란 그 업종과 테마에서 가장 매수세가 강해 큰 폭으로 상승하며 시장·업종·테마를 이끄는 주식을 말한다. 반등할 때도 주도주가 가장 빠르고 강하다. 바이오 업종의 악재, IT 업종의 악재가 발생하여 관련주들이 일제히 급락하는 상황이라고 가정해보자. 어떤 주식을 매수해야 할까? 정답은 현재 시점에서 바이오 섹터와 IT섹터의 상승을 이끈 주도주다.

그런 속성으로 볼 때 주의할 점을 알 수 있다. 현재 시장을 이끄는 주도 업종이나 주도 테마에서 매매 주식을 선정해야 한다는 것이다. 하락폭이 크다는 이유로 약했던 업종이나 테마를 거래해선 안 된다. 원래 약했던 주식은 급락 후 반등이 아니라 추가 하락이 나타날 수 있다. 또한 얼마나 강한 매수세가 있었는지 파악이 안 되는, 개별 주식 혼자만의 하락이 나타날 때는 해당 기업의 개별 악재가 출현한 것일 수 있다. 이때는 시장이나 업종 등의 하락 후 반등이라는 시그널을 이용하여 거래할 수 없다. 더 큰 위험은 개별 악재가 반영돼 반등이 아니라 연속해서 하락할 수도 있다는 것이다. 즉 약한 업종이나 테마 그리고 개별 주식의 약세에서는 아무리 단기거래라 해도 수익낼 확률보다 손실을 볼 확률이 높기 때문에 거래하지 말아야 한다.

이 매매는 반등을 이용하는 것이 핵심이다. 저점에 잘 매수해서 반등으로 수익이 났는데도 제때 매도하지 않아 손실로 만들어선 안 된다. 시장이 급락했을 때 특정 주식을 저점에 잘 매수하여 현재 10%의 수익을 내고 있다고 하자. 시장도 반등하고 주도주를 매수했으니 더 보유하여 수익을 더 내야겠다는 생각으로 보유하려는 투자자도 있을 것이다. 물론 이후 시장이 연속 반등을 주면 최적의 거래가 될 것이다. 하지만 한번 악재가 나와서 시장이나 업종, 테마가 하락했을 때는 반등하고 나서 재차 하락하는 경우가 많다. 극단적인 경우를 생각해보자. 금융위기나 외환위기처럼 중대한 위험 때문에 시장이 급락했는데 일단 저점 매수를 했고, 장중 반등으로 수익을 내고 있었다. 그런데 매도하지 않으면 어떻게 될까? 이후 더 큰 하락을 맞아 작은 수익을 추구하려다가 엄청난 손실을 보게 될 수 있다.

🪙↕🪙 장중 급락 종목의 **주가 움직임**

① 시황으로 인해 전체 종목이 동반 하락하거나 섹터·테마의 악재로 관련주들이 일시에 하락한다.

② 동반 하락했지만, 시장이 반등하면 직전에 강했던 종목들은 시장보다 강하게 반등한다.

③ 섹터나 테마의 동반 하락일 경우, 처음엔 동반 하락하지만 시간이 지나면서 악재가 있는 종목 이외의 종목들은 반등을 시작한다.

④ 빠른 시간에 깊은 하락을 한 경우에 수익의 기회와 폭이 크다.

⑤ 시장이나 섹터는 반등 후 재하락하는 경우가 많다. 따라서 단기 거래자들은 첫 번째 반등에 수익을 실현해야 한다.

📉📈 장중 급락 종목의 **매매 포인트**

☑ 하락의 이유 판단

- 시장 하락과 연동돼 하락하면 좋은 매매 기회다.
- 섹터나 테마의 하락과 연동돼 하락하는 경우, 악재가 출현한 종목은 피해야 한다.
- 개별 종목이 악재 출현으로 하락한 경우에는 매매하지 않는다.

☑ 매매 대상 선정

- 직전까지 시장에서 가장 강했던 섹터, 테마를 주도하는 종목을 선택한다.
- 급락 직전 가장 강한 시세를 주었던 종목을 선택한다.

☑ 매수와 매도 대응

- 시장 또는 섹터의 하락 움직임을 관찰하며 저점을 확인한다.
- 선정한 종목의 저점을 확인한 후 매수한다.
- 매수 후 시장 또는 섹터의 상승 움직임을 관찰하되, 매도 타이밍은 매수한 종목의 개별 움직임으로 판단한다.
- 시장 또는 섹터가 작은 반등 후 재하락할 경우, 1차 하락 시보다 하락폭이 작다면 강세 종목은 보유한다. 하락의 이유가 시장 전체 또는 섹터의 가치에 영향을 줄 수 있는 심각한 악재일 경우,

소폭 수익이라도 또는 소폭 손실이라도 매도한다.

⇕ 실전 **사례**

차트 3-63은 나스닥종합지수 일봉이다. 2021년 2월 중순부터 한 달 가까이 하락과 반등을 반복하다가 3월 8일 2.4% 하락했다. 특히 필라델피아 반도체지수가 5% 이상 급락하고 성장주 섹터의 테크주들이 급락하여 익일 한국 증시의 하락이 예상됐다. 성장주 섹터와는 반대로 조선, 은행 섹터는 강세가 이어지고 있었다.

— 3-63 —

차트 3-64는 3월 9일의 코스피지수 5분봉이다. 약보합으로 출발하여 바로 하락했다. 11시경까지 2.23% 하락한 후 반등하기 시작했다. 분봉상 역헤드앤숄더를 만들며 반등하는 모습이다. 이때 거래량이 크게 증가하면 반등을 확신할 수 있겠지만, 강한 반등이라고 볼 수는 없다. 강력한 반등이 아니기 때문에 매수도 보수적으로 대응해 강한 종목만 분할로 매수해야 한다.

3-64

차트 3-65는 당일 코스피지수의 일봉을 보여준다(맨 마지막 봉). 장중에 반등해 결국 -0.67%로 마감하고 아래꼬리 달린 십자형을 만들었다. 역시 아쉬운 부분은 거래량이다. 일봉상에서 매수 타이밍은 나타나지 않는다.

차트 3-66은 아이크래프트의 5분봉이다. 시가 +17%로 강한 갭상승을 했다. 당일 강세 시작이다. 그런데 시장이 하락하면서 매물이 출회돼 +13%까지 약간 하락했다. 시장과 동반 하락하는 종목을 매매할 때 최우선 대상 종목은 직전일 또는 당일 가장 강한 종목이다. 아이크래프트는 10시 30분경까지 매물이 나왔지만 곧바로 상한가에 진입하여 당일 상한가로 마감했다. 데이 트레이더라면 당일 상한가에 매도하거나 다음 날 높은 시가로 출발할 때 매도한다.

차트 3-67은 현대미포조선의 일봉이다. 앞서 나스닥종합지수를 언급하면서 성장주가 하락하는 대신 조선주들이 상대적으로 강세를 보인다고 말했다. 3월 8일 신고가 근처에서 거래량 실린 양봉이 만들어졌으므로, 추가 상승을 예상할 수 있다.

3-66

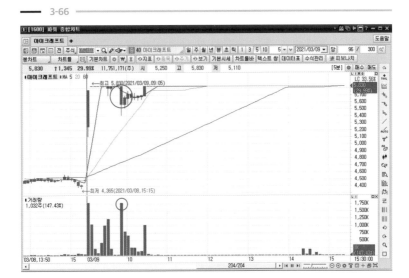

3-67

그럼에도 다음 날인 3월 9일에는 보합권에서 출발하여 -2.5%까지 하락했다(3-68). 시장의 영향을 받은 것이다. 시장이 반등을 시작한 11시경까지 마이너스권에서 등락했지만 이후 시장과 연동하며 반등했고, 장 후반에는 시장보다 강하게 상승하여 +7% 수준에서 마감했다. 지수 연동으로 인한 하락 종목의 전형적인 사례라고 할 수 있다. 특히 현재 강세 섹터에서 종목을 선정하는 것이 얼마나 중요한지를 보여주는 사례다.

—— 3-68 ——

차트 3-69는 네패스의 5분봉이다. 시가 약보합으로 출발하여 -3.3%까지 급락한 후 당일 지수와 비슷하게 움직이고 있다.

3-69

일봉을 보니 거래 증가 급등 후 거래 2개월 동안 하락해왔다(3-70). 지수 연동 때문이든 개별 종목의 수급 때문이든, 장중 주가가 많이 하락한 상태에서 가격 급변동과 함께 거래량이 증가하면 그날이 저점일 가능성이 크다. 따라서 거래량 급증 여부를 판단해야 한다. 봉의 형태는 아래꼬리 양봉 십자형으로, 거래량만 증가했다면 이날 하락 변동성이 저점을 만드는 모멘텀이 됐을 것이다. 아직은 매수 타이밍이 아니다.

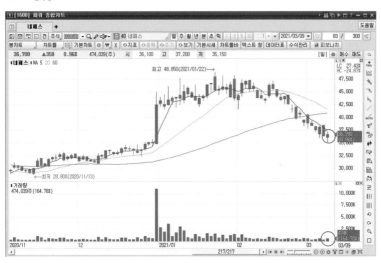

    차트 3-71은 ISC의 3분봉으로, -4.68%로 시작하여 -16% 가까이 급락했다. 바로 뉴스와 공시를 확인하니 사업 내 반도체 및 전자부품의 제조 부문을 물적분할해 신설회사를 설립한다는 공시가 있다. 좀더 자세히 살펴봐야겠지만, 연결기업의 가치에 변화가 생길 만한 사안은 아니고 분할 기일도 아직 한 달 반 정도 남았다. 단기거래의 기회다. 주가는 오전 20여 분의 하락 후 바로 반등하여 고가 -4.48%를 기록하고 종가 -7.21%로 마감했다.

    일봉상으로는 거래량 증가한 아래꼬리 음봉이다(3-72). 만일 뉴스 없이 시황이나 수급 왜곡으로 이런 상황이 발생했다면 조금 더 보유할 수 있다. 그러나 향후 시장에서 어떻게 반영될지 모를 뉴스로 인한 하락과 반등이었으므로 단기거래자는 홀딩하지 않고 차익을 실현한다.

3-71

3-72

오전 10시 이전의 매매

• • •

주식 투자의 타이밍은 대부분 오전 장 시작 후 1시간, 오후 장 마감 전 1시간에 결정해야 한다. 오전의 매매 공방은 오늘의 상승과 하락을 두고 매매 주체들 간 판단의 차이에서 발생하는 싸움이고, 오후 장 마감 무렵의 매매 공방은 내일의 상승과 하락을 놓고 발생하는 싸움이다. 오늘 상승할 주식이라고 하더라도 오전엔 매도자들에 의해 등락한다. 그중에서 결국은 매물을 소화하고 상승할 수 있는 상황과 주식은 어떤 것일까?

상황 측면에서는 당연히 강세장이 유리하다. 강력한 테마가 형성된 시황이거나 섹터에 강력한 주도주가 있어 강세를 보일 때다. 반도체가 시장을 이끌며 상승하는 시황에서 반도체 섹터의 주도주인 삼성전자나 SK하이닉스 또는 반도체 소재, 부품, 장비주 중 가장 강한 주식을 선택한다. 이런 주식은 오전에 매도자들에 의해 하락할 때 매수해야 한다. 우리는 이미 오전의 매수 타이밍을 공부했다. 매수 제1원칙, 즉 5일선 위에서 연속 상승하는 주식의 매수 타이밍이다.

주가는 장중에 여러 대내외 변수를 반영하면서 '랜덤'으로 움직이는데, 어떻게 오전에 저점이 형성된다고 할 수 있을까? 물론 그렇지 않은 경우도 많다. 다만, 우리는 매매 원칙을 만들어가고 있다는 사실을 명심해야 한다. 자신이 판단한 대로 움직이지 않는 주식은 거래하지 않으면 된다. 원칙을 정해두고 그 원칙대로 흐름이 나타날 때 거래하는 것이 무엇보다 중요하다.

단기거래를 오랫동안 해온 투자자라면 오전에 저점 형성 후 반등하는 강세 주식의 패턴을 잘 알고 있을 것이다. 그런 패턴이 나타나는 이유는 시장참여자들의 매매 행태와 심리 때문이다. 개장 직후에는 추가 상승에 대한 기대보다는 차익실현 욕구가 강해 매도가 우세하다. 전일 단기거래를 위해 매수한 이들도 시가가 상승해서 출발하면 차익 매도를 한다. 그런 매도로 인해 장 초반에는 가격이 하락하는 것이다. 반대로 그 주식을 매수하고자 하는 투자자는 오전부터 추격 매수하기보다는 주가 흐름을 보며 매수하고 싶어 한다. 만일 오전부터 갭상승하여 급등한 주식이 있다면, 아마도 그날 가격을 띄워놓고 매도하고자 하는 세력의 인위적인 상승일 개연성이 높다.

매수하는 방법은 하락폭이 깊거나 하락 시간이 짧을수록 빠르게 진입하는 것이다. 분할 매수할 시간도 없이 반등할 것이기 때문이다. 반면 호가가 차례차례 바뀌면서 느리게 하락하는 주식은 단기거래 전문가들은 매수하지 않는다. 짧은 시간에 수익을 얻는 것이 단기거래의 목표이기 때문이다. 오전 저가에 매수를 잘해서 반등했다면, 스캘퍼들은 곧바로 차익 매도를 하고 데이 트레이더나 일반적인 단기거래자들은 장중 추세를 본다. 장중에 추세적으로 반등하여 양봉을 만들어내면 추가적인 상승으로 수익을 극대화할 수 있기 때문이다. 장중에 다시 하락하여 자신의 매수가를 위협하면 매도하는 것 또한 단기거래의 중요한 원칙이다.

단기거래로 성공한 대부분 전문가는 약세장에서 약세 주식을 저점에 매수하기보다 강세장에서 강세 주식을 매수한다. 그런 거래를 하던 중 우연한 기회에 극단적으로 큰 수익을 낸 경험을 갖고 있다. 예를 들면 바이오 강세 테마 시장에서 전일 거래량이 급증하며 장대양봉을 만든 주식을 다음 날 오전 저가에 매수했는데, 그 주식이 곧바로 상한가에 진입한 후 며칠 동안 상한가를 이어가 단기간에 큰 수익을 낸 경우 등이다. 강한 시장, 강한 테마에서는 흔히 일어나는 현상이다. 주식시장에서 투기성 거래를 하는 사람들이 가장 원하는 매매다. 그들은 당연히 강한 주식·강한 테마를 추종하여 거래하며, 매수 타이밍은 오전 매물 출회로 가격이 조정받을 때다.

⇊⇈ 오전 10시 이전 매매의 **핵심**

✅ 강세 종목의 선정

- 강세장을 이끄는 주도 섹터의 주도 종목
- 강세 테마의 주도 종목
- 5일선 위에서 급등하는 종목
- 검색 화면에서 추출한 강세 종목

✅ 시가 확인

- 시가가 5% 이상 급등하거나 5% 이상 급락한 종목은 배제한다.
- 시가가 3% 전후이거나 보합권인 종목을 관찰한다.

✅ 매수와 매도 대응

- 시가 후 하락하면 매수를 준비한다.
- 거래량 실린 양봉 출현(저점 신호) 시 저점에서 1차 매수하고, 시가 돌파 시 2차 매수한다.
- 매수 후 오전 저가 아래로 하락하면, 잠시 관찰하면서 거래량이 증가하며 하락하는지를 확인한다.

- 거래량이 증가하면서 하락해 음봉을 키우면 매도한다. 일봉 확인 후 분할 매도 여부를 판단한다.
- 매수 후 상승하면 장중 추세를 확인한다. 앞서 설명한 장중 흐름 ①번 유형이 나와야 한다. ①번 유형을 완성하지 못하면 작은 이익으로 거래를 마무리하는 것도 고려한다.
- ①번 유형이 나타난 후 오후에 ②번 유형을 만들면 일봉을 보고 보유 여부를 확인한다.
- 오후까지 ①번 유형을 유지하면 보유하여 이익을 극대화한다. 일봉에서 매도 신호가 발생할 때까지 보유한다.

⇓⇑⇓ 실전 사례

차트 3-73은 서울옥션의 일봉이다. 신고가를 돌파하며 5일선 위에서 연일 상승하고 있다. 전형적인 강세 종목이다.

5분봉을 보면, 보합으로 출발해 -1.42%까지 오전에 잠깐 하락했다(3-74). 거래량도 없이 하락한 후, 다시 대량거래와 함께 상승하여 10% 이상 급등했다.

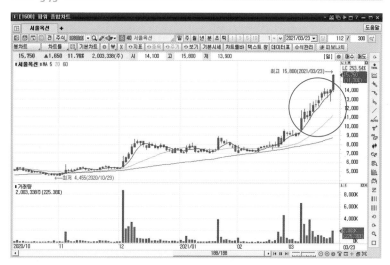

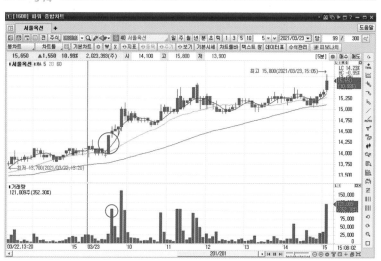

차트 3-75는 파크시스템스의 일봉이다. 연일 신고가를 경신하며 상
승하고 있다. 최근일엔 5일선 위에서 눌림목 없는 상승을 하고 있다.

3-75

차트 3-76은 파크시스템스의 3월 23일 5분봉이다. 보합권에서 출
발해 곧바로 하락 전환했다. 역사적 신고가이므로 손절매는 없다.
최근일 연속 상승해 상승폭이 크기에 조정 하락을 고려해 차익실현
매도가 나온다. 매물이 급하게 나올 이유가 없다. 저점 -2.14%를 찍
었으나 5일선을 하향하지 않고 9시 20분쯤부터 다시 거래량이 증가
하며 상승하고 있다. 장 후반에 장대음봉(장중 흐름 ②번 유형)이 발생
하지 않으면 홀딩한다. 이후 일봉상에서 매도 신호가 나올 때까지
보유한다.

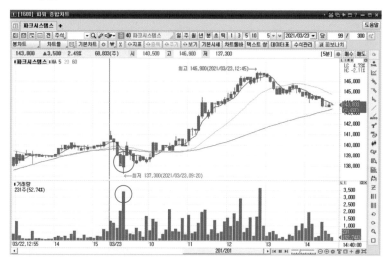

　　차트 3-77은 펩트론의 5분봉이다. 한동안 거래량도 없고 약세였던 종목이 3월 17일 오전 체결단위가 커지면서 상승했다. 이후 약 40분간 하락하며 -2.21%까지 밀리더니 10시경 거래량 실린 양봉이 출현하면서 상승 전환했다. 오후 1시 30분경 대량거래와 함께 장대음봉이 만들어져 장중 매도 신호가 나왔다.

　　이 종목은 경험적으로 급등 후 반락하는 움직임을 보인다는 것을 알 수 있다. 종목마다 주가 움직임의 독특한 흐름이 발생하는 이유는 그 종목을 사고파는 주도 세력의 매매 성향 때문이다.

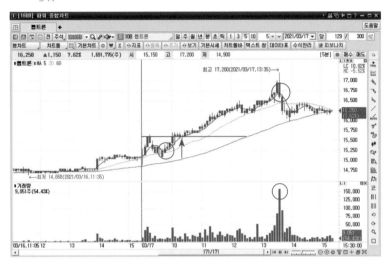

장중 매도 신호는 발생했지만 마감 후 일봉상으로는 거래량 증가 양봉이 발생했다(3-78). 1차 매도 후 홀딩, 다음 날 다시 매수 타이밍을 잡아야 하는 차트다.

차트 3-79는 기아차 3분봉이다. 시가 -7%에서 출발해 -12% 수준까지 급락했다가 반등을 시도하고 있다. 기아차는 대표적인 코스피 대형주로, 이런 종목의 급락은 단기매매의 좋은 기회다. 그러나 시가 및 저가의 폭이 너무 크면 반등의 힘이 작을뿐더러 중대한 악재가 발생한 것으로 판단해야 한다. 그래서 시가 3~5%를 기본 원칙으로 정하는 것이다.

3-79

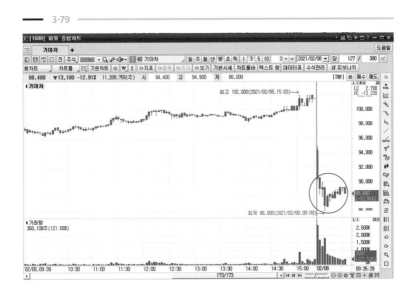

12시경 반등을 시도했으나 결국 실패하며 장중 흐름 ④번 유형으로 전형적인 매도 신호가 발생했다(3-80). 오전 급락 후 반등에 실패한 사례다.

3-80

기아차는 2월 8일 오전 급락 후 반등에 실패했고, 장중 흐름 ④번 유형이 나타났다. 이후 주가는 급격히 하락 전환하여 약세로 진행되고 있음을 일봉을 통해 볼 수 있다(3-81).

강세장에서 테마 및 강세 섹터 주도주의 오전 매수 타이밍을 설명했다. 단기거래라고 하더라도 저점 매수 후 반등의 힘이 강해야 수익 낼 확률이 높고, 수익의 폭도 크다. 약세장에서는 상승할 때는 소폭 상승하는 반면 하락할 때는 급락하는 것이 일반적인 패턴이다. 그래서 약세장에서의 매매는 능숙한 트레이더들도 어려워한다.

오후 2시 이후의
매매

• • •

시장이 약세 국면으로 진입하여 주가가 하락할 땐, 본질 가치보다 더 아래인 과매도 구간이라는 말들이 이곳저곳에서 나올 때까지 하락한다. 그러면 반등을 노리는 단기거래자들과 저가에 매수하고자 하는 중장기 투자자들의 유입으로 주가는 반등을 시도하지만, 예상되는 저점 구간으로부터도 추가 하락하는 경우가 대부분이다. 따라서 약세 국면에서는 일시적 매수세의 진입이 있다고, 단기 하락폭이 과하다고 섣부르게 매수 진입을 해서는 안 된다. 유능한 트레이더들조차 약세장에서는 무리하게 매매하지 않고 관망하며 시장의 추세 전환을 기다린다.

약세장에서 하락폭이 심한 것은, 이른바 '매물이 매물을 낳기' 때문이다. 주가가 20~30% 하락하면 중장기 이동평균선이나 피보나치 수열에 의한 지지 가격권에 진입했다는 기술적 분석으로 매수 진입을 하는 경우가 많다. 기술적 매수 타이밍은 주가 반등을 기대하되 반등이 약할 땐 곧바로 매도 신호를 준다. 저점에 매수했더라도 반등이 약하고 추가 하락을 하면 손절매하는 경우가 발생하기 때문에 하락하는 주가의 반등 후 하락은 '급락'이 되기 쉽다. '무릎에 사서 어깨에 팔라'라는 말은 저점을 예상하고 미리 매수하지 말고, 저점을 확인한 후 매수하란 의미다. 그만큼 매수 타이밍을 신중히 잡아야 한다. 오전부터 매수세 유입이 있다고 추격 매수하지 말고 장중 주가 움직임을 충분히 관찰한 후 오후에 매수 판단을 해야 한다. 신호가 분명치 않을 때는 며칠 동안 더 관찰한 뒤 확실한 신호가 나왔을 때 매수해야 한다.

강한 주식은 상승 탄력을 이용하여 오전 조정 하락 구간에서 매수한다. 장중 흐름 ①번 유형을 적용하는 것이다. 그러나 약한 주식은 충분히 관찰한 뒤 오후 장 마감 무렵의 움직임을 보고 매수 타이밍을 결정한다. 장중 흐름 ③번 유형을 적용한다. 연속 상승 주식이 오전 조정 후 상승하여 장대양봉을 만드는 것과 반대로, 연속 하락 주식은 오전엔 마치 반등하는 것처럼 보이지만 매물을 맞고 하락하여 장대음봉을 만드는 경우가 많다.

이런 주식은 오전에 매수할 경우 실패할 확률이 높다. 장 마감 무렵에 양봉을 완성하는 주식이 바닥을 형성하는 것이다. 오후에 상승하는 주식은 '다음 날 상승할 것'이라는 점을 수급으로 보여주는 것이다. '시가 매매', '종가 매매'라는 특이한 단기매매 기법이 만들어진 것도 이 때문이다. 약세장의 저점이나 약세 주식의 저점에서 매수하려는 투자자는 장중 내내 매도 물량이 어느 정도 나오는지, 그 매물을 소화하는 매수세가 있는지를 확인해야 한다.

⇓↑⇓ 오후 2시 이후 매매의 **핵심**

⊘ 약세 종목의 선정

- 하락하는 동안 거래량이 감소했던 종목
- 직전 시장 주도주, 테마 및 섹터 주도주
- 하락하는 동안 반등 시도를 하며 추세 하락한 종목보다는 거래량 없이 지속적으로 하락한 종목
- 주가가 많이 하락한 상태에서 거래량이 크게 증가한 종목
- 하락 추세의 각도보다 가파르게 하락한 종목
- 신규 상장 후 차익 매물에 의해 오랜 기간에 걸쳐 하락한 종목

- 당일 거래량이 최근일보다 최소 2~3배 이상 증가했는지 확인한다.
- 장중 흐름 ③번 유형처럼 시가 및 오전의 고점을 돌파하는지 확인한다.

☑ 매수와 매도 대응

- 체결단위가 증가하고, 연속적인 대량체결이 일어나면 추종 매수한다.
- 거래량 급증 십자형 또는 양봉일 경우 1차 매수한다.
- 매수 후 당일 저점을 하향하면 당일 매도를 고려한다. 다음 날부터는 매수한 날의 저가를 거래량 증가와 함께 하향하면 매도한다.
- 그렇지 않을 경우 일봉상 매도 신호가 나올 때까지는 보유한다.

⇈⇊ 실전 사례

차트 3-82는 녹십자의 일봉이다. 고점 538,000원 후 연속 하락하여 314,000원까지 내려왔다. 하락하는 동안 거래량도 크게 늘지 않았다. 이런 종목은 거래량 증가 양봉이 만들어지는 날 1차 매수하고, 이후 전 저점을 하향하지 않고 재상승 시 2차 매수한다. 매수 타이밍은 장 마감 무렵인 오후까지 지켜보고 확인 후 결정한다. 장 마감 무렵 일봉에서의 거래량이 관건인데, 아직 부족한 모습이다.

3-82

차트 3-83을 보면, 3월 17일 장중 거래량이 증가하며 상승하고 있다. 주가가 많이 하락한 상태이므로 저점 매수를 준비한다. 장중 흐름이 ①번 또는 ③번 유형이 됐을 때 오후 2시 이후 매수한다. 장중 오전에 한 번 거래 실린 상승이 있었고, 오후 1시경 매물이 나왔지만 소화하고 장 마감 무렵 다시 거래량 증가와 함께 상승함으로써 매수 신호를 주었다. 이때 일봉상 거래량이 직전 고점이었던 1월 26일과 유사하거나 그 이상이 되어야 한다.

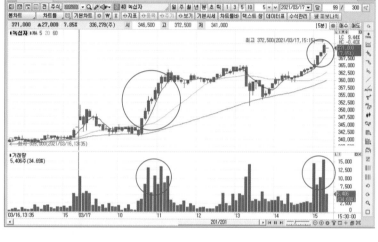

차트 3-84는 제일약품의 일봉이다. 2020년 12월 고점으로부터 3개월 이상 하락했다. 고점일 때 거래 증가 음봉으로 매도 신호를 준 후 매수 신호는 한 번도 나오지 않았다.

3월 17일 시가 +2.07%에서 출발한 뒤 하락하여 약세를 이어갔다 (3-85). 그런데 오후 2시가 되면서 체결량이 증가하며 상승하고 있다. 특히 막판까지 상승하며 +4.75%로 마감해 오후 매수 신호를 주었다. 이때 1차 매수한다. 다음 날부터는 일봉상 매도 신호가 발생하는지를 확인한다. 이날 장중 흐름은 매수 신호를 주었지만 거래량이 급증한 것이 아니므로 주의해야 한다. 소액 매수 후 다시 거래량 증가 양

봉을 기다려야 한다. 이런 소액 매수를 '척후병 매수'라고 부르기도
한다.

차트 3-86은 빅히트(현 하이브)의 일봉이다. 주가가 많이 하락한 상태
에서 오후에 매수하고자 할 때는 매물의 소화가 가장 중요하다. 해당
산업의 후퇴, 기업 실적의 하향 등 펀더멘털의 변화는 위험할 수 있다.
그러나 수급 요인으로 인한 하락은 매물이 소화되고 나면 상승할 수
있다. 그런 유형의 대표적인 예가 신규 상장 종목의 하락이다. 신규 상
장 시 고평가되는 경우가 많고, 상장 이전에 물량을 배정받은 기관의
매도로 한동안 하락하기도 한다. 이른바 보호예수 기간이 해제되면
매물이 나오는 것이다.

3-86

빅히트 역시 시장 예상 범위보다 높은 가격에 상장돼 급등한 후 하락했다. 이후 매물이 지속적으로 나왔다. 그러던 중 1월 13일에 대량 거래가 발생하며 매물을 소화하고 상승했다.

차트 3-87은 빅히트의 1월 13일 5분봉이다. 지속 하락하던 중 1월 13일 오전부터 대량거래와 함께 가격 상승이 있었다. 일봉을 확인하니 거래량이 증가하고 있다. 거래 증가 양봉이다. 오후까지 확인한 후 ②번 유형으로 반전하지 않으면 오후에 매수한다.

차트 3-88은 펄어비스의 일봉이다. 2월 고점 후 단기 급락했다. 상승하기 직전의 가격까지 하락했기에 전통적인 기술적 분석에서는 지지라인이라고 표현하며 분할 매수를 추천할 것이다. 그렇지만 이 책에서는 지지나 저항 가격권을 추세 전환의 가격으로 사전 인지하긴 하지만 실제 매매 타이밍으로는 판단하지 않는다고 했다. 거래량이 증가하며 양봉을 만들어야 매매 타이밍으로 볼 수 있으며, 당일 장중 흐름 ①번 또는 ③번 유형이 오후 2시 이후까지 유지되는지 확인한 후 매수한다.

3-88

차트 3-89는 펄어비스의 장중 흐름을 볼 수 있는 5분봉이다. 3월 24일 오후 2시 무렵부터 거래량이 늘면서 상승폭을 키우고 있다. 매수 신호다. 이때는 일봉에서의 거래량을 보고 어느 정도 확신할 수 있는지, 얼마 정도를 투자해야 할지 판단한다. 차트 3-88의 일봉(맨 마지막의 장대양봉)을 다시 보면, 거래량이 크게 증가하지 않았음을 확인할 수 있다. 오후 2시 이후 매수 신호가 발생했지만 거래량을 고려하여 매수를 유보하거나 소액 1차 진입을 한다. 이후에는 매수 신호를 관찰한다. 오후에 거래량이 늘면서 상승폭이 커졌기에 매수 세력이 진입했을 가능성이 있기 때문이다.

3-89

TRADING

거래 주체별 성향을
활용한 매매

• • •

주식 투자를 하면서 참고하는 가장 기본적인 자료는 시황과 기업 실적 등 펀더멘털 지표와 차트·거래량·수급(신용과 대차거래 포함) 등 테크니컬 지표다. 이론적 가격이 수요와 공급의 균형점에서 결정되듯이, 주가는 매수(수요)와 매도(공급)의 균형점에서 결정된다. 시장에 자금이 풍부하여 수요가 많든지, 강력한 수요를 유발하는 호재가 있든지 등을 확인하는 것이 시황 분석이다.

수급을 판단할 때는 흔히 외국인, 기관(국내 기관), 개인으로 분류한다. 상승하든 하락하든, 시장은 강력한 방향성을 갖는 자금이 유입될

3장 실전 트레이딩 스킬 **299**

때 움직인다. 시장이 추세적 방향을 잡지 않고 등락하는 경우는 자금의 추가 유입이나 유출이 없기 때문이다. 실전에서는 거래 주체별 성향에 따라 매매 타이밍과 목표수익률 등이 확연히 다르고 매매 타이밍도 다르다.

외국인들의 수급 측면에서는 글로벌 분산 투자를 하는 인덱스 자금이 가장 크다. FTSE지수나 MSCI지수를 추종하는 글로벌 IB(투자은행)들의 인덱스 자금이 전 세계 시장의 대표적인 큰손이다. 이들은 글로벌 시황과 국가별·산업별 시황에 따라 중장기 투자를 한다. 우리나라는 이머징마켓으로 분류되어 있으며, 그들의 이머징마켓 전체 비중과 그 안에서 다시 한국 비중에 따라 대규모 자금을 운용한다. 대부분의 경우 그들이 자금을 들여오느냐 빼내 가느냐에 따라 한국 증시의 상승과 하락이 좌우된다.

글로벌 인덱스 자금이 바라보는 한국 시장은 아주 큰 시장도 아니고 약간은 위험하다고 생각되는 시장이다. 그래서 금융 시스템을 위협하는 위험이 발생하면 한국 시장에서 빠른 속도로 자금을 빼 간다. 일정한 비율 이상의 자금 유입이 없기 때문에 우리 시장은 자체적으로 레벨업되지는 못한다고 봐야 한다. 주가가 많이 하락하여 외국인들 입장에서 비중이 줄어들었거나 원화가 추세적으로 강세가 되어 환차익이 발생하는 기간에 연속적인 매수 유입이 되고 시장도 상승한다.

외국 연기금과 대형 인덱스펀드Index Fund들은 중장기 투자 자금으로 볼 수 있다. 단기 성향의 자금으로는 대형 IB의 아시아계 액티브형 펀드들이나 로보펀드, ETF 연계 매매 등이 있다. 한국 시장과 개별 주식들을 잘 아는 펀드매니저들이 단기 시세차익을 위한 거래를 한다. 특히 최근엔 수천억에서 조 단위의 자금으로 일정한 매수 및 매도 시그널에 의해 기계적으로 매매하는 알고리즘 거래가 점차 증가하고 있다. 시스템 매매는 기업 가치보다는 단기 이벤트나 테마, 차트 추종 방식으로 이뤄져 목표수익률이 낮아서 대부분 단기거래가 많다.

실전 사례

차트 3-90은 삼성전자의 일봉이다. 2021년 1월 11일 고점 96,800원을 기록한 후 81,000원 선까지 두 달 이상 조정 하락을 하고 있다. 삼성전자의 조정 기간에 시장 역시 지지부진한 상태다. 결국 시가총액 1위인 삼성전자의 재상승이 있어야 하므로 수급의 변화를 늘 체크해야 한다.

차트 3-91은 2월 24일~3월 24일의 투자자 동향이다. 개인 투자자들은 7일을 제외하고 순매수했으며, 외국인들은 8일을 제외하고 순매도했다. 기관은 7일을 제외하고 순매도했다. 여기에서 볼 수 있듯,

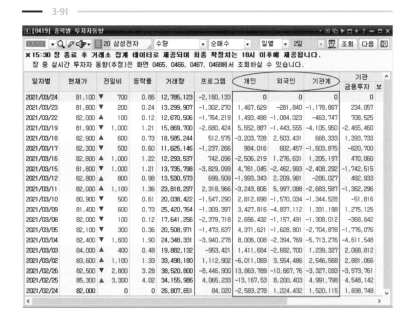

외국인과 기관의 순매도 우세로 조정 하락을 겪고 있는 것이다.

차트 3-92에서 기관의 세부 항목을 보면, 연기금의 매도가 집중되고 있다. 3일을 제외하곤 지속적으로 순매도했으며, 그 3일간의 매수 역시 소폭이고 절대수량을 보더라도 매도에 집중하고 있다. 한마디로 개인은 매수, 외국인과 연기금은 매도라고 할 수 있다. 개별 종목의 경우 개인들의 힘으로 상승할 수 있지만, 시총 1위인 삼성전자에서는 외국인과 연기금의 자금력이 우세하므로 이들이 움직여줘야 한다. 결국 외국인이 순매수로 전환되거나 연기금의 매도 행진이 마감되어야 삼성전자의 상승, 나아가 지수의 상승을 기대할 수 있다.

— 3-92 —

일자별	현재가	전일비	등락률	거래량	기관					
					보험	투신	은행	기타금융	연기금등	사
2021/03/24	81,200 ▼ 600	0.73	12,789,072	0	0	0	0	0	
2021/03/23	81,800 ▲ 200	0.24	13,299,907	12,716	-90,716	6,000	20,487	-1,332,863	
2021/03/22	82,000 ▲ 100	0.12	12,670,506	-16,361	-107,646	-29,131	-400	-943,681	
2021/03/19	81,900 ▼ 1,000	1.21	15,869,700	16,281	-447,350	1,000	-49,765	-1,043,351	
2021/03/18	82,900 ▲ 600	0.73	18,585,244	-37,170	-17,193	-11,453	-853	-910,936	
2021/03/17	82,300 ▼ 500	0.60	11,625,146	-24,065	-223,471	1,343	12,175	-704,086	
2021/03/16	82,800 ▲ 1,000	1.22	12,293,537	-8,442	155,963	-1,452	-16,963	515,142	
2021/03/15	81,800 ▼ 1,000	1.21	13,735,798	-149,458	-163,529	-4,000	9,802	-130,462	
2021/03/12	82,800 ▲ 800	0.98	13,530,723	-21,308	13,719	-2,000	122	-766,956	
2021/03/11	82,000 ▲ 1,100	1.36	23,818,297	-78,444	-103,306	59,200	743	-1,226,004	
2021/03/10	80,900 ▼ 500	0.61	20,038,422	-49,384	-32,743	14,456	-498	-1,227,446	
2021/03/09	81,400 ▼ 600	0.73	25,420,764	58,329	111,602	-38,513	-11,502	4,081	
2021/03/08	82,000 ▼ 100	0.12	17,641,256	3,886	4,438	-2,508	114	-997,580	
2021/03/05	82,100 ▼ 300	0.36	20,508,971	49,248	28,247	6,200	-1,879	-976,236	
2021/03/04	82,400 ▼ 1,600	1.90	24,348,331	7,552	4,360	67,567	-500	-1,130,751	
2021/03/03	84,000 ▲ 400	0.48	19,882,132	-18,845	-94,790	6,219	1,832	-721,440	
2021/03/02	83,600 ▲ 1,100	1.33	33,498,180	-155,817	77,341	-110,773	-1,000	-229,740	
2021/02/26	82,500 ▼ 2,800	3.28	38,520,800	84,197	-11,844	110,555	26,067	-120,149	
2021/02/25	85,300 ▲ 3,300	4.02	34,155,986	-91,226	124,468	-4,830	-17,653	264,996	
2021/02/24	82,000 0	0	26,807,651	32,201	134,194	-71,420	14,857	-350,758	

기관에는 중장기 투자 성향의 연기금과 은행·보험 등이 있고, 단기 성향의 투신·사모펀드·금융투자 등이 있다. 투신이나 자문사 등에는 물론 가치 투자나 인덱스형의 중장기 투자를 지향하는 자금도 있지만, 단기 성과를 올리려는 액티브형 자금을 주로 운용한다.

중·소형 개별 종목들의 움직임은 액티브형 펀드의 매매에 큰 영향을 받는다. 중장기 성향의 자금들은 당장 주가가 상승하지 않더라도 시황과 기업 가치를 기준으로 꾸준히 저가 매수하는 행태를 보인다. 그와 반대로 단기 성향의 자금들은 단기 시황이나 테마, 모멘텀을 기준으로 단기에 집중적으로 매수 진입 후 목표수익이 발생하면 곧바로 차익 매도를 한다. 특히 사모펀드나 액티브형 투신 자금, 금융투자에서 단기매매가 많다. 단기 성과 평가의 영향으로 모멘텀 위주의 개별 중·소형주 매매를 하기 때문이다. 이들의 매매 행태는 개인 투자자 중 전문 투자자들과 거의 유사한데, 그들의 이력이 비슷하기 때문일 것이다. 펀드매니저나 증권사 직원 또는 애널리스트로 활동하다가 전업 투자자로 전향한 이들이 많다. 그들은 개인 투자자이지만, 운용 자금도 많고 조직을 갖추고 투자하는 경우가 많다.

기관은 세부적으로 금융투자, 보험, 투신, 은행, 기타금융, 연기금, 사모펀드, 국가 지자체, 기타법인 등으로 분류한다. 기관별로 운용 자금의 규모가 다르고 투자 전략도 다르다. 당연히 전략과 성향에 따라 거래하는 종목도 다르다. 은행이나 보험의 연금저축을 운용하는 매니저들은 단기매매를 하지 않는다. 운용 자금이 장기적이라는 특성을 갖기 때문이다. 반면 연기금이나 지자체 등에서 자금을 위탁받아 운용하는 투신이나 자문사 등은 성과를 분기·반기·온기로 나누어 평가받기 때문에 그 안에 성과를 내야 한다. 따라서 그들이 투자하는 종목의 주가도 단기적으로 크게 움직이기 마련이다. 기관의 매수라고 하더라도 어떤 규모, 어떤 전략을 갖고 있는 자금이 유입됐는지에 따라 주가 움직임은 확연히 다르다. 특히 자금을 운용하는 매니저들의 성향에 따라 주가 움직임은 다를 수밖에 없다.

차트 3-93은 유진테크의 일봉이다. 시장은 2021년 1월 중순 이후 3월까지 조정을 받고 있다. 이 종목 역시 박스권에서 등락했지만, 3월 24일에 신고가를 경신했다.

— 3-93

한 달 동안의 투자자 동향을 보면, 3월부터 개인들은 매도하고 기관들은 매수했음을 알 수 있다(3-94). 외국인들도 매수 우위다. 2월 26일부터 3월 10일까지만 분리해서 보면 개인들은 매수 우위, 외국인들은 집중 매도, 기관들은 소폭 매도 우위다.

3-94

일자별	현재가	전일비	등락률	거래량	프로그램	개인	외국인	기관계	기관 금융투자 보
2021/03/24	44,950 ▲ 3,300		7.92	596,937	85,637	0	0	0	0
2021/03/23	41,650 ▲ 450		1.09	211,377	3,635	-31,127	19,249	8,483	-503
2021/03/22	41,200 ▲ 400		0.98	151,190	-1,425	-17,418	4,920	3,778	-7,715
2021/03/19	40,800 ▼ 1,100		2.63	112,425	634	12,046	7,672	-18,100	-5,504
2021/03/18	41,900 ▲ 550		1.33	249,619	44,733	-66,225	40,417	22,661	-18,594
2021/03/17	41,350 ▲ 100		0.24	152,156	-7,401	-11,424	-10,741	27,195	-221
2021/03/16	41,250 ▲ 2,350		6.04	280,757	66,179	-136,522	75,120	56,460	-4,581
2021/03/15	38,900 ▼ 500		1.27	54,443	-2,018	-1,512	-3,835	4,937	843
2021/03/12	39,400 ▲ 750		1.94	88,406	22,389	-19,844	23,051	-2,784	669
2021/03/11	38,650 ▲ 1,450		3.90	164,771	5,645	-44,745	12,562	31,814	-4,411
2021/03/10	37,200 ▼ 1,400		3.63	152,191	-27,030	58,724	-18,355	-40,605	-4,588
2021/03/09	38,600 ▼ 750		1.91	245,907	-26,910	33,226	-18,241	-15,522	7,620
2021/03/08	39,350 ▲ 350		0.88	154,983	-18,526	4,491	-11,102	8,546	7,028
2021/03/05	39,700 ▲ 1,550		3.76	236,037	-35,512	40,828	-28,900	-11,933	-2,525
2021/03/04	41,250 ▼ 1,200		2.83	243,926	-20,446	30,754	-16,341	-14,213	18,453
2021/03/03	42,450 ▲ 900		2.17	185,635	-12,778	-50,175	17,782	31,829	3,629
2021/03/02	41,550 ▲ 800		1.96	401,870	-49,324	28,049	-38,330	22,053	-2,260
2021/02/26	40,750 ▼ 400		0.97	346,349	-83,059	12,623	-73,529	58,862	14,210
2021/02/25	41,150 ▲ 3,650		9.73	543,585	79,720	-188,194	70,616	115,588	11,097
2021/02/24	37,500 ▼ 600		1.57	263,298	18,525	-18,912	29,305	-12,307	-4,550

기관의 세부 항목을 보면 연기금이 최근 집중 매수했음을 알 수 있다(3-95). 앞서 설명했듯이, 투신은 단기 성과를 중시한다. 연기금의 매수는 아웃소싱한 액티브 운영사의 매수일 것이다. 이들은 길게 보고 기다리기보다는 단기 주가 상승을 유도하고 차익을 실현할 것이다. 이들의 힘이 신고가를 경신하게 한 것이다.

Ⅰ [0419] 종목별 투자자동향

044370 🔍 ⤢⣿P▾ 📋 40 유진테크   수량 ▾ 순매수 ▾ 일별 ▾ 2일 ▾ 조회 다음

※ 15:30 장 종료 후 거래소 집계 데이터로 제공되며 최종 확정치는 18시 이후에 제공됩니다.
장 중 실시간 투자자 동향(추정)은 화면 0465, 0466, 0467, 0468에서 조회하실 수 있습니다.

| 일자별 | 현재가 | 전일비 | 등락률 | 거래량 | 기관 | | | | | 사 |
					보험	투신	은행	기타금융	연기금등	
2021/03/24	44,900 ▲	3,250	7.80	597,836	0	0	0	0	0	
2021/03/23	41,650 ▲	450	1.09	211,377	312	2,348	0	-4	6,677	
2021/03/22	41,200 ▲	400	0.98	151,190	-244	-11,344	0	0	23,247	
2021/03/19	40,800 ▼	1,100	2.63	112,425	-30	-14,425	0	0	2,100	
2021/03/18	41,900 ▲	550	1.33	249,619	582	19,268	0	-3	13,364	
2021/03/17	41,350 ▲	100	0.24	152,156	730	11,566	0	-863	14,928	
2021/03/16	41,250 ▲	2,350	6.04	280,757	6,564	10,187	0	283	44,877	
2021/03/15	38,900 ▼	500	1.27	54,443	-154	579	0	0	3,702	
2021/03/12	39,400 ▲	750	1.94	88,406	-36	-2,036	0	-3	-1,316	
2021/03/11	38,650 ▲	1,450	3.90	164,771	5,533	-6,017	0	0	48,276	
2021/03/10	37,200 ▼	1,400	3.63	152,191	374	-2,644	0	0	-31,249	
2021/03/09	38,600 ▲	750	1.91	245,907	-32	5,114	0	0	-29,203	
2021/03/08	39,350 ▼	350	0.88	154,983	-4,646	6,853	0	0	-709	
2021/03/05	39,700 ▼	1,550	3.76	236,037	-8,129	6,337	-499	-1,894	-6,518	
2021/03/04	41,250 ▼	1,200	2.83	243,926	-2,398	-20,832	0	0	-9,318	
2021/03/03	42,450 ▲	900	2.17	185,635	-21	11,840	0	259	16,050	
2021/03/02	41,550 ▲	800	1.96	401,870	-31	664	0	0	19,880	
2021/02/26	40,750 ▼	400	0.97	346,349	4,034	34,372	0	1,546	500	
2021/02/25	41,150 ▲	3,650	9.73	543,585	868	45,081	0	288	44,967	
2021/02/24	37,500 ▼	600	1.57	263,298	876	-2,735	0	0	-3,715	

차트 3-96은 진성티이씨의 일봉이다. 이 종목 역시 전고점을 돌파했다. 1월 이후 꽤 큰 폭으로 하락했으므로 상승 시마다 매물이 있다. 그럼에도 강하게 상승하여 돌파할 수 있는 것은 강한 수급이 받쳐주기 때문이다.

차트 3-97을 보면, 기관의 세부 항목에서 투신과 연기금 조합의 강력한 매수를 확인할 수 있다. 특히 투신의 매수 수량이 절대적이다. 이들은 목표로 하는 수익률에 도달할 때까지 강하게 매수할 가능성이 크다.

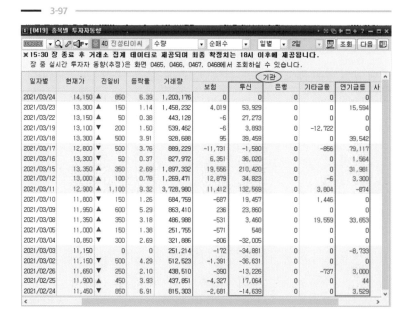

개인은 일반 개인 투자자, 비교적 큰 자금과 소규모의 운용사 조직을 구성하고 전업으로 투자하는 전문 개인 투자자로 분류할 수 있다. 대부분의 개인은 전문가들의 조언을 참고하여 투자한다. 시황이 강세여서 종목들이 상승하는 기간에는 수익을 내지만, 어려운 시황이 되면 손실을 볼 확률이 높다. 대부분 본업이 있고 주식 투자는 재테크로 하기 때문에 직접 종목을 발굴하거나 깊이 있는 분석을 할 수 없기 때문이다.

　개인 투자자 대부분은 시황에 연동되는 투자를 한다. 반면 전업 투자자들은 자신들만의 투자 원칙과 기법을 갖고 있고, 네트워크를 통해 정보도 공유한다. 자금력과 응집력이 있기 때문에 중·소형주는 그들의 힘에 의해 등락하는 경우가 많다.

　개인 투자자들이 기관이나 외국인에 비해 장점이 있다면, 빠른 판단과 집중적인 투자 그리고 단기거래가 가능하다는 것이다. 투자 판단의 의사결정이 느린 기관들은 시황이나 테마의 빠른 변화에 개인보다 대응이 느리다. 전문 개인 투자자들이 중·소형주나 테마주에 모멘텀 투자를 하는 이유가 이것이다. 시장이 상승한 후 박스권 상황이 되면, 상대적으로 개인 투자자들의 영향력이 커지고 중·소형 개별 종목 장세가 되는 것도 이 때문이다. 그런 시장에서는 개인들의 자금 움직임을 면밀히 체크할 필요가 있다.

차트 3-98은 에스트래픽의 일봉이다. 2020년 12월에 대량거래 위꼬리 양봉, 2021년 2월에 거래 증가 장대양봉을 만들었다. 그리고 3월에 다시 대량거래와 함께 급등했다. 거래량이 급증했다가 급감하고, 가격 변동성도 굉장히 크다. 전형적인 세력주 또는 특정 개인들의 투자 행태라고 볼 수 있다.

3-98

차트 3-99의 투자자 동향을 보면, 개인들이 며칠간 매집했다가 한번에 대량으로 매도하고 다시 매집하는 상황임을 알 수 있다. 대부분 개인 투자자들의 거래다. 외국인들은 매도 우위이고 기관 매매는 0이다. 기관들은 거래하지 않는 종목인 것이다. 외국인들의 매매는 이른바 '검은 머리 외국인' 또는 알고리즘 매매일 것이다.

[1] [0419] 종목별 투자자동향

에스트래픽 | 수량 | 순매수 | 일별 | 2일 | 조회 | 다음

※15:30 장 종료 후 거래소 집계 데이터로 제공되며 최종 확정치는 18시 이후에 제공됩니다.
장 중 실시간 투자자 동향(추정)은 화면 0465, 0466, 0467, 0468에서 조회하실 수 있습니다.

일자별	현재가	전일비	등락률	거래량	개인	외국인	기관계	기관 금융투자	보험	투
2021/03/24	7,080 ▲ 1,480		26.43	11,480,453	0	0	0	0	0	0
2021/03/23	5,600 ▼ 80		1.41	1,907,347	181,519	-161,019	-10,000	0	0	0
2021/03/22	5,680 ▼ 40		0.70	173,133	21,727	-21,727	0	0	0	0
2021/03/19	5,720 ▲ 90		1.60	170,494	-42,459	42,459	0	0	0	0
2021/03/18	5,630 ▼ 120		2.09	471,545	23,196	-14,209	0	0	0	0
2021/03/17	5,750 ▼ 10		0.17	187,800	-22,665	22,665	0	0	0	0
2021/03/16	5,760 ▼ 40		0.69	177,984	24,159	-24,159	0	0	0	0
2021/03/15	5,800 ▼ 10		0.17	250,821	34,753	-32,327	0	0	0	0
2021/03/12	5,810 ▲ 310		5.64	833,630	-132,662	139,736	0	0	0	0
2021/03/11	5,500 ▲ 170		3.19	117,830	-9,538	8,038	0	0	0	0
2021/03/10	5,330 ▼ 160		2.91	165,778	39,248	-39,248	0	0	0	0
2021/03/09	5,490 ▲ 30		0.55	296,028	-19,201	19,201	0	0	0	0
2021/03/08	5,460 ▼ 220		3.87	274,899	45,301	-41,001	-8,200	-8,200	0	0
2021/03/05	5,680 ▲ 120		2.16	298,418	17,850	-27,294	0	0	0	0
2021/03/04	5,560 ▲ 170		3.15	270,741	26,947	-26,374	0	0	0	0
2021/03/03	5,390 ▼ 30		0.55	132,821	3,179	-3,179	0	0	0	0
2021/03/02	5,420 ▼ 110		1.99	228,759	42,262	-42,262	0	0	0	0
2021/02/26	5,530 ▲ 150		2.64	456,821	24,094	-24,094	0	0	0	0
2021/02/25	5,680 ▲ 60		1.07	275,105	2,446	-2,446	0	0	0	0
2021/02/24	5,620 ▲ 380		6.33	504,019	58,865	-48,865	0	0	0	0

　　개인들만이 집중하여 거래하는 종목들은 변동성이 상대적으로 크다. 어떤 투자자들은 이런 종목을 선호하기도 하지만, 가치 투자나 추세적 중기 투자를 하는 사람들에겐 참 머리 아프게 하는 종목일 것이다. 이런 종목들의 특징은 시가총액이 낮고, 실적 역시 안정적이지 않고 해마다 또는 분기마다 들쭉날쭉하다. 보통의 경우 재료, 테마에 의해 등락한다.

　　단기거래는 기업 가치보다는 수급과 차트 그리고 단기 모멘텀에 의한 주가 움직임을 이용한 거래다. 따라서 좋은 기업이라고 하더라도 당장 주가 움직임이 없는 주식보다는 기업 가치와 상관없이 주가 변동성과 유동성이 좋은 주식이 더 적합하다. 단기적으로 큰 유동성

과 변동성이 나타나는 주식에서는 단기 성향의 액티브형 자금을 운용하는 외국인이나 기관의 영향력이 크다. 일부 사모펀드나 금융투자, 투신 등 단기 성향이 강한 주체들이 매수하여 급등시키는 주식들도 있다.

롱텀펀드 등의 중장기 자금이 유입되며 꾸준히 매수하는 주식은 수급상으로 외국인 또는 기관이 꾸준히 매수하는 것이므로 좋아 보일지는 몰라도 당장의 주가 움직임이 나타나지 않을 수 있다. 단기거래자가 이들의 장기 투자 수급을 추종할 경우, 목적을 달성하지 못하고 매도하는 경우가 발생할 수 있다. 어떤 주체, 어떤 성향의 자금이 유입되어 주가를 움직이고 있는지를 파악하여 그 성향에 맞게 거래해야 한다.

차트 3-100은 코스닥 시장의 등락과 신용거래 추이를 보여준다. 시장이 저점으로부터 상승하기 시작하면 신용거래가 늘기 시작한다. 시장이 상승할수록 신용거래 증가 속도가 빨라지고, 시장의 상승 기울기보다 신용거래 증가세가 강해진다. 시장이 하락하는 초기에는 신용거래가 급격히 줄지 않지만, 급락하면 빠르게 줄어든다. 기관이나 외국인들은 신용거래를 하지 않는다. 개인들의 거래다.

이렇게 신용거래가 급격히 증가하는 기간에는 개인들이 활발히 움직이면서 섹터별·테마별 순환 강세의 시장이 된다. 반대로, 신용거래가 급격히 줄어들면서 시장이 강세를 보이는 구간에서는 기관이나 외국인들의 영향력이 더 커진다.

3-100

일자	지수	전일대비	등락률	신규금액	상환금액	잔고금액	전일대비	증가율	잔고비중	공여율(금액)
2021/03/24	953.31 ▲	7.00	0.74	0	0	0	0	0.00	0	0.00
2021/03/23	946.31 ▼	9.07	0.95	0	0	0	0	0.00	0	0.00
2021/03/22	955.38 ▲	3.27	0.34	0	0	0	0	0.00	0	0.00
2021/03/19	952.11 ▲	2.28	0.24	667,752	643,026	9,795,377	24,408	0.25	2.54	11.64
2021/03/18	949.83 ▲	6.05	0.64	805,136	734,208	9,770,969	70,663	0.73	2.55	13.08
2021/03/17	943.78 ▲	3.13	0.33	866,327	771,723	9,700,306	94,333	0.98	2.54	12.83

대량 자전성 거래와
매매 판단

· · ·

데이 트레이딩의 원조는 자전거래의 호가 갭을 이용한 매매다. 단기거래는 수급 왜곡에 의한 일시적 가격 갭을 이용하여 차익을 실현하는 초단기거래에서 출발했다. 일시적 가격 갭이 발생하는 대표적인 현상이 자전거래로 인한 호가 갭이었다. 자전거래란 특정한 주식을 대량으로 매수 및 매도하고자 하는 주체가 특정한 가격 및 시간에 주문을 내어 대량체결이 발생하는 것을 말하며, '블록 세일'이라고도 한다.

자전거래가 발생하는 이유는 매수자나 매도자 양쪽에서 찾을 수 있다. 매수자 측은 대량으로 어떤 주식을 매수하고 싶은데, 시장에서 매수하다 보면 가격이 올라가 버려 원하는 수량을 매수하지 못하거나 원하는 가격보다 높게 사야 한다. 매도자 측 역시 대량으로 보유하고 있던 어떤 주식을 매도하고 싶은데, 시장에서 매도하다 보면 가격이 내려가 버려 원하는 가격에 매도하지 못하거나 유동성 부족에 의해 가격이 급락할 수도 있다. 그래서 매수자와 매도자가 상대방을 찾아서 대량체결을 완성한다.

이때 가격 갭이 발생하는 이유는 무엇일까?

매도자 측이 대량매물을 받을 매수자를 찾아 가격 협상을 한다면 매수자 측은 당연히 낮은 가격에 매수하고 싶을 것이다. 기업이 보유하고 있던 주식을 특정한 사유에 의해 대량으로 처분하거나 특정 세력이 보유 주식의 주가를 올려 상당한 시세차익이 발생하여 매도할 때, 매수자를 물색하여 자전거래로 체결하기 때문에 현재 시세보다 할인하는 것이 일반적이다.

과거 시장이 선진화되기 전에는 장중 플러스권에서 거래됐는데 마이너스권에서 자전거래가 이뤄져 낙폭이 10%가 넘는 경우가 빈번했다. 장중에 자전거래가 발생하면 현재가에서 가격이 급격히 하락했다가 곧바로 원래 가격으로 돌아와 거래가 됐다. 이런 거래를 하는 주체들은 자신들이 원하는 가격에 원하는 수량을 체결시켜야 한다. 따라서 다른 시장참여자들이 없어야 할 것이다. 이미 매수 및 매도 주문을 넣어둔 투자자들을 피할 수는 없기에 그 차이 부분을 고려하여 거래를 형성시켰다. 예컨대 현재 24,200원에 거래되고 있는 A 라는 주식을 10% 할인하여 21,800원에 대량 자전거래가 체결됐다면, 별 의미 없이 22,000원에 소액 매수 주문을 넣어둔 개인 투자자는 '이게 뭐지?' 싶어 당황스럽겠지만, 곧바로 주가가 24,000원대로 돌아가므로 공짜 차익이 생기게 된다.

과거에는 이처럼 장중 자전거래로 인한 가격 갭이 발생했다. 한 번에 원하는 수량을 체결하지 못했기에 반복된 자전거래를 하곤 했다. 그사이 발생하는 매수 타이밍을 이용하여 스캘퍼들은 막대한 수익을 챙겼다. 온종일 자전거래 상황이 나타나는지를 지켜보고 있다가, 빠른 속도로 매수 진입하여 수익을 추구했다. 현실적으로 그게 가능한 매매인가 하는 의문이 들겠지만, 그런 방법으로 막대한 수익을 챙긴 트레이더가 많다. 단기거래의 기본 개념에서 대량체결, 속도 등이 중요하다고 설명한 부분과 비슷하다고 볼 수 있다.

장중 주가 변동성을 없애기 위해 지금은 장중 대량매매는 거의 하지 않고, 사전에 신고하여 장전 또는 장후 대량매매를 체결하는 시스템을 사용한다(아주 드물게 장중 신고 없는 대량거래가 발생하기도 하지만, 대부분 신고 후 체결한다). HTS에서는 '대량매매/바스켓매매'라는 화면으로 확인할 수 있다. 장중 변동성을 이용하던 데이 트레이더들로서는 좋은 매매 기회가 사라진 것이다.

그럼에도 자전성 거래를 설명하는 이유는 여전히 블록 매매는 이루어지고 있고, 대량으로 체결되기에 미래의 주가에 영향을 줄 수 있기 때문이다. 어떤 이유에서든 대량거래가 발생했다는 것은 주가 변동의 이유가 될 '재료'일 가능성이 크기 때문이다.

대량 자전성 거래 종목의 **매매 포인트**

① 대량거래가 발생한 주식을 인지했다면, 우선 그 거래량이 하루 평균 거래량 대비 얼마나 큰 것인지를 파악한다. 총주식수 중 유통주식수가 1,000만 주인 주식의 평소 거래량이 100만 주였다면, 한 번의 체결로 50만 주 이상의 거래가 됐다면 대량거래이지만 10만 주라면 대량거래가 아닐 것이다. 우선 의미 있는 수량의 거래인지부터 확인한다.

② 그다음엔 매수 및 매도 주체가 누구인지를 파악한다. 대주주가 매도하고 기관이 매수한 것인지, 기관이 매도하고 외국인이 매수한 것인지, 더 구체적으로 펀드에서 매도하고 자문사가 매수한 것인지, 자사주를 외국인이 매수한 것인지 등이다. 매도의 주체가 중요한 기관이면 주가에 부정적일 것이고, 매수의 주체가 연기금 등 중요한 기관이면 주가에 긍정적일 것이다.

③ 주가의 위치도 중요하다. 주가가 이미 많이 상승(급등)한 상태에서의 대량체결은 위험하다고 볼 수 있다. 반면 주가가 많이 하락한 상태에서 대량거래가 발생했다면 향후 상승을 기대할

수 있다.

이것 역시 주가와 거래량의 개념으로부터 출발한다. 주가가 지속적으로 상승하기 위해선 거래량이 급감해야 한다. 거래량이 많다는 것은 매수도 많지만 그만큼 매도도 많다는 것이다. 주가가 급등한 후 대량거래가 발생했다는 것은 누군가가 대량의 매물을 내놓은 것이다. 이 개념을 자전성 거래에도 접목한다. 과거엔 주가를 충분히 올려 막대한 수익이 발생한 작전 세력이 시장에서 매도하기가 어렵기 때문에 대량매매를 이용하여 처분하는 경우가 많았다. 반대로 누군가가 충분히 하락한 주식을 대량으로 매집하여 투자하고자 한다면, 시장에서 매수하는 것보다 대량매수를 통하는 방법이 빠를 것이고 가격도 낮춰 살 수 있을 것이다. 주가가 하락한 후에 대량거래가 발생했다면 누군가가 대량으로 매수한 것이므로 향후 주가 움직임에 의미가 있다.

예를 들어 대량거래가 발생한 주식을 인지하여 살펴봤더니, 해당 기업의 자사주를 매도하는 것이고 외국인(헤지 펀드)이 전량 매수했다고 하자. 주가는 상당히 하락하여 전저점 부근에 와 있다. 이런 상황이라면 이 주식은 조만간 바닥을 찍을 확률이 높다고 볼 수 있다. 대량거래, 영향력 있는 기관의 매수, 주가 바닥일 때 의미가 더욱 크기 때문이다.

우리는 거의 매일 주가와 차트를 보며 가격이 상단에 있는지, 하단에 있는지 그리고 거래량이 증가하는지, 감소하는지를 파악한다. 대량 자전성 거래로 인한 특이한 거래량은 향후 주가 움직임에 분명히 영향을 줄 것이다.

⇊⇑⇊ 실전 사례

대량매매가 일어나면 모두 좋은 것일까? 대량매매로 체결된 주식은 어떤 점을 중점적으로 봐야 할까?

차트 3-101은 대량매매/바스켓매매 현황 화면이다. 2018년 10월 23일 장전 대량매매로 3,625,000주가 체결된 셀트리온의 예를 살펴보자.

3-101

일자	종목명	장전대량매매 상대	경쟁	합계	장중대량매매 상대	경쟁	합계	장후대량매매 상대	대량합계	바스켓	전체합계
2018/10/23	SK하이닉스	0	0	0	0	0	0	144,969	144,969	0	144,969
2018/10/23	삼성화재	0	0	0	2,000	0	2,000	2,074	4,074	0	4,074
2018/10/23	현대차2우B	0	0	0	139,793	0	139,793	40,000	179,793	0	179,793
2018/10/23	삼성전자	0	0	0	0	0	0	73,732	73,732	0	73,732
2018/10/23	삼성전자우	0	0	0	0	0	0	61,463	61,463	0	61,463
2018/10/23	GS리테일	0	0	0	0	0	0	40,270	40,270	0	40,270
2018/10/23	한샘	0	0	0	0	0	0	2,500	2,500	0	2,500
2018/10/23	현대중공업	0	0	0	0	0	0	13,400	13,400	0	13,400
2018/10/23	현대모비스	0	0	0	0	0	0	40,000	40,000	0	40,000
2018/10/23	더존비즈온	0	0	0	58,162	0	58,162	22,685	80,847	0	80,847
2018/10/23	다우기술	0	0	0	12,060	0	12,060	0	12,060	0	12,060
2018/10/23	KT	0	0	0	0	0	0	46,938	46,938	0	46,938
2018/10/23	NAVER	0	0	0	331,000	0	331,000	8,173	339,173	0	339,173
2018/10/23	LG화학	0	0	0	0	0	0	3,669	3,669	0	3,669
2018/10/23	스카이라이프	0	0	0	67,780	0	67,780	0	67,780	0	67,780
2018/10/23	신한지주	0	0	0	0	0	0	180,673	180,673	0	180,673
2018/10/23	셀트리온	3,625,000	0	3,625,000	242,629	0	242,629	76,216	3,943,845	0	3,943,845
2018/10/23	휠라코리아	0	0	0	0	0	0	25,770	25,770	0	25,770
2018/10/23	아모레퍼시픽	0	0	0	0	0	0	49,421	49,421	0	49,421

셀트리온 대량매매는 전일 가격보다 7.8%나 낮은 가격에 할인되어 체결됐다(3-102). 매도 주체는 싱가포르 투자청 테마섹으로, 보유지분 중 일부를 매도한 것이다. 매수 주체는 개인과 국내 기관들이다.

─── 3-102 ───

일자별	현재가	전일비		등락률	거래량	프로그램	개인	외국인	기관계	기관 금융투자
2018/10/30	219,500	▲	1,500	0.69	1,267,930	7,042	0	0	0	0
2018/10/29	218,000	▼	10,000	4.39	1,450,889	-9,546	-69,468	-172,125	238,566	74,555
2018/10/26	228,000	▼	8,500	3.59	1,527,902	-65,352	60,069	-184,988	123,334	9,443
2018/10/25	236,500	▲	11,000	4.88	3,582,663	279,503	-454,346	84,364	334,984	69,467
2018/10/24	225,500	▼	21,000	8.52	2,674,768	47,797	46,921	-264,446	205,227	51,848
2018/10/23	246,500	▼	22,000	8.19	7,124,769	-13,211	511,198	-1,523,038	988,551	117,386
2018/10/22	268,500	▼	4,500	1.65	374,365	-26,605	87,598	-96,470	8,530	-26,001
2018/10/19	273,000	▲	12,500	4.80	787,000	48,310	-108,664	13,136	96,131	19,495
2018/10/18	260,500	▼	5,000	1.88	470,174	-7,724	98,173	-66,159	-32,199	-21,359
2018/10/17	265,500	▲	3,500	1.34	615,868	45,566	26,691	21,336	-51,766	-20,276
2018/10/16	262,000	▲	500	0.19	670,246	109,717	34,775	19,208	-55,213	-53,614
2018/10/15	261,500	▼	13,000	4.74	948,682	-62,781	216,555	-133,981	-84,391	-40,838
2018/10/12	274,500	▲	3,000	1.10	907,869	14,715	-3,917	-52,138	49,244	-46,623
2018/10/11	271,500	▼	15,000	5.24	1,789,042	-203,716	202,581	-317,560	109,819	117,791
2018/10/10	286,500	▼	3,500	1.21	716,351	-121,218	-31,837	-84,238	115,665	75,606
2018/10/08	290,000	▲	1,000	0.35	325,520	12,543	-29,033	5,854	23,028	7,114
2018/10/05	289,000	▼	1,500	0.52	555,108	-10,351	-18,467	-14,190	33,853	22,750

차트 3-103을 보면 주가가 상당히 상승해 하락 위험이 있는 상태다. 이 시점에서 장기 투자했던 외국인이 차익실현 대량매도를 했고 주가를 할인하여 낮은 가격에 체결시킨 것이다. 결과적으로 이는 이후 주가의 하락 요인이 됐다.

차트 3-104를 보면 2021년 3월 17일에 신세계인터내셔날, 네이버, 이마트의 대량거래가 있었음을 확인할 수 있다. 신세계 그룹과 네이버가 커머스 물류 멤버십 등 협력을 강화하는 사업 협약을 체결하며 2,500억 원 규모의 지분을 상호 교환하는 거래가 이루어진 것이다. 지분을 맞교환한 것이므로 가격 변동성이 발생한 것은 아니다. 그러나 대량 블록 거래가 발생한 것이므로 기업의 변화, 나아가 주가의 변화를 예상할 수 있다.

차트 3-105는 신세계인터내셔날의 일봉이다. 주가가 상당히 상승한 상태에서 대량 블록 거래가 발생한 것이다. 지분 스왑 거래가 아니었다면 향후 하락 가능성이 큰데, 여하튼 지분 스왑이라는 재료로

일자	종목명	장전대량매매 상대	경쟁	합계	장중대량매매 상대	경쟁	합계	장후대량매매 상대	대량합계	바스켓	전체합계
2021/03/17	SK하이닉스	0	0	0	0	0	0	28,905	28,905	0	28,905
2021/03/17	삼성화재	0	0	0	0	0	0	12,843	12,843	0	12,843
2021/03/17	아모레G	0	0	0	15,000	0	15,000	0	15,000	0	15,000
2021/03/17	POSCO	0	0	0	10,003	0	10,003	5,790	15,793	0	15,793
2021/03/17	DB손해보험	0	0	0	11,824	0	11,824	0	11,824	0	11,824
2021/03/17	삼성전자	0	0	0	0	0	0	104,046	104,046	0	104,046
2021/03/17	삼성SDI	0	0	0	3,000	0	3,000	1,778	4,778	0	4,778
2021/03/17	SK텔레콤	0	0	0	0	0	0	3,000	3,000	0	3,000
2021/03/17	KT	0	0	0	25,000	0	25,000	0	25,000	0	25,000
2021/03/17	신세계인터내셔날	488,998	0	488,998	0	0	0	0	488,998	0	488,998
2021/03/17	NAVER	648,510	0	648,510	400	0	400	0	648,910	0	648,910
2021/03/17	엔씨소프트	0	0	0	0	0	0	110	110	0	110
2021/03/17	LG생활건강	0	0	0	0	0	0	70	70	0	70
2021/03/17	LG생활건강우	0	0	0	0	0	0	1,045	1,045	0	1,045
2021/03/17	LG화학	0	0	0	0	0	0	8,868	8,868	0	8,868
2021/03/17	LG화학우	0	0	0	0	0	0	13,357	13,357	0	13,357
2021/03/17	휠라홀딩스	0	0	0	630,000	0	630,000	0	630,000	0	630,000
2021/03/17	이마트	824,176	0	824,176	0	0	0	0	824,176	0	824,176
2021/03/17	삼성바이오로직스	0	0	0	0	0	0	501	501	0	501

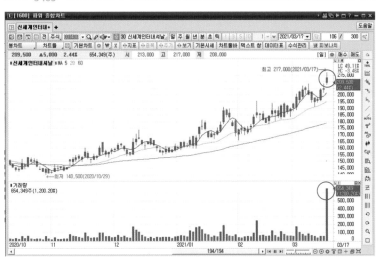

주가가 상승했을 가능성이 크다.

차트 3-106의 휠라홀딩스 역시 63만 주의 블록 거래가 체결됐다. 주가는 크게 하락하거나 상승한 상태는 아니다. 그러나 대량거래가 이루어졌으니 향후 주가 흐름을 관찰할 종목으로 분류해둔다.

3-106

신고된 대량매매·바스켓매매를 통해 대량거래가 이뤄진 종목을 찾을 수 있다. 장중에 대량거래가 발생한 종목을 찾아내 분석한다면 좋은 매매 종목을 골라낼 수 있다. 2장의 'HTS 기능을 이용한 종목 선정'에서 순간체결량 화면을 본 적이 있음을 기억할 것이다. 대량매매된 종목의 리스트를 추출하기 위해 조건을 설정해보자.

차트 3-107에서는 조건을 체결량 30,000주 이상, 체결 금액 5억 원 이상으로 설정했다. 그 결과가 차트 3-108이다. 대부분이 고가주이거나 삼성전자처럼 거래량이 큰 종목, ETF 등이다. 한 번 체결에 3만 주 이상, 5억 원 이상이 되는 거래는 웬만한 종목에서는 이루어지지 않기 때문이다. 중간중간 팬오션, 에너토크, 하림, HMM 등이 눈에 띈다. 특히 중·소형 주에서 단일 체결로 대량거래가 이루어진다는 것은 의미 있는 정보다. 이런 거래가 이루어진 종목만을 관심 종목으로 선정하는 것도 좋은 방법이다.

순간체결량 설정 ✕

체결량/순간거래대금 범위

체결량
- ○ 5000주 이상   ○ 7000주 이상   ○ 10000주 이상
- ○ 20000주 이상   ◉ 30000주 이상   ○ [   ] 주 이상

거래대금
- ○ 5000만원 이상   ○ 7000만원 이상   ○ 1억원 이상
- ○ 3억원 이상   ◉ 5억원 이상   ○ [   ] 만원 이상

- ○ 체결량 거래대금 불다 만족   ◉ 하나이상 만족
- ○ 거래대금만 만족   ○ 체결량만 만족

거래량/가격/등락률 범위
- ☑ 누적거래량   [10000] 주이상
- ☑ 가격지정   [3000] 원 이상   [999999999] 원이하
- ☐ 등락률지정   [   ] % 이상   [   ] % 이하

등락구분   ☑ 상한   ☑ 상승   ☑ 보합   ☑ 하락   ☑ 하한

대상업종   ◉ 전종목   ○ 거래소   ○ 코스닥   ○ 업종선택   [1035] ▼ Q

제외종목   [   ] ▼ Q [추가] [삭제] [전체삭제]

종목코드	종목명

- ☑ 관리종목   ☑ 거래정지
- ☑ 정리매매   ☑ 불성실공시
- ☑ 투자주의   ☑ 투자위험예고
- ☑ 우선주   ☑ 증거금100%
- ☑ 투자위험   ☑ 투자경고
- ☐ ETF/ETN

제외 종목 : 0개

기능설정   ☐ 소리사용

[   ] [소리] [...]

종목 추가 위치   ○ 위로 추가   ◉ 아래로 추가

개별 조건 설정이 가능합니다.   [확 인] [취 소]

지우기　해제　항목편집　조건설정

코드	종목명	현재가	전일대비		등락률	체결량	거래량비	카운트
041190	우리기술투자	7,180		0	0.00 %	45,414	25.45	82
006400	삼성SDI	652,000	▼	10,000	-1.51 %	829	41.11	85
251340	KODEX 코스닥ㆍ	4,580		0	0.00 %	31,030	105.43	289
251340	KODEX 코스닥ㆍ	4,580		0	0.00 %	82,268	105.73	290
251340	KODEX 코스닥ㆍ	4,580		0	0.00 %	30,000	105.96	293
251340	KODEX 코스닥ㆍ	4,580		0	0.00 %	129,860	106.59	295
251340	KODEX 코스닥ㆍ	4,580		0	0.00 %	78,223	107.59	302
114800	KODEX 인버스	3,955	▲	40	1.02 %	171,077	83.60	303
114800	KODEX 인버스	3,955	▲	40	1.02 %	106,984	83.94	305
114800	KODEX 인버스	3,955	▲	40	1.02 %	76,091	84.08	306
114800	KODEX 인버스	3,955	▲	40	1.02 %	41,282	84.20	307
251340	KODEX 코스닥ㆍ	4,580		0	0.00 %	97,350	108.00	303
028670	팬오션	6,350	▲	230	3.76 %	42,587	103.78	61
114800	KODEX 인버스	3,945	▲	30	0.77 %	50,000	78.44	255
122630	KODEX 레버리	26,220	▼	350	-1.32 %	28,859	75.20	495
251340	KODEX 코스닥ㆍ	4,570	▼	10	-0.22 %	70,411	99.91	256
251340	KODEX 코스닥ㆍ	4,570	▼	10	-0.22 %	45,152	100.12	258
334970	프레스티지바ㆍ	17,400	▲	850	5.14 %	50,000	84.74	116
251340	KODEX 코스닥ㆍ	4,570	▼	10	-0.22 %	57,082	100.79	259
114800	KODEX 인버스	3,945	▲	30	0.77 %	100,121	79.95	272
251340	KODEX 코스닥ㆍ	4,575	▼	5	-0.11 %	50,000	101.21	261
114800	KODEX 인버스	3,945	▲	30	0.77 %	55,419	80.09	275
114800	KODEX 인버스	3,945	▲	30	0.77 %	30,000	80.15	276
251340	KODEX 코스닥ㆍ	4,575	▼	5	-0.11 %	45,199	101.39	262
014530	극동유화	4,760	▼	55	-1.14 %	51,752	8.75	7
251340	KODEX 코스닥ㆍ	4,570	▼	10	-0.22 %	102,966	101.97	265
027360	아주IB투자	5,820	▲	20	0.34 %	78,350	44.00	7
019990	에너토크	7,750	▲	500	6.90 %	52,276	79.51	7
052460	아이크래프트	7,100	▼	50	-0.70 %	33,896	3.05	7
005930	삼성전자	82,400	▼	500	-0.60 %	7,974	57.36	157
251340	KODEX 코스닥ㆍ	4,575	▼	5	-0.11 %	120,475	102.54	267
214980	KODEX 단기채ㆍ	103,015	▲	5	0.00 %	5,042	18.09	55
005930	삼성전자	82,400	▼	500	-0.60 %	8,229	57.48	160
136480	하림	3,000	▲	20	0.67 %	42,000	62.40	9
122630	KODEX 레버리	26,170	▼	400	-1.51 %	19,394	78.97	554
114800	KODEX 인버스	3,950	▲	35	0.89 %	32,000	81.10	290
122630	KODEX 레버리	26,175	▼	395	-1.49 %	20,532	79.40	562
015760	한국전력	24,100		0	0.00 %	71,015	52.52	26
011200	HMM	24,150	▲	550	2.33 %	27,000	83.61	85
114800	KODEX 인버스	3,950	▲	35	0.89 %	100,623	81.35	293
114800	KODEX 인버스	3,950	▲	35	0.89 %	291,333	81.96	296
114800	KODEX 인버스	3,950	▲	35	0.89 %	36,501	82.47	298

지수 움직임을
이용한 매매

• • •

시장은 세상의 거의 모든 것을 반영하며 등락한다. 트레이더들에게는 시장이 급락 또는 급등할 때가 시세차익을 거둘 수 있는 좋은 매매 타이밍이다. 펀더멘털의 변화를 수반하지 않는 일시적 노이즈에 의한 시장 하락은 특히 좋은 기회다. 매매 타이밍을 선정할 때 개별 종목에서 판단하기는 쉽지 않을 수 있다. 개별 종목의 가격 움직임은 매우 빠르고 속임형도 빈번히 발생하기 때문이다. 그러나 지수의 고점과 저점을 인지하기는 상대적으로 쉽다. 전체 지수의 움직임은 개별 종목의 움직임보다 일관성이 있고 비교적 느리기 때문이다. 속임형이나 왜곡된 등락이 개별 종목보다 적게 나타나므로 지수 분봉, 선물 분봉의 흐름을 보면서 타기팅한 종목의 매매를 할 수 있다.

이런 매매가 가장 유용한 경우는 시장이 오전에 갭하락하는 경우다. 되도록 큰 폭으로 갭하락할 때 큰 수익과 연결할 수 있다.

지수가 오전에 갭하락하거나 장중 악재로 급락하면 종목을 쳐다보지 말고 지수의 하락 움직임이 멈추는 것을 확인할 수 있는 지수 또는 선물 분봉을 관찰해야 한다. 장 시작하자마자 1분봉 또는 3분봉을 이용하고, 시간이 지나가면서는 5분봉으로 전체적인 추이를 확인한다. 하락 움직임의 멈춤은 앞에서 설명했듯이 하락폭이 점차 줄면서 각도가 완만해지는 것, 체결 속도가 느려지면서 하락 속도가 느려지는 것, 거래량이 증가하며 하락하다가 점차 거래량이 줄어드는 것, 반전의 양봉 또는 십자형과 거래량이 발생하는 것 등을 통해 판단할 수 있다.

이때 매매할 종목을 미리 선정하여 지수 하락 멈춤과 상승 반전 시 매수할 수 있도록 준비해야 한다. 대부분 트레이더는 이런 긴급한 상황에서 어떤 종목을 매수할 것인지를 알고 있다. 가장 기본적인 방법은 '베타계수'가 1인 것, 즉 지수와 거의 비슷하게 움직이는 종목을 매매하는 것이다. 또는 그냥 지수 ETF를 거래하는 것도 효과적이다. 그러나 유능한 트레이더들은 경험적으로 이런 상황에서는 직전에 가장 강했던 종목이 가장 큰 수익을 준다는 사실을 알고 있다. 오전 갭

하락이라면 전일 상한가 또는 가장 강하게 상승했던 종목, 전일 호재로 강했던 종목 등이 그렇다.

지수 하락 움직임의 멈춤에서 매수했다면 이후에는 반등 후 상승의 힘이 얼마나 강한지, 거래량이 실리면서 상승하는지, 매물을 맞고 다시 하락 반전하는지 등을 관찰해야 한다. 만일 지수가 다시 하락 반전한다면 매수한 종목 역시 소폭 반등하다가 다시 하락하여 손실을 볼 수 있다. 물론 개별 종목의 움직임은 지수보다 더 빠르기 때문에, 지수가 조금만 반등해도 종목은 크게 반등해 매도 신호가 나타날 수도 있다. 이론적으로는 지수 상승 반전에 매수하고 하락 반전에 매도하는 것이지만, 종목 움직임이 지수보다 더 빠르다는 것을 고려해야 한다. 지수가 강하게 반등하여 종목별 수익률을 크게 주면 당일 매도 또는 홀딩이라는 선택의 여지가 있다. 하지만 반등은 했으나 힘이 약하고 느리게 반등한다면, 적은 수익이라도 만족하고 차익 매도를 해야 한다.

지수 움직임을 이용한 매매의 **전략**

① 지수가 외부 충격으로 갭하락 또는 갭상승하거나 장중 급락 또는 는 급등할 때가 가장 유용하다.
② 지수 연동 매매를 할 때는 종목의 주가 움직임이 중요한 것이 아

니라 지수 움직임이 더 중요하므로 지수 움직임을 판단할 수 있는 지수 또는 선물 분봉을 집중적으로 관찰해야 한다.

③ 지수를 보며 매매할 종목은 미리 선정해두어야 한다. 만약 지수 움직임을 관찰하면서 매수할 종목을 찾는다면, 둘 다 타이밍을 놓칠 수 있다.

④ 매수 후에는 지수의 작은 반등 후 추가 하락 가능성을 조심해야 하며, 반등에 성공하면 다시 반락하는 타이밍을 놓치지 않고 매도해야 한다.

⑤ 지수 움직임보다 종목 움직임이 더 빠르고 크다는 것을 명심해야 한다.

지수 움직임을 이용한 매매의 **핵심**

✓ 지수 급락 시 매수할 종목의 선정

• 전일 가장 강하게 상승한 종목: 상한가 또는 상승 시 거래량이 급증했거나 상승폭이 큰 종목

• 최근 시장을 주도하는 종목: 테마 주도주, 개별 호재가 발생한 종목

• 최근일에 최고가를 형성하며 5일선 위에서 상승하는 종목, 신고가를 돌파했거나 돌파가 임박한 종목

- 지수 급락을 인지한다. 빠른 시간에 크게 하락할수록 더 좋다.

- 지수 하락 움직임을 관찰한다. 하락폭이 작거나 시간을 너무 끌며 천천히 하락하면 매매하지 않는다.

- 미리 선정해둔 종목군에서 지수 하락과 함께 하락하는 종목을 선택한다.

- 지수 하락 움직임의 멈춤을 확인한다.

- 지수 반등 움직임을 관찰한다. 특히 반등의 힘과 거래량을 확인한다.

- 지수 소폭 반등 후 재하락 시, 소폭 이익 또는 매수가 근처라도 매도한다.

- 이익실현 매도: 지수 상승 멈춤 시 매도하는 방법, 지수로는 하락과 반등의 방향만 판단하고 종목의 매도는 개별적으로 종목 상승 움직임의 멈춤에서 매도하는 방법 중에서 선택한다.

⇓⇑ 실전 사례

차트 3-109는 선물 5분봉이다. 2021년 1월 28일, 전일 미국 3대 지수가 몇 개월 만에 2% 이상 급락하여 우리 시장이 갭하락으로 출발했다. 이 차트 역시 오전 갭하락하여 등락하고 있는 모습을 보여준다.

9시 30분경 장대양봉으로 하락 움직임의 멈춤이 발생했다(3-110) 소

폭 반등 후 10시에 장대양봉을 만들며 반등하고 있다.

차트 3-111은 녹십자랩셀의 일봉이다. 이 종목은 최근 라이선스 아웃 루머와 함께 강세를 보였다. 전일 거래 실린 양봉이 만들어져 강세 종목의 오전 매수 방법으로 대응하고자 준비하고 있었는데, 시장 상황이 바뀌었다. 이제는 '지수 움직임을 이용한 매매' 종목으로 선정한다.

3-111

차트 3-112를 보면 전일 시간외거래에서도 3.53% 상승했는데, 체결량도 5,000~10,000주로 강했다.

전일 강세였음에도 시장의 갭하락으로 시가 -1.77%에서 출발하여 곧바로 -5.88%까지 하락했다(3-113). 그러나 9시 30분 장대양봉으로 하락 움직임을 멈추고 +0.56%까지 반등하여 단기 차익실현 기회를

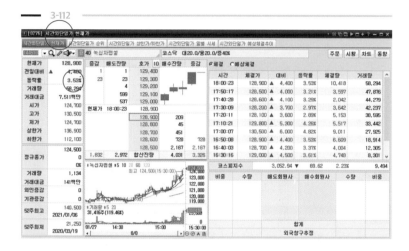

주었다. 이때 스캘퍼들은 꽤 큰 수익이므로 차익을 실현한다. 반등하

는 동안 거래량이 감소하다가 플러스로 전환된 후에는 거래량이 늘

어나면서 십자형 위꼬리를 형성하며 상승 움직임의 멈춤이 나타났기 때문에 스캘퍼들에게는 매도 타이밍이다. 스캘퍼가 아니라면 오전 매수가 또는 오전 저가를 하향 돌파하지 않으면 보유한다. 시가 아래로 내려가면 음봉이 만들어지지만, 최소한 오전 저가 아래로 내려가지 않으면 음봉의 크기가 크지 않은 십자형 음봉이 형성되기 때문에 홀딩할 수 있다. 이때 거래량이 급증하면 반드시 매도해야 하지만, 이후 체결량이 많지 않은 것으로 봐서 전체 거래량이 크게 증가하지 않을 것으로 판단되므로 홀딩할 수 있는 상황이다.

당일 마감 후 종가는 -3.61%로 시가보다는 하락했다(3-114). 그렇지만 저가를 깨지 않은 장중 거래량 없는 횡보로, 결국 일봉에서는 전

3-114

일보다 거래량이 적은 십자형 음봉을 만들었다. 홀딩하여 다음 날 강세를 기대할 수 있는 상황이다.

당일 저녁 미국 시장이 소폭 반등하여 강세 기조를 유지할 수 있다는 기대를 할 수 있었는데, 장 마감 후 시장에서 떠돌던 라이선스 아웃이 발표되어 다음 날 시가가 +20% 위에서 형성됐다(3-115). 결국 전일 스캘핑으로도 수익의 기회가 발생했지만, 거래량 감소 십자형 음봉으로 홀딩할 수 있었고 다음 날 급등으로 큰 수익을 낼 수 있었다. 다음 날 호재가 나와 큰 수익을 낼 수 있었던 것은 다분히 운이 따라주었기 때문이다. 중요한 것은 강세 종목의 시장 갭하락에서의 매수 타이밍 포착, 그리고 거래량과 봉을 보고 홀딩 여부를 판단하는 원칙이 좋은 결과를 가져온다는 것이다.

3-115

차트 3-116은 현대비앤지스틸의 일봉이다. 최근 이틀 연속 상한가에 이르는 초강세를 보여주었다. 이런 강세 종목은 상승 탄력이 있으므로 좋은 매매 대상이다. 시장에 의한 하락이라면 더욱 좋은 기회가 된다.

3-116

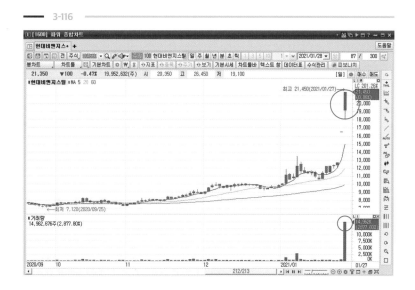

차트 3-117을 보면, 시장 갭하락으로 시가 -5.13%에서 출발하여 9시 20분경 아래꼬리 달린 십자형으로 하락 움직임의 멈춤을 만들었다. 이때 시장이 반등하고 있으므로 분할 매수도 가능하지만, 개별 종목의 매수 신호가 발생할 때까지 기다리는 것도 좋다.

현대비앤지스틸은 곧바로 반등하지는 못했고 체결량도 급격히 감소했다. 10시경 다시 거래량이 증가하면서 장대양봉으로 반등하기 시작하여 매수 신호를 주었다. 11시에는 대량거래를 수반하면서 장대양봉으로 본격 상승했다. 고점 +25.31%로 스캘퍼에게는 대박의 수익을 주었다. 이후 거래량이 감소하면서 하락하였으므로 매도하지 않은 투자자는 기다릴 수 있는 상황이다. 그런데 오후 2시 30분 이후 거래량이 실리면서 음봉을 만들었다. 만일 데이 트레이더가 홀딩하고 있었다면 이때 반드시 매도해야 한다. 데이 트레이더가 아니어서 홀딩하려 한다면 일봉에서 거래량과 봉을 확인해야 한다.

3-117

차트 3-118은 장중 상승 반전에 성공했을 때의 일봉이다. 이때는 홀딩의 욕심이 있을 수밖에 없다. 이대로 마감한다면 다음 날도 강세일 것으로 판단할 수 있기 때문이다. 일봉을 쳐다보고 있으면 봉의 크기와 위꼬리 또는 아래꼬리가 형성되는 것만 보이기 때문에 장중 타이밍을 잡기가 쉽지 않다. 따라서 분봉을 활용해야 한다.

3-118

차트 3-119는 1월 27일 시장 마감 후 선물 5분봉이다. 지수 급등락을 이용하여 매매할 때는 반드시 지수 움직임이 우선되어야 한다. 오전 갭하락하여 11시 정도까지 반등했지만 이후 재차 하락한 모습이다. 이때 장중 움직임만 보고 있어도 일봉이 어떤 모양인지 판단할 수 있다. 당일 2% 이상 갭하락으로 출발하여 11시까지 반등했고 이후 재차 하락했으니 위꼬리와 아래꼬리가 달린 십자형 양봉이다. 선물과 지수 연동성이 큰 종목은 거의 유사한 흐름을 보일 것이다.

3-119

실제로 현대비앤지스틸은 상한가 근처까지 상승하며 강세를 보였지만, 결국 시장과 연동하며 오후에 재차 밀리면서 위꼬리가 긴 작은 양봉으로 마감했다(3-120). 이렇게 움직이는 종목은 다음 날도 스캘퍼들에게는 아주 좋은 매매 대상이다. 스캘퍼가 아니라면 홀딩할지 말지 고민할 것이다. 그에 대해서는 봉의 크기와 색, 거래량으로 판단한다고 설명했다. 위꼬리가 긴 십자형이므로 홀딩할 수 있겠으나 거래량이 급증했다. 거래량이 급감했으면 홀딩이지만, 이런 경우에는 50%는 매도하는 것이 원칙이고 자신의 판단에 따라 전량 매도할 수도 있다.

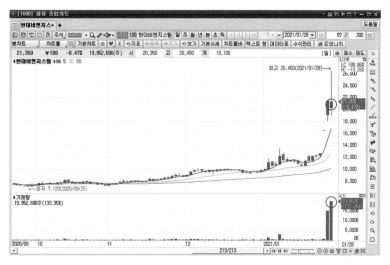

강세 종목인 녹십자랩셀과 급등 종목인 현대비앤지스틸에서 갭하락이 발생한 날의 매매 사례를 살펴봤다. 녹십자랩셀의 장중 움직임을 보면 선물 5분봉과 거의 유사하게 등락했음을 알 수 있다. 베타계수 1에 가까운 종목일수록 더욱 그럴 것이다.

그러나 지수와 같은 폭으로 움직이는 종목을 선택했다면 지수 변동폭인 2% 내외의 변동성만을 이용한 매매가 되는 것이므로 차익의 기회가 크지 않고 수익의 폭도 크지 않다. 그러므로 시장의 급등락을 이용한 매매를 할 때는 그 시점에 가장 강한 종목을 선택해야 한다. 이런 기회를 놓치지 않고 수익을 얻기 위해서는 늘 강한 종목을 자신의 관심 종목에 넣어두고 있어야 한다. 언제든지 강세 종목이 매수 타이밍을 주면 놓치지 않을 수 있도록 준비하는 것이다.

지금까지 시장 갭하락이 발생할 때 강세 종목의 매매 방법을 설명했다. 이와 반대로, 시장 갭상승이 발생할 때 매도로 수익을 내려면 어떻게 해야 할까? 최근 가장 약한 종목이 시장 갭상승으로 오전에 강세를 보인다면 매도하여 수익을 낼 수 있다. 공매도 또는 매도가 가능한 파생상품을 거래하는 투자자들에게 유용한 방법일 것이다. 일반적인 투자자 역시 이런 개념을 안다면 약세장에서 어떤 상황이 될 때 보유 종목을 일부라도 매도해야 하는지를 이해할 수 있을 것이다.

호가 잔량의 역해석을
활용한 매매

· ● ·

호가 잔량에는 매수하고자 주문을 넣어둔 매수 호가 잔량과 매도하고자 주문을 넣어둔 매도 호가 잔량이 있다. HTS에서는 매수 호가와 매도 호가 각각 10호가씩을 보여준다. 매수 호가 잔량이 많다는 것은 그 주식을 매수하고자 하는 사람이 많다는 것이고, 매도 호가 잔량이 많다는 것은 매도하고자 하는 사람이 많다는 것임은 누구나 알 수 있다. 특히 10호가 중에서도 현재가에 근접한 매수 우선호가에 잔량이 많으면 현재가 근처에서 사고자 하는 매수자들이 많다는 것이고, 매도 우선호가에 잔량이 많으면 현재가 근처에서 팔고자 하는 매도자들이 많다는 의미로 해석된다. 따라서 매도 호가 잔량이 많으면 향후 주가가 하락할 것이고 매수 호가 잔량이 많으면 향후 주가가 상승할 수 있으리라고 해석하는 것이 일반적이다.

대형주의 경우 매수 및 매도 호가 잔량이 거의 비슷하게 많다. 외국인·기관·개인들의 호가 잔량이 전체적으로 많기 때문에 매수나 매도 어느 한쪽의 호가 잔량이 월등히 많은 경우는 흔치 않다. 간혹 매도 또는 매수 1호가에 비정상적인 호가 잔량이 쌓여 있는 경우도 있는데, 이는 '블록 매매'라고 보면 된다. 그런 경우를 제외하곤 거래량이 많은 대형주에서는 호가 잔량의 별다른 특징이 나타나지 않는다. 그러나 중·소형주에서는 특별히 주가를 올리거나 내리려는 세력이 존재하고, 그들의 독특한 거래에 따라 호가 잔량이 중요한 의미를 갖는다.

주가가 일방향으로 강하게 움직일 때는 호가 잔량을 일반적인 상식에서 벗어나 역으로 해석해야 한다. 매수 또는 매도 호가 잔량이 어느 한쪽으로 지나치게 많은 경우 주가는 그 반대 방향으로 움직인다. 호가 잔량의 역해석은 특정 세력이 '가격을 올리면서 매수', '가격을 내리면서 매도'하는 거래에 따라 등락한다는 주가 움직임의 기본적인 전제가 있기 때문이다. 주가를 올리거나 내리거나 하는 실질적인 매수 및 매도는 호가창에서 10호가씩 보여주는 매수 및 매도 주체들의 주문이 아니다. 현재 10호가 잔량엔 없지만 가격을 위로 올려 매수하는 신규 매수와 가격을 아래로 내려 파는 신규 매도에 의해서 주가는 움직인다.

상식적으로 생각해보자. 어떤 주식의 주가를 올리고 싶어 하는 세력 또는 매집을 하려는 세력이 매수 호가 잔량을 쌓아두고 체결되기를 기다릴까? 그렇지 않다. 과거엔 매수 호가 잔량을 많이 쌓아 매수 심리를 자극하여 매도하거나, 매도 호가 잔량을 잔뜩 쌓아 불안감에 매도하는 개인 투자자들의 매도 물량을 받는 식으로 거래하던 시절도 있었다. 이른바 '허수' 잔량이다. 지금은 허수 잔량을 이용하여 거래하는 것은 증권거래법으로 금지되어 있다. 개인 투자자들도 조심해야 한다. 매수하려고 매수 주문을 넣어두었는데 마음이 바뀌어서 보유 물량을 매도하기로 했다고 하자. 이때 매수 잔량을 취소하지 않고 보유 주식을 매도하면 허수 매매로 거래소 적출 시스템에 걸린다. 물론 개인 투자자들의 소액 잔량으로 문제가 되진 않지만 기관 투자가들은 조심해서 거래한다.

허수 잔량을 제외하고 대부분 호가 잔량은 저가 매수, 고가 매도하려는 일반적인 투자자들의 잔량이다. 주가를 움직일 만한 힘이 있는 전문 투자자들은 특정 주식에 호재나 악재가 발생하여 주가가 급변할 때 매수와 매도 주문을 어떻게 할까? 당연히 호재엔 현재가보다 위로 매수하고 악재엔 현재가보다 아래로 매도할 것이다. 즉 주가의 상승과 하락은 기존 호가 잔량의 주문이 아닌 주가를 올려서 사거나 내려서 파는 거래로 인해 발생한다. 이와 관련해서는 1장 '봉의 해석과 50% 룰'을 참고하기 바란다.

주가가 상승하는 것은 대부분의 경우 호가를 올려서 매수하는 주문 때문이라고 설명했다. 예컨대 어떤 매수 주체가 특정 주식의 향후 주가 상승을 예상하여 매집하려고 한다면, 오랜 시간 동안 분할하여 최대한 저가에 매수하려 할 것이다. 그사이 주가가 상승하면 원하는 수량을 원하는 가격에 다 채우지 못할 것이다. 거꾸로 생각하면, 그들의 매집이 끝나기 전엔 주가가 상승하지 않으리라고 예상할 수 있다. 매집이 끝난 후엔 가격 상승이 중요하다. 따라서 저가 매수가 아니라 가격을 올리면서 매수할 것이다. 그들에게는 매도 호가 잔량이 많아서 많은 수량을 한 번에 살 수 있다면 좋은 기회다. 매도 호가 잔량이 많으면 한 번에 충분히 많은 수량을 매수할 기회인 것이며, 대량매수한 그들의 힘에 의해 주가는 상승하게 된다. 대량매도가 있음에도 매수를 체결하는 황소의 진입을 보고 대다수의 시장 참여자가 추종 매수한다. 결과적으로 대량거래와 함께 장대양봉이 형성되면서 매수 신호가 발생한다.

그런데 가끔 호가 잔량을 보면 매수 호가에 평소보다 월등히 많은 잔량이 쌓여 있는 것을 보게 된다. 만약 당신이 그 주식을 보유하고 있다면 그 잔량을 보고 안심할 수도 있을 것이다. 그러나 대량매도가 나와 그 잔량을 모두 집어삼키고 주가가 급격히 하락하는 경우가 훨씬 많다. 보유하고 있던 주식을 매도하고자 하는 입장에서는 누군가가 대량매수 잔량을 넣어주었으니 얼마나 고마운 상황이겠는가! 한

번에 보유 주식을 팔아 치울 것이다.

상승하고 있는 주식의 장중 현재가 창을 보면 매도 호가 잔량이 더 많다. 주가가 상승하니 매물이 나오는 것이다. 매수 주체가 그 매물을 소화하면서 상승할 때 상승의 힘은 더욱 강하다. 반대로 하락하는 주식의 현재가를 보면 매수 잔량이 더 많다. 강력한 매도자들이 그 매수 잔량에 매물을 던져버리면 이후 주가의 하락은 가속화된다. 데이 트레이더에게는 장중 호가 잔량이 매매 타이밍의 시그널이 된다. 장중 급등하는 주식의 최초 상승 시에는 당연히 매수 호가 잔량이 쌓인다. 그러나 주가가 상승할수록 매수 호가 잔량은 줄어들고 거래량이 줄어야 주가는 더 상승할 수 있다. 주가가 상당히 상승한 후에 다시 매수 호가 잔량이 쌓이면서 등락하면, 전문 트레이더들은 매도한다. 이때는 매수 호가 잔량이 많은데도 주가는 하락하기 시작한다.

반대의 경우도 같은 이치다. 급락하던 주식의 최초 하락 시에는 매도 호가 잔량이 증가하지만, 하락폭이 깊을수록 점차 줄어든다. 이후 매도 호가 잔량이 급격히 증가하는데도 주가가 추가 하락하지 않고 등락하거나 상승한다면, 매수 주체들이 가격을 올리면서 상위 매도 호가에 사는 것이다. 이들의 매수로 이후 주가는 상승한다. 주가를 상승시키거나 하락시키는 주요 주체들은 호가 잔량을 미리 넣어두고 거래하지 않는다. 매수할 때는 현재가보다 높게 매수하고 매도할 때는 현재가보다 낮게 매도하여 체결시킨다. 그 매매 때문에 주가가 움직이는 것이다.

매수 호가 잔량이 많으면 주가가 오를 것이라는, 매도 호가 잔량이 많으면 주가가 하락할 것이라는 일반적인 생각은 실전 매매에서는 맞지 않는다. 이런 호가 잔량의 역설을 아무리 설명해도 쉽게 받아들이지 못하는 개인 투자자들이 많다. 실전 거래에서 호가 잔량을 유심히 살펴본다면 이해할 수 있을 것이다. 그래야만 장중 저가 매수, 고가 매도의 타이밍을 정확히 판단할 수 있다.

이해를 돕기 위해 다른 사례를 들어보겠다. 지지와 저항 그리고 돌파라는 일반적인 투자 이론을 잘 알 것이다. 상승하고 있는 주식이 의미 있는 가격(전고점, 신고가 등)을 돌파할 때, 매도 잔량이 많이 쌓여 있는 상황에서 돌파하는 것이 강할까, 아니면 매도 잔량이 적은 상황에서 돌파하는 것이 강할까? 당연히 대량으로 쌓여 있는 매도 물량을 빠른 시간에 연속적으로 체결하며 돌파할 때 이후 주가는 더욱 강하게 상승한다. 매수 주체의 힘이 강하기 때문이다. 그만큼 자금력이 있거나 강한 호재가 있는 것이다.

추세적인 상승일 때 직전 고점은 저항 가격이다. 이 저항 가격에 매도 호가 잔량이 많을 때와 적을 때의 돌파 후 주가 흐름을 생각해 보자. 저항 가격에 매물이 많이 쌓여 있으면 돌파하지 못할 것으로 생각하기 쉽다. 그러나 매도 호가 잔량이 많으면 많을수록 그 매물을 돌파하고 상승했을 때 이후 상승 강도가 더 강하다. 대량매물을 소화한 매수 주체들의 힘(자금력)이 향후 주가 상승의 힘을 결정하는 것이다.

⇊⇡⇊ 호가 잔량 역해석을 활용한 매매의 **전략**

① 주가가 추세적으로 상승하거나 하락할 때 또는 연속 급등하거나 급락할 때, 전체 흐름상으로는 매도가 많으니 하락하는 것이고 매수가 많으니 상승하는 것이다.

② 그러나 장중 흐름에서 매도 호가 잔량이 월등히 많은데도 강하게 상승한다면, 강한 황소의 진입으로 볼 수 있다.

③ 장중 흐름에서 매수 호가 잔량이 월등히 많은데도 강하게 하락한다면, 강한 곰들이 매도하고 있는 것으로 판단한다.

④ 매수 및 매도 우선호가에 비정상적인 수량의 호가 잔량이 쌓여 있는 경우에는 블록 매매가 이루어지는 경우로 볼 수 있으며, 그렇지 않을 경우 그 주문이 체결되는 방향으로 강한 움직임이 이어질 것으로 예측할 수 있다. 즉 매도 호가 잔량이 비정상적으로 많은데, 빠른 시간에 체결된다면 이후 상승으로 판단한다.

⑤ 평소에도 매수 호가 및 매도 호가 잔량이 서로 비슷하게 대량으로 쌓여 있는 종목은 판단에서 제외한다.

호가 잔량 역해석 종목의 **매매 포인트**

- 장중 주가가 강하게 상승하고 있는데, 매도 호가 잔량이 월등히 많으면 추가 상승으로 판단하고 보유 또는 매수한다. 이후에는 다음과 같이 대응한다.
  - 후속 매수세가 증가하거나 체결량이 감소하면 보유한다.
  - 상승 후 일정 시점에 매수 잔량이 급격히 증가하면 매도한다.
- 장중 주가가 하락하고 있는데 매수 호가 잔량이 월등히 많으면, 추가 하락으로 판단하고 매도한다.
- 상승 중 비정상적인 매도 호가 잔량이 쌓여 있다면 돌파를 예상하고 매수한다. 이후에는 다음과 같이 대응한다.
  - 돌파할 당시 대량매물을 소화하여 돌파 가격이 지지 가격이 되면 보유하여 이익을 극대화한다.
  - 돌파 후 돌파 가격을 재하락한 경우 체결량이 적고 매수 잔량이 급격히 증가하지 않는다면, 일봉을 보고 보유 여부를 판단한다.
- 하락 중 매수 호가 잔량이 비정상적으로 쌓여 있다면 매도한다.
- 매수 잔량이 비정상적으로 쌓여 있는 경우, 블록 매매를 고려해 잔량이 쌓여 있는 호가 바로 다음 호가에 매수 주문을 낸다.
- 체결 후 곧바로 반등하면 보유하여 수익을 극대화하고, 반등하지 못하면 블록이 아닌 대량매도 출현으로 보고 매도한다.

차트 3-121은 LG화학의 3분봉으로, 시가부터 +5%로 갭상승하여 출발했다. 이후 약간 되밀리긴 했으나 거래량 없이 강세를 유지하고 있다.

—— 3-121

차트 3-122의 호가 잔량을 보면 매수 호가 잔량은 수백 주 단위이고 매도 호가 잔량은 수천 주 단위다. 매수 호가 잔량이 급격히 증가하며 체결량이 많아지지 않으면 이대로 강세를 유지할 것이며, 다음 날도 강세일 가능성이 크다.

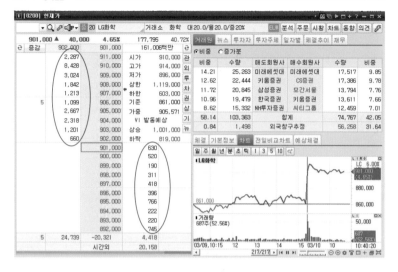

차트 3-123은 풍산의 3분봉이다. 약보합으로 출발하여 -4% 아래로 하락하고 있다. 중간에 거래량이 증가할 때도 음봉이 발생해 장중 추세 전환을 하지 못하는 모습이다.

차트 3-124의 호가 잔량을 보면 매수 호가 잔량은 수천 주 단위, 매도 호가 잔량은 수백 주 단위다. 매수 호가가 탄탄하게 받쳐주고 있다고 해서 더는 하락하지 않을 것으로 생각해선 안 된다. 매수 타이밍은 매수 호가 잔량이 줄어들고 반대로 매도 호가 잔량이 늘면서 주가가 상승 전환할 때다.

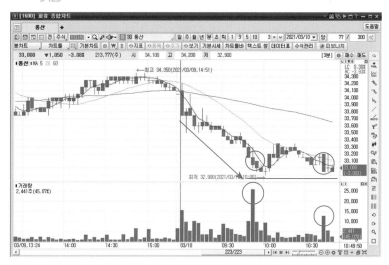

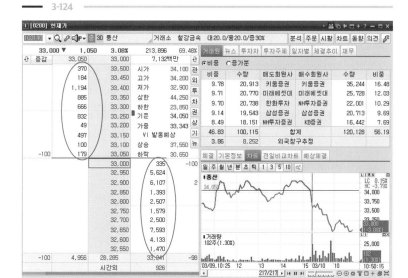

차트 3-125는 율촌화학의 3월 16일 현재가 창이다. 지속적으로 하락해 장중 흐름 ③번 또는 ④번 유형을 만들며 마감할 것으로 보인다. 오후 3시 무렵 매수세가 유입돼 반등하면 ③번 유형이 되어 저가 매수 타이밍인지 판단해야 하고, ④번 유형으로 마감한다면 한동안 쳐다보지도 말아야 한다. ③번 유형이 되려면 매수 호가 잔량보다 매도 호가 잔량이 많음에도 상승으로 전환되어야 한다. 장중 호가 잔량의 흐름을 봐야 한다. 현재는 매수 호가 잔량이 매도 호가 잔량보다 현저히 많은 상태에서 하락하고 있다. 매수 신호가 없다.

3-125

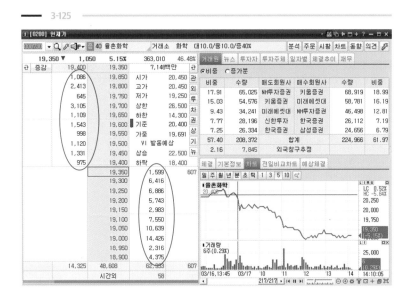

차트 3-126을 보면 전일도 거래량 증가 장대음봉이 나타났고, 오늘도 하락하는데 매수 호가 잔량이 많다. 전형적인 하락 움직임의 상황이다.

3-126

차트 3-127은 코오롱인더의 3월 16일 현재가 창이다. 오전 잠시 하락 후 상승하여 장중 흐름 ①번 또는 ②번 유형으로 마감할 것으로 보인다. ②번 유형처럼 장 막판 하락할 땐 매도 호가 잔량이 없어지면서 하락할 것이다. 현재는 매수 호가 잔량보다 매도 호가 잔량이 현저히 많다. 하지만 주가는 강세를 이어가고 있다. ①번 유형처럼 마감할 가능성이 크다.

차트 3-128을 보면 코오롱인더가 직전 고점, 신고가 돌파에 임박한 상태에서 거래되고 있다. 차트 3-127 현재가 화면에서 매도 호가 잔량이 돌파에 임박하여 많으면 많을수록 강하게 돌파할 것이다. 호가 잔량을 보며 추가 매수 여부를 판단해야 한다.

체결단위의 속도와
타이밍을 활용한 매매

· · ·

거래량은 장중 체결량의 합이다. 앞서 설명했듯이 100만 주 거래량이면 매수 50만 주, 매도 50만 주가 아니고 매수자들이 100만 주를 샀고, 매도자들이 100만 주를 팔았다는 의미다. 따라서 거래량은 가격 움직임의 방향을 결정하는 것이 아니라 매수 및 매도자들이 얼마나 강하게 매수하고자 하는지 또는 얼마나 강하게 매도하고자 하는지의 심리를 나타낸다.

대량거래가 있었다는 것은 매수자와 매도자들 간에 치열한 매매 공방이 있었다는 뜻이고, 방향은 봉의 크기와 색깔로 알 수 있다. 대량거래 장대양봉이면 매수자들이 가격을 급하게 올리면서 샀다는 것이다. 대량거래 장대음봉이면 매도자들이 더 낮은 가격에라도 급하게 팔았기 때문이다. 일봉 차트 기본 화면에는 상단에 봉과 이동평균선이 있고 아래에 거래량이 있다. 이때의 거래량은 장중에는 그 시간까지의 누적 거래량을 의미한다. 그리고 장 마감 후에는 하루의 총 거래량이 된다. 거래량이 적다는 것은 매수자도 적고 매도자도 적다는 뜻이다. 그 종목에 관심을 가지는 사람이 없어 소외됐거나, 너무 많이 올라서 서로 눈치를 보거나, 너무 많이 내려서 팔지도 사지도 못하는 상황이다. 결국 주가 움직임에는 필연적으로 거래량이 발생하고, 대량거래가 발생하면 방향이 결정된다.

거래량은 매번 체결의 합이다. 장중에는 매수·매도자 사이의 거래가 끊임없이 일어난다. 그 단위가 고가주라면 단주 또는 몇십 주일 것이고, 중저가주라면 수천 또는 수만 주일 것이다. 유동성이 없는 주식은 체결의 속도가 늦고 체결단위도 작으며, 시장에서 주목받는 주식일수록 체결 속도가 빠르고 단위도 크다. 어떤 주식은 대주주나 기관 보유 수량이 많아 유통주식수가 적고, 어떤 주식은 총발행주식수의 50% 이상이 하루에 거래되기도 한다. 일봉을 보며 매수 타이밍을 판단할 때는 거래량과 봉을 기준으로 한다(1장에서 설명한 '매수의 세 가지 타이밍'과 '매도의 두 가지 타이밍'을 참고하기 바란다). 그러나 일봉이 다 만들어지고 거래량이 증가한 것을 확인한 후 매매 타이밍을 판단한다면 너무 늦다. 주가가 이미 많이 하락했거나 상승한 이후일 수 있다는 뜻이다. 장중에 거래량이 증가하며 방향이 결정될 때 매매 타이밍을 판단해야 노련한 트레이더가 될 수 있다. 장중 판단의 핵심이 바로 체결 속도와 한 번에 체결되는 수량, 즉 체결단위다.

2장의 '여섯 가지 핵심 개념'에서 움직임과 멈춤, 거래량과 속도를 설명했다. 가격이나 거래량 그리고 호가 잔량의 변화가 빨라야 주가는 더 크게 오르고 수익률도 좋다. 빠르게 움직인다는 것은 체결이 평상시보다 확연히 빠르게 이뤄진다는 것이다. 거래량이 급격히 증가한다는 것은 체결단위가 평상시보다 확연히 증가했다는 것이다. 의미 있는 가격을 돌파할 때 매도 호가에 대량매물이 쌓여 있어야 하며, 빠른 시간에 대량체결로 돌파해야 큰 폭의 상승을 기대할 수 있다고도 설명했다. 장중 매수 타이밍 역시 분봉상으로 하락하던 주가가 체결단위가 급격히 증가하며 빠른 속도로 상승할 때다. 어떤 투자든 매매 타이밍 신호의 출발점은 장중 체결의 속도와 단위다.

평소 보유 주식을 확인할 때 대개는 가격만을 볼 것이다. 좀더 신경 쓴다고 하더라도 일봉 정도를 체크할 것이다. 내 종목이 장중 특정한 가격에서 대량체결이 되었음을 알고 있다는 것은 매우 중요하다. 평소보다 월등히 많은 거래량이 발생할 때 '알림'을 줄 수 있는 시스템을 이용할 수 있다면 금상첨화다. 매수하려고 지켜보고 있는 종목에서 최근 대비 5배, 10배 이상의 거래 체결이 이뤄진다는 사실을 안다면 타이밍을 놓치지 않을 수 있다. 타이밍을 놓쳐서 매수하지 못하거나 매도하지 못하는 경우가 많다. 장중에 실시간으로 알 수 없다고 하더라도 틈틈이 자신의 종목을 확인할 때 체결단위가 급격히 변화한 적이 있었는지를 꼭 확인해야 한다.

⇓↑⇓ 체결단위를 활용한 매매 종목의 **주가 움직임**

① 장중 호재가 발생하든 악재가 발생하든, 주가 방향에 영향을 주는 재료가 발생할 때 체결단위가 증가하고 속도가 빨라진다.

② 일봉에서 매수 제2원칙 또는 제3원칙의 발생하는 날, 매도 제1원칙 또는 제2원칙이 발생하는 날 체결단위가 증가하고 속도가 빨라진다.

③ 체결단위가 급격히 증가하지만 시차를 두고 띄엄띄엄 체결되면 강한 매수 및 매도로 볼 수 없다.

④ 체결단위의 급증은 결국 당일 거래량의 증가로 이어진다. 그러나 대량체결이 연속되지 않고 일시적일 경우, 일봉 거래량에서 최근일 거래량보다 크게 증가하지 않기 때문에 의미 있는 체결이라고 볼 수 없다.

⑤ 체결단위의 수량과 속도로 향후 주가가 얼마나 강하게 상승 또는 하락할 것인지를 판단할 수 있다.

⇊⇡⇊ 체결단위 활용 종목의 **매매 포인트**

⊘ 매매 대상 선정

- 테마나 섹터가 강세일 때는 주도주를 선택한다.
- 전고점, 신고가 등의 돌파가 임박한 종목을 선택한다.
- 해당 주식의 주가 변화가 일어날 수 있는 모멘텀이 발표될 '이벤트 데이'에 가까운 종목을 선택한다.

⊘ 체결단위 증가의 확인

- 평소 체결단위보다 5~10배 이상의 체결단위가 될 때 거래를 준비한다.
- 급증한 체결이 일시적이지 않고 연속적이어야 하며, 중간에 쉬어 가더라도 다음번에는 다시 급증한 체결이 있어야 한다.

⊘ 매수와 매도 대응

- 평소 관심 종목이었다면 체결단위 증가를 보며 추종 매수한다.
- 매수 후 연속적인 대량체결이 없으면 보유하고, 이후 대량체결을 기다린다.
- 기다리는 동안 체결량이 급감하고, 체결 속도도 다시 느려져야 한다.
- 당일 다시 대량체결이 나타나면 추가 매수할 수 있다.

- 당일 대량체결이 이어지지 않으면 일봉을 확인한 후 보유 여부를 판단한다.
- 매수 후 반대로 매도 대량체결이 연속적으로 이어지면, 일봉을 확인한 후 매도를 고려한다.

$\Downarrow\Uparrow\Downarrow$ 실전 **사례**

차트 3-129는 이연제약의 순간체결량을 보여준다. 장중 내내 수십 주 또는 수백 주 단위가 체결되면서 주가 변동이나 거래량 증가 없이 거래됐다. 거래 속도를 보면 1분에 5~6건이 체결되고 있다.

—— 3-129 ——

12시 50분을 넘기면서 체결단위가 천 주 단위로 바뀌고 체결 속도도 1분에 20여 건으로 빨라졌다(3-130). 이는 매수자들이 빠른 속도로 가격을 올리면서 사고 있다는 것이고, 분봉상으로는 거래량 증가 양봉이 만들어진다.

3-130

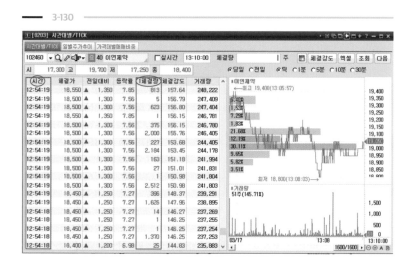

연속적인 매수 진입으로 주가가 오르더니 급기야 12시 56분에는 한 번에 35,185주가 체결됐다(3-131). 일봉상으로 가격이 많이 오른 상태에서 대량거래는 매도 진입이 된 것으로 보고 1차 매도로 판단하는 것과 똑같이, 장중에도 1차 매도하거나 추격 매수하지 말고 관망해야 한다. 이후 이 가격을 다시 돌파할 때가 매수 타이밍이다.

차트 3-132는 앞서 살펴본 12시 50분부터 10여 분의 체결 상황 당시 분봉을 보여준다. 거래량이 급증하며 양봉으로 상승했고, 고점 후

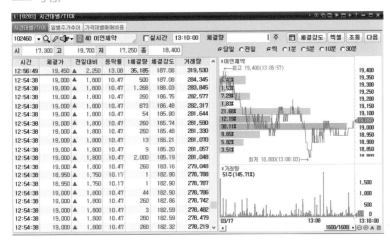

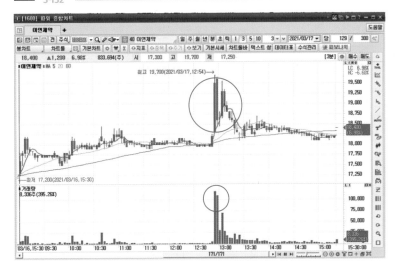

매물이 나와 하락 후 재반등하는 등락이 이어진다. 장대양봉 후 곧바로 거래량 실린 장대음봉이 나타났는데, 이는 단기거래자들의 매도로 볼 수 있다.

차트 3-133은 현대일렉트릭의 순간체결량을 보여준다. 평소 체결단위는 10여 주에서 수백 주 정도다. 체결 강도가 92 수준에서 거래된다는 것은 저가 매수를 하고 있다는 것이다. 체결 강도가 80 이하로 하향하면 가격을 내려서 사고 있다는 뜻이다.

— 3-133

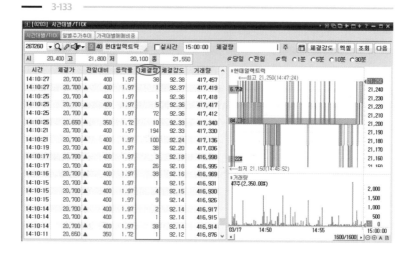

14시 10분경 12,682주가 한 번에 체결된 후 체결단위가 수천 주 단위로 급증했다(3-134). 체결 강도가 100을 넘어 가격을 올리면서 사고 있다는 사실을 확인할 수 있다.

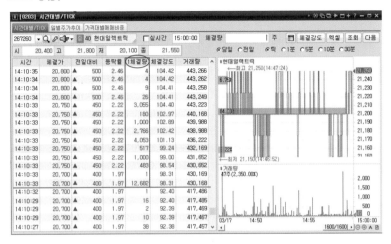

14시 36분 다시 18,951주가 한 번에 체결되며 가격을 올리고 있다 (3-135). 가격 상승 후 쉬었다가 추가 상승을 하고 있는 상황이며 체결 강도는 120을 넘었다.

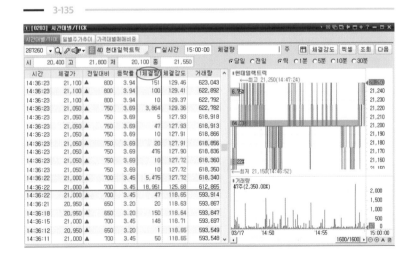

차트 3-136을 보면 장이 끝날 무렵 다시 18,459주, 28,164주가 연속적으로 체결되며 체결 강도가 150을 넘었다. 장중 가격을 올리면서 체결 수량이 증가하고 속도도 빨라짐을 알 수 있다.

3-136

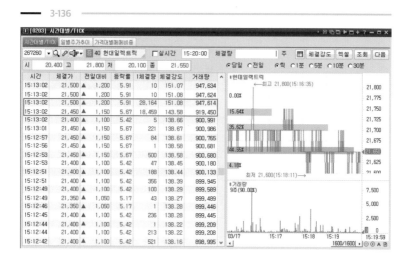

차트 3-137은 앞서 살펴본 14시 10분 이후 주가 움직임을 확인할수 있는 분봉 차트다. 거래량 증가와 함께 상승한 이후 소강상태에 들었다가, 다시 거래량 증가와 함께 상승하기를 반복하고 있다. 특히 조정 구간에서는 체결단위가 감소해 매도세의 진입이 없다는 것을 확인할 수 있으며, 장 마감 무렵까지 거래량이 증가하며 상승하는 모습으로 이후 주가 상승을 기대할 수 있다.

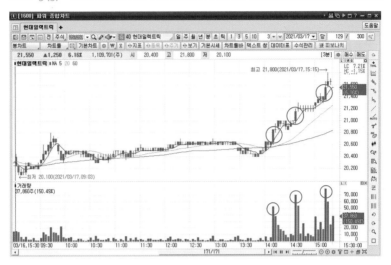

　　차트 3-138은 장중 체결단위의 증가로 인한 분봉의 매수 신호, 장
중 흐름의 매수 신호가 발생한 일봉이다. 직전 장대양봉 시의 거래량
보다 적은 거래량이 다소 아쉽지만, 신고가를 돌파하며 거래량 증가
양봉이 출현했으므로 추가 상승을 기대할 수 있다.

　　차트 3-139는 현대일렉트릭의 주봉이다. 직전 두 번의 고점을 돌
파하는 모습으로, 이후 거래량이 더 크게 증가해야 한다. 이 종목의
매매는 돌파 시의 타이밍 포착법으로 판단해야 한다.

차트 3-140은 현대일렉트릭의 월봉이다. 일봉과 주봉에서는 신고가를 형성하며 전고점을 돌파했다. 돌파 시 거래량이 크게 증가했으며, 이후 상승 여력이 크다는 것을 확인할 수 있다. 월봉상으로는 이제 저점에서 추세 전환을 시도하고 있다. 이렇게 장기 하락한 종목의 저점 매수라고 하더라도 장중 타이밍이 얼마나 중요한지를 알 수 있을 것이다. 또한 장중 체결단위의 변화가 매매 타이밍의 기본이며 시작이라는 것도 잘 알 수 있을 것이다.

3-140

공매도의 업틱룰 매도 잔량을
활용한 매매

• • •

공매도(정확히는 대차한 주식의 대주매도)는 잘 알고 있을 것이다. 해당 주식을 보유하고 있지 않은 투자자가 그 주식을 보유한 투자자로부터 주식을 빌려서 매도하고 주가가 하락할 때 다시 매수하여 시세차익을 추구하는 거래를 말한다. 상장을 함으로써 기업이 자금을 조달해 사업 성장을 추구하는 주식시장 본연의 기능과는 달리 유통시장에서의 시세차익 추구, 위험을 헤지하는 투자 방법론의 기능이 더 크다.

　여하튼 여기서는 공매도의 순기능과 역기능을 설명하려는 것은 아니다. 매매 타이밍을 선정하는 데, 특히 장중 매매 타이밍을 선정하는 데 공매도 세력의 움직임을 어떻게 이해해야 하는지를 설명하고자 한다. 앞의 '호가 잔량의 역해석을 활용한 매매'에서 호가 잔량을 이용한 매매 타이밍을 설명했기 때문에 자칫 공매도 세력의 호가 잔량과 혼돈을 빚어 큰 낭패를 볼 수 있으므로 주의해야 한다.

알다시피, 시황이 약세일 때는 공매도로 인한 수급 왜곡으로 주가가 비정상적으로 하락하는 사례가 많다. 이른바 공매도 세력에 의한 '거짓 악재 루머'로 주가가 정상적인 흐름에서 벗어나 거래되기도 한다. 이런 문제점을 보완하기 위해 '업틱룰'이라는 제도가 시행되고 있다. 업틱룰이란, 쉽게 말해 공매도하는 투자자는 호가를 아래로 내려 매도하지 못하게 하는 제도다. 시황이 약세일 때 공매도 측이 매도 호가를 계속 내려가면서 매도할 수 있다면 하한가까지 급락하는 주식이 부지기수일 것이다. 그런 사태를 막고자 공매도는 매수 호가에 매도하지 못하게 하고, 가장 낮은 가격을 매도 1호가로 제한하고 있다. 즉 주가를 아래로 내려서 매도하지 못하고 호가창에 보이는 호가 잔량 중 매도 호가에만 공매도 주문을 할 수 있는 것이다.

시황의 급격한 악화, 개별 주식의 악재 발생, 향후 주가 하락 예상, 롱숏펀드의 숏 대상 같은 이유로 공매도 세력이 매도할 때 업틱룰에 의해 매도 1호가에 매도 잔량이 대량으로 쌓이는 것을 볼 수 있다. 이 때는 주가가 하락하면 호가가 바뀌고 바뀐 호가를 따라 매도 잔량이 아래로 내려오면서 쌓인다. 일회성 매도가 아니라 호가를 따라 변경

되면서 매도 잔량이 쌓인다면 프로그램에 의한 공매도일 가능성이 크다.

업틱룰 매도 잔량을 활용한 매매 종목의 **특징**

① 매도 1호가에 대량매도가 쌓여 있다가, 가격이 하락하면서 호가가 바뀌면 그 매물도 따라서 바뀐 가격의 매도 1호가로 변경된다.
② 매수세에 의해 거래가 체결됐는데도 잔량이 줄어드는 것이 아니라 추가 매도 주문으로 수량이 점차 늘어난다.
③ 매수세에 의해 거래가 체결될 때 매도 주문이 취소되지 않고 그대로 유지된다.

업틱룰 매도 잔량 활용 종목의 **매매 포인트**

• 보유 종목이 공매도 대상이 되어 강력한 매물이 나온다는 점이 확인되면 매도해야 한다.
• 만일 매수자들에 의해 거래가 체결되는 경우, 빠르고 강한 매수 유입으로 체결되어야 한다. 시간을 두고 천천히 체결되면 결국 다시 하락한다.

- 공매도 세력의 강력한 매물이 업틱룰에 의해 쌓여 있는데 그 매물이 한 번의 체결로 소화될 경우, 즉 한 매수 주체가 매수하는 경우에 매수를 준비한다. 추가 매물 역시 빠른 시간에 대량체결이 발생하면 공매도 세력에 대항하는 매수 세력이 진입한 것이다.
- 매수 후에는 공매도 세력과 매수 세력 간의 싸움을 관찰하여 이기는 쪽을 추종해야 한다.
- 공매도 주체와 매수 주체들이 누구인지도 체크한다.

실전 사례

다음의 화면들은 공매도 세력이 메디톡스 종목의 매도 우선호가에 잔량을 쌓는 것을 캡처한 것이다. 주가 하락과 함께 공매도 매물이 변화하는 과정을 캡처했는데, 주가가 하락하면서 호가가 바뀌면 공매도 수량을 매도 우선호가로 정정하면서 지속적으로 공매도하는 것을 볼 수 있다. 가장 전형적인 공매도와 업틱룰의 모습이다. 현재가 화면에서 몇 분 동안의 흐름을 보면 주가가 하락하여 호가가 바뀌는 것을 좇아가면서 대량매도 주문이 연동하는 것을 볼 수 있다.

차트 3-141에서는 플러스권에서 거래되던 주가가 대량매도가 나오면서 급격히 하락하고 있다. 9시 41분 610,400원과 610,500원에 948주, 379주의 매도 잔량이 쌓여 있다. 고가주로 평균 체결단위가 단주 또는 10여 주이므로 강한 매물이다. 매도 주체는 우측 '매도거래원'에서 볼 수 있듯이 외국인으로 추정할 수 있다.

3-141

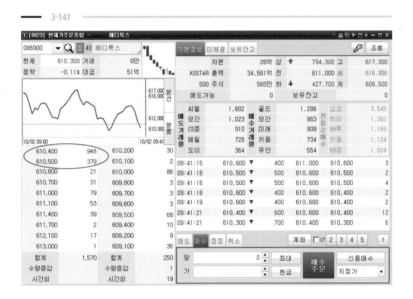

9시 42분 주가가 610,000원 아래로 하락하자 공매도 잔량이 606,400원에 1,581주로 바뀌었다(3-142). 물론 일부 체결은 됐겠지만, 기존 매도 수량과 추가 매도 수량이 합쳐지면서 공매도 수량이 많아졌다.

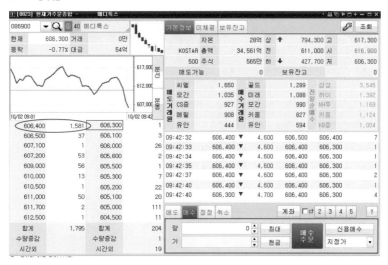

9시 43분 추가 하락하며 호가가 다시 바뀌면서 공매도 잔량이 매도 1호가로 바뀐 것을 볼 수 있다(3-143).

이런 강력한 공매도는 대개 대형 롱숏펀드나 외국인들에 의해 발생하는데, 강력한 공매도 세력이 진입한 주식은 쉽게 반등하지 못한다. 차트 3-144의 일봉을 보면 600,000원대 초반부터 공매도 세력이 매도하기 시작해 지속적으로 매도함으로써 376,000원까지 무려 -62%나 하락했음을 수 있다.

공매도하는 주식은 악재가 발생하면서 이후 급락하는 경우가 많다. 그러나 우리는 강력한 공매도의 진입으로 주가가 하락한다는 것은 알지만 그 이유는 적시에 모를 수 있다. 실적 악화로 인한 숏 플레이인지, 악재 출현을 미리 감지한 공매도인지, 고평가라고 판단한 공

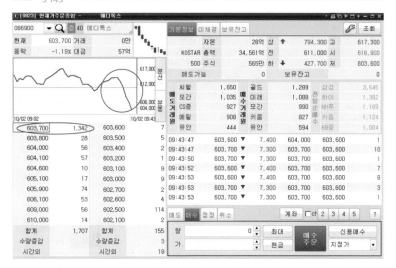

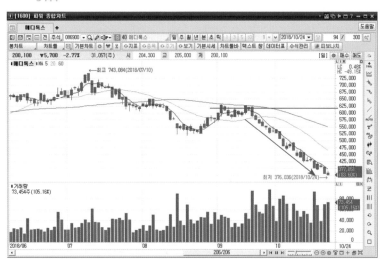

매도인지 말이다.

어떤 이유든 강력한 공매도의 타깃이 되는 경우 주가는 한동안 매도세에 의해 하락한다. 따라서 보유 종목이 공매도 대상이 됐는지를 늘 체크해야 한다. 결제가 된 이후에는 공매도 금액과 수량을 HTS에서 확인할 수 있지만, 이틀 후이므로 이미 주가가 하락한 상태일 것이다. 당일 공매도 세력의 진입을 확인할 수 있어야 한다.

또한 더불어 공매도하고자 한다면 우선 해당 주식을 빌려야 한다. 우리나라는 '무차입 공매도'는 불허하기 때문이다. 공매도를 위해 미리 주식을 빌리는 거래를 '대차거래'라고 하는데 이 역시 HTS에서 제공된다. 장중에 '업틱룰'로 의심되는 대량매도가 있을 경우 공매도 세력이 진입했음을 인지할 수 있다. 또한 대차 거래량이 급증한다면 향후 공매도 세력의 진입 가능성도 인지할 수 있다.

차트 3-145에서 대차 잔고 수량을 보면 40만 주 전후임을 알 수 있다. 총발행주식이 590여만 주인 것을 고려하면 7% 수준의 주식을 누군가가 이자를 주고 빌려 간 것이다. 빌려 간 주식이 모두 공매도로 나오는 것은 아니다. 그러나 고율의 이자를 주면서까지 주식을 빌려 갔다면 더 큰 수익을 내기 위해 투자를 한 것이다. 공매도뿐만이 아닌 ETF와 연계된 '시장조성' 롱숏펀드들의 바스켓 등 여러 이유가 있을 것이다. 기본적으로, 주식을 빌려 갔다는 것은 언제든 공매도로 시장에 나올 수 있는 매물이라고 판단하고 주의해야 한다.

차트 3-146에서 거래원과 공매도 수량을 알 수 있다. 주가가 지속적으로 하락하는 기간에 하루 거래량과 공매도 수량을 비교해보면, 공매도 비중이 10~20%에 육박하는 날이 많다는 걸 알 수 있다. 장중 시세 움직임에서 주가는 매수·매도의 수급에 의해 결정된다. 공매도 비중이 하루 거래량의 10% 이상 되는 주식이 상승하기란 쉽지 않다.

공매도에 의한 매도 호가 잔량과 호가 잔량의 역해석을 이용한 거래에서의 호가 잔량을 구분할 수 있어야 한다. '호가 잔량의 역해석을 활용한 매매'에서 주가가 상승할 때 매도 호가 잔량이 월등히 많거나 주가가 하락할 때 매수 호가 잔량이 월등히 많을 때 호가 잔량의 반대 방향으로 주가가 움직일 가능성이 크다고 설명했다. 이것이 호가 잔량의 '역해석'이다. 하지만 공매도의 업틱룰에 의해 매도 호가 잔량이 많은 상황은 당연히 '순해석'을 해야 한다. 업틱룰에 의한 대량매도 호가 잔량은 강력한 매도 주체들이 진입했다는 뜻이므로 매수해

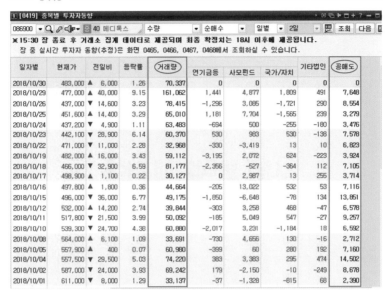

서는 안 된다. 공매도 세력이 차익실현을 하거나 그들보다 더 강력한 매수 주체들이 진입할 때까지는 매수하지 말아야 한다.

간혹 숏커버(공매도 세력이 다시 매수하는 것)를 연구하여 매수 타이밍으로 보는 투자자들도 있다. 숏커버도 일시에 대량거래로 발생한다면 매수 타이밍으로서 의미가 있다. 그러나 간헐적으로 분할 매수하면서 커버링하는 경우는 조심해야 한다. 많은 데이터를 통해 유의미한 신호가 도출되어야 할 것이다.

시장 움직임에 따른
지수 ETF 매매

• • •

앞에서 '지수 움직임을 이용한 매매'를 설명했다. 개별 종목과 지수 연동 매매에 대한 내용이다. 여기서는 지수 차트를 좀더 길게 분석하여 저점과 고점을 판단하고, 지수 ETF 매매를 설명할 것이다. 더불어 변동성이 큰 시장에서 지수 움직임에 판단의 근거를 주는 차트들을 보며 지수 ETF의 단기매매를 설명하고자 한다.

지수의 차트 분석은 개별 종목의 분석보다 좀더 쉽고 간단하다. 개별 종목은 주가 변동성이 너무 크고 예상치 않은 변수들이 짧은 시간에 빈번히 발생하는 반면, 반면 시장 전체의 흐름은 비교적 긴 시간 동안의 변수를 반영하며 소소한 변수들에 크게 영향을 받지 않기 때문이다. 대세 상승과 대세 하락이라는 표현을 쓸 수 있는 이유다. 그러나 시황 판단을 위한 글로벌 거시 환경을 분석하자면 굉장히 복잡하고 어렵다. 그래서 많은 투자자가 '시황은 모른다'라고 전제하고 투자한다. 시황 판단의 가장 근본적인 변수는 채권 시장(금리), 부동산 시장, 물가(인플레이션), 환율과 유동성이다. 우라가미 구니오는 『주식시장 흐름 읽는 법』이라는 저서를 통해 경기 사이클에 연동되는 금리 정책의 변화로 시장의 대세 흐름을 설명했다. 그에 비해 차트를 통해 시장의 고점에서 매도 타이밍을 판단한 제시 리버모어나 시장의 추세 상승을 이용하여 투자한 윌리엄 오닐 등은 시장참여자들의 심리가 투영되어 있는 차트 분석으로 훌륭한 성과를 이루어냈다.

ETF에 대해 간단히 설명하고 넘어가겠다. 지수 연동형 ETF는 KOSPI200, KOSDAQ150과 같은 특정 지수의 수익률을 추종할 수 있도록 설계된 펀드, 즉 인덱스펀드와 뮤추얼펀드의 특성을 결합한 상품이다. 인덱스펀드와는 달리 거래소에 상장되어 있어서 일반 주식처럼 자유롭게 사고팔 수 있다. 거래는 주식처럼 하지만 성과는 펀드와 같은 효과를 얻는다. 주식과 펀드의 장점을 혼합한 하이브리드 타입 투자 상품이다. ETF는 중도해지 수수료가 없고 운용수수료 역시 낮다. 주식처럼 분산 투자도 가능하기에 개인 투자자가 큰 비용을 들이지 않고도 전체 시장 및 특정 섹터에 다양하게 투자할 수 있다는 장점이 있다. ETF 시장은 지속 성장하여 지수 연동 ETF뿐 아니라

KOSPI200 레버리지 ETF, 지수역행 ETF, 통화 ETF, 상품 ETF 등 다양한 신종 ETF가 만들어져 거래되고 있다.

ETF의 장점은 양방향성 투자가 가능하다는 점이다. 추종하는 지수가 상승하든 하락하든 투자할 수 있는 ETF가 있기에 적절하게 양방향으로 투자할 수 있다. 이것은 개인 투자자들에게 가장 큰 장점이다. 과거엔 시장 하락기에 투자할 대상이 없었다. 주식은 공매도가 아닌 이상 상승에 베팅해야 수익이 나는 구조이기 때문이다. 이제는 누구나 시장 하락기엔 인버스 ETF에 투자하여 수익을 추구할 수 있다. 투자 분야도 다양하다. 국가별·원자재별·산업별·금융별 다양한 상품이 있을 뿐 아니라 추종 방식에 따라서도 다양한 투자 분야가 있다. 개별 주식의 움직임보다 안정적인 섹터 ETF를 분석해 투자할 수 있게 된 것이다. 거래도 자유롭다. 거래소에 상장되어 있기에 주식처럼 내가 원하는 시점에 언제든 사거나 팔 수 있다.

앞서 개별 주식의 차트 분석보다는 지수 차트 분석이 쉽다고 했다. 지수 차트 분석으로 지수 ETF를 거래하면 된다. 또한 ETF에도 각각의 대세 상승기에 적합한 주도 섹터가 있다. '주도 섹터의 어떤 주식에 투자할 것인가, 그 주식의 차트 분석과 매매 타이밍 판단은 어떻게 할 것인가' 보다는 ETF의 차트 분석이 상대적으로 쉽다. 지수 차트처럼 업종별·섹터별 차트가 제공된다. 중장기 관점의 고점과 저점 또는 단기매매 타이밍을 분석하여 해당 ETF를 거래한다면 개별 종목을 거래할 때보다 안정적이며 성과 역시 좋을 것이다.

⇩↑⇩ 시장 움직임에 따른 지수 ETF 매매의 **핵심**

① 코스피, 코스닥 등 지수의 고점과 저점을 판단할 때는 헤드앤숄더 패턴 등을 활용한다. 단기에 추세의 변화가 발생하는 것이 아니므로 좀더 긴 흐름으로 분할 매수 또는 분할 매도한다.

② 업종 및 테마 ETF는 해당 섹터의 차트를 이용하여 매수 제1·2·3원칙의 신호, 매도 제1·2원칙의 신호를 활용한다. 업종이나 테마의 추세 흐름은 3~6개월 이상 유지된다는 특징을 고려하여 너무 빨리 매수하거나 매도하지 않는다.

③ 지수의 단기 변동성을 이용한 ETF 거래를 할 때는 단기 수급에 영향을 주는 변수들을 절대적으로 따른다. 지수가 단기 상승 흐름이라면 어떤 주체가 시장을 끌어올리는지, 파생상품과 연동된 프로그램 매매가 어떤 상황인지 등을 파악하여 거래한다.

④ 지수 고점에서 주도 섹터 및 주도주의 차트를 크로스체킹한다. 특히 테마나 업종의 추세 흐름에서는 주도 종목의 추세 전환이 중요한 판단 요소다.

⑤ ETF는 추적오차와 괴리율이 있을 수 있다. 또한 만기 롤오버 비용으로 인해 기초자산의 수익률과 ETF의 수익률 간에 오차가 발생할 수 있다. 특히 상품을 기초지수로 하여 만들어진 ETF의 경우 기초상품의 가격이 상승해도 ETF의 기간수익률이 그에 미치지 못할 수 있다. 그런 경우에는 만기 구간별로 끊어서 거래하

는 것이 유리하다.

⇓⇑⇓ 실전 **사례**

차트 3-147은 코스피의 일봉이다. 2019년 12월 왼쪽 어깨를 만들었
고, 2020년 1월 머리와 2월 오른쪽 어깨를 만들면서 헤드앤숄더 패
턴을 완성해 급락했다. 급락 시점의 지수는 2002포인트였다. 이후
3월에 1439포인트까지 급락했다. 물론 이때는 코로나19로 전 세계
시장이 급락한 시점이다.

　그런데 글로벌 시황을 판단하는 거시 환경으로 이때 하락을 설명

3-147

할 수 있었을까? 하락 위험을 사전에 또는 진행 중에 판단하고 매도할 수 있었을까? 아마 그럴 수 없었을 것이다. 그러나 기술적 분석으로 판단한 투자자는 이후 급락을 예상하고 대처할 수 있었을 것이다. 즉, 지수 인버스ETF 거래를 하는 것이다.

차트 3-148은 코스닥의 일봉 차트다. 자세히 보면 헤드앤숄더형이 완성된 것을 알 수 있다. 2021년 1월 26일 고점이 머리이고, 2월에 오른쪽 어깨를 만든 후 하락했다. 오른쪽 어깨에서 거래량이 증가하긴 했지만 전고점 돌파에 실패하고 큰 폭으로 하락한 후 반등하고 있다. 주봉에서 이런 패턴이 나왔다면 오랫동안 하락 조정을 할 것이다. 따라서 지금 반등하고 있는 힘이 직전의 오른쪽 어깨 고점을 거래량 증

3-148

가로 상향 돌파하지 못한다면 시장은 힘없이 긴 박스권 또는 주봉의 하락으로 이어질 수 있는 중요한 구간이다. 이런 구간에서는 매수나 매도 신호가 없으므로 지속적으로 관찰한다. 그리고 이후 방향이 잡히면 그 방향대로 ETF 거래를 한다.

차트 3-149는 나스닥종합지수 일봉이다. 코스닥과 마찬가지로, 일봉상에서 추세 상승 중 헤드앤숄더를 만들고 급락 후 반등하고 있다. 나스닥 역시 이 지점에서 돌파 여부를 관망한다. 만일 되돌림 하락이 있다면 직전 저점으로부터 반등한 폭의 50%를 넘지 않는 하락이어야 한다. 만일 그 아래로 하락하면 중기 하락 추세로 전환될 수 있다.

3-149

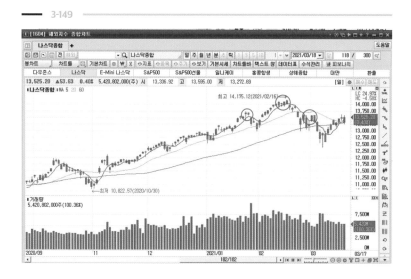

차트 3-150은 코스피지수 일봉이다. 2021년 1월 11일 역사적 신고
점을 경신한 후 하락 조정 중이다. 1월 11일 하단의 거래대금을 보면
직전의 거래대금을 월등히 능가해 단기 상투의 모습을 보였다. 거래
량과 거래대금을 함께 보는 이유는 저가주의 대량거래로 왜곡 현상
이 있을 수 있기 때문이다.

—— 3-150 ——

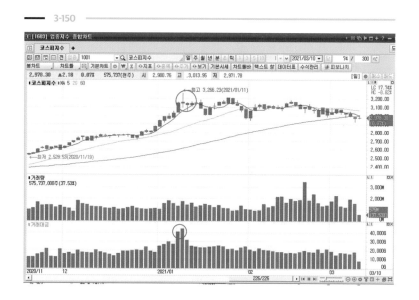

차트 3-151은 삼성전자의 일봉이다. 1월 11일 고점을 찍고 하락 조
정을 받고 있다. 코스피 단기 상투와 같은 날 대량의 거래량과 함께
매도 제1원칙의 신호를 주었다. 코스피와 삼성전자를 크로스체킹하
면 단기 고점 신호라는 사실을 알 수 있다. 전형적인 인버스 ETF의
1차 매수 신호다. 이후에는 매도 신호나 매수 신호가 없다.

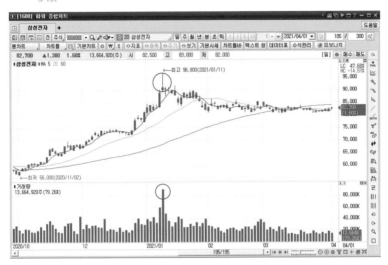

차트 3-152는 코스피지수의 주봉이다. 일봉에서 단기 고점 신호를 주었지만 주봉에서는 매도 신호가 없다. 결국 단기 상투이고 중기 추세는 여전히 상승 추세의 연속임을 알 수 있다. 따라서 인버스 ETF를 매수했다고 하더라도 추가 매도는 할 수 없는 상황이다.

차트 3-153은 E-나스닥선물 5분봉이다. 3월 8일에 나스닥은 2.4% 급락했으며 시간외거래에서도 하락했다. 나스닥선물의 시간외거래 흐름은 우리 시장에 영향을 준다.

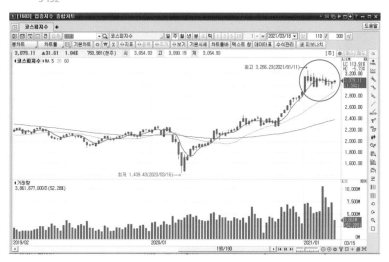

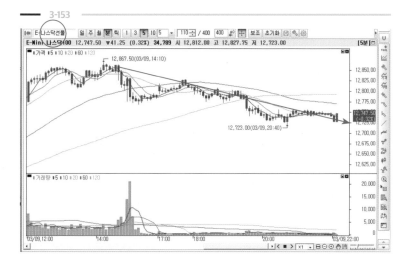

전일 나스닥 급락 그리고 우리 시장의 장중 나스닥선물 하락과 연동돼 코스피200 선물이 하락하고 있다(3-154). 추세적으로 하락 중이며, 반전할 수 있는 매수 신호도 없다.

3-154

지수의 하락으로 지수 레버리지 ETF가 장중 내내 하락하고 있다(3-155). 지수는 장중 0.6~0.8% 수준으로 하락했지만 레버리지 ETF는 2배수로 1.5%의 하락을 보이고 있다. ETF는 장중 매도 지속이며 매수 신호가 없다.

차트 3-156은 지수와 반대로 움직이는 인버스 ×2 ETF 일봉이다. 지수 하락의 반대로 2배 상승의 움직임을 보이며 1.5% 수준으로 상

승하고 있다. 지수와 반대로, 장중 거래 실린 음봉 등의 매도 신호 없이 추세적으로 상승하고 있다.

차트 3-157은 프로그램 매매동향을 보여준다. 최근일 시장 하락의 수급 주체가 외국인에 의한 비차익 프로그램 매도임을 알 수 있다. 3월 1일부터 10일간 무려 2조 원에 가까운 프로그램 매도 물량이 출회됐다. 코스피 현물 시장에서 강력한 매수 주체가 없는 가운데 비차익 프로그램 매도가 시장을 끌어내리고 있는 것이다.

— 3-157

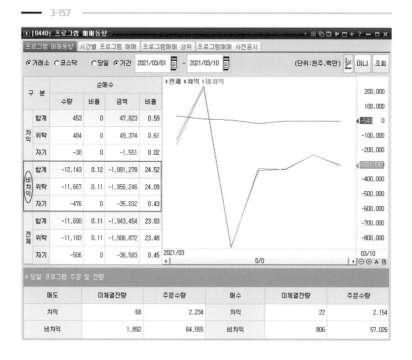

장중 내내 비차익 매도가 늘어나며 시장이 반등을 못 하고 있다(3-158). 이런 날은 비차익 매도가 줄어드는 것이 반전의 신호다. 오히려 다시 매수하기 시작하면 시장은 급격히 반등할 것이다. 그 시점을 판단하기 위해 장중 프로그램 매매 추이를 살펴본다.

3-158

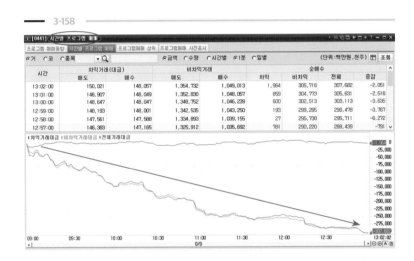

차트 3-159를 보면, 시장이 끝나갈 무렵까지 비차익 매도는 줄어들지 않고 오히려 늘어나고 있다. 이런 날은 반등이 쉽지 않다.

차트 3-160은 코스피 선물 3분봉이다. 3월 11일 코스피 선물이 반등하고 있다. 당연히 지수도 상승할 것이다. 이날 코스피 종가는 1.88%나 상승하여 마감했다. 특별히 달라진 시황은 없다. 수급적 이유다.

차트 3-161은 3월 11일 비차익 프로그램 매수의 추이를 보여준다. 오전부터 매수세가 급격히 진입한 후 줄어들지 않고 꾸준히 유입되고 있다. 결국 시장 상승의 중요한 수급 주체가 됐다.

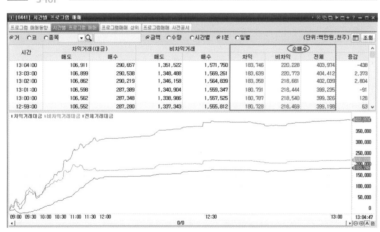

HTS 검색 기능 활용과
OPEN API

● ● ●

증권사 HTS에는 주문 및 자금 이체 기능 외에 투자에 도움이 되는 많은 기능이 있다. 그중 조건 검색은 나날이 발전하고 있는 알고리즘 매매의 기초가 된다. 알고리즘 매매를 전문으로 하는 외국인들의 규모가 조 단위를 넘어서고 있다. 모 증권사에 연결된 알고리즘 매매 팀만 해도 1,000곳이 넘는다고 한다.

전통적인 알고리즘 매매를 하는 기관 외에도 개인 전문 투자자들이 자신들의 매매 노하우를 검색식으로 만들어 주문까지 연결하여 사용하고 있다. 가치 분석의 빅데이터를 이용한 알고리즘 매매는 오래전부터 운용사들이 이용해오고 있다. 자동매매를 구현한 대부분 방식은 기술적 분석에 의한 검색식 매매다.

각 증권사는 OPEN API 서비스를 제공하고 있다. 누구나 사용할 수 있는 공개된 서비스로, 투자자는 자신이 만든 알고리즘을 증권사 모듈에 연결하여 매매한다. 단순히 매매 노하우를 이용하여 알고리즘을 개발하고자 하는 투자자는 운용 체계의 상세한 기능은 몰라도 HTS에 공개된 검색식과 시세를 이용하여 자신만의 매매 시스템을 만들 수 있다.

예컨대 당신이 매매를 통해 알게 된 매수 및 매도 시그널을 단순화하여 검색식으로 만들 수 있다면 자동매매까지 연결할 수 있다. 굳이 시세를 보며 매매하지 않아도 시스템이 매매하게 할 수 있는 것이다. '돈만 넣어두면 자동으로 매매하여 수익을 주는 시스템', 정말 환상적이지 않은가?

많은 공학도와 트레이더들이 꿈꾸는 알고리즘 자동매매의 툴은 이미 상용화 단계에 들어섰다. 문제는 '수익이 나는 알고리즘을 만들 수 있는 투자 전략과 노하우'일 것이다. 이 책에서는 각각의 매매 방식에서 어떤 점이 핵심이고 시그널이 무엇인지를 정리해두었다. 이 개념을 바탕으로 당신도 어떤 경우를 매수 및 매도 신호로 삼을지 결정하고 정형화하여 알고리즘을 만들어 백테스트해보길 바란다. 결과가 좋으면 그 신호에 자동 주문을 연결하면 된다.

차트 3-162는 HTS에서 디폴트로 제공되는 1-2-3-4's 전략을 이용해 검색해본 화면이다. 왼쪽 하단에 설명이 나와 있다. 급등락하던 주식이 3일 정도의 조정 후 다시 원래의 추세로 복귀하려는 종목을 검색하는 것이다.

3-162

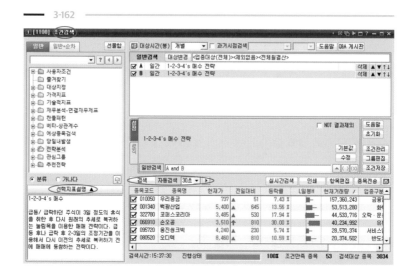

검색된 종목 중 손오공이란 종목의 차트를 보니 급등 후 조정했다가 다시 상승하는 패턴이다(3-163). 기존에 제공된 전략식이라고 하더라도 변숫값을 조정할 수 있다. 변숫값을 조정하면서 백테스팅하여 가장 확률이 높은 변숫값을 전략으로 지정하는 것이다. 전략에 대한 신뢰가 높다면 자동 주문과 연결하여 사용할 수 있다.

3-163

단기거래자들은 장중 변동성이 큰 주식을 선택해야 한다. 그중 상승 변동성이 큰 주식이면 좋다. 차트 3-164에서 보여주는 화면은 장중 당일 고가를 돌파하는 주식을 리스팅해준다. 오후에 이 화면을 이용하면 장중 흐름 ①번과 ③번 유형을 골라낼 수 있다.

차트 3-165를 보면, 장중 고가를 돌파하며 상승했기에 일봉상으로는 양봉을 만들고 있다. 그런데 오전이나 점심 때쯤 검색한 종목일 경우 오후 장 마감 무렵 다시 하락하여 장중 흐름 ②번 유형이 될 수 있다. 따라서 오후 2시 이후 검색한 뒤 거래하는 것이 유용하다.

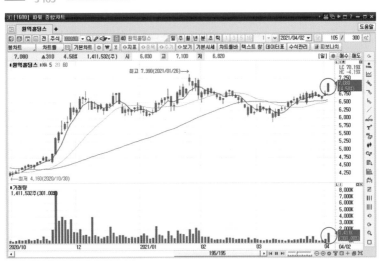

차트 3-166은 추세 패턴을 검색할 수 있는 화면이다. 기본으로 제공되는 패턴을 사용할 수도 있고 자신이 그림을 그려서 사용할 수도 있다. 긴 횡보 후 상승하는 패턴을 그려 검색해봤다. 하단에 그 패턴에 속하는 종목이 도출되고, 맨 오른쪽에서 검색된 종목의 일봉을 확인할 수 있다.

───── 3-166 ─────

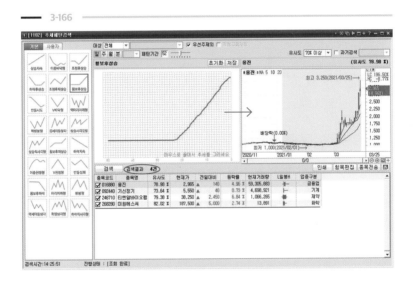

차트 3-167은 검색된 종목 중 대원에스씨의 일봉이다. 긴 횡보 끝에 거래량이 급증하며 상승하고 있다. 이런 종목을 검색했다면 매수 제1원칙의 신호로 거래 준비를 한다. 자동매매를 구현할 경우에는 긴 횡보 끝에 거래량 급증 양봉이 나오는 첫날 매수 신호로 활용할 수 있다.

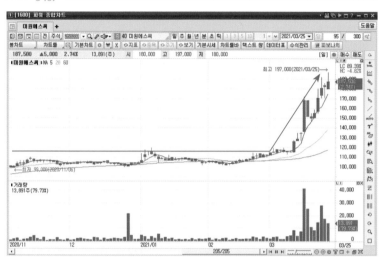

　　차트 3-168에서는 하락하던 주식이 반등을 시도하는 패턴을 검색했다. 바닥권에서 반등을 시도하는 종목을 찾아낼 수 있다. 이때 반등이 강해 추세 전환이 될지 어떨지는 거래량과 양봉의 크기로 판단한다.

　　차트 3-169는 한국사이버결제의 일봉으로, 급락 후 반등 시도를 하고 있다. 반등 시도 초기에 거래량과 양봉의 크기가 지정한 신호를 충족하면 매수 신호로 사용할 수 있다. 3월 18일 1차 매수 신호가 발생했으며, 이후 매도 신호는 없었다. 이후 재차 거래 증가 양봉이 출현하면 2차 매수 신호로 활용할 수 있다.

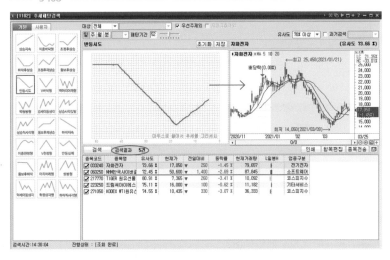

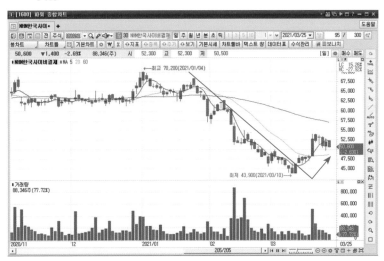

차트 3-170에서는 상승하다가 약간 깊은 조정 이후 다시 상승을 시도하는 패턴을 그려봤다. 즉 '컵위드핸들(손잡이 달린 컵)' 패턴이다.

—— 3-170

차트 3-171은 주성엔지니어링의 일봉으로, 2단계 상승 후 추세를 이탈하여 하락한 후 상승을 시도하고 있는 모습이다. 이렇게 직전 고점 근처까지 상승하며 '컵위드핸들'의 컵이 완성됐다. 컵이 완성된 후에는 대부분 손잡이 모양의 조정 하락을 한다. 거래량이 감소하며 조정을 받은 후 거래량 증가와 함께 상승을 시도할 때가 최적의 매수 타이밍이다.

차트 3-172는 신호설정을 할 수 있는 화면을 보여준다. 기본으로

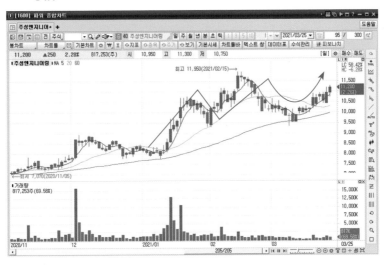

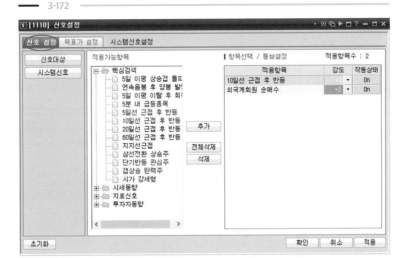

제공되는 검색식을 이용할 수도 있지만 앞서 살펴본 여러 검색식과 변숫값을 변경하거나 추세 패턴, 장중 등락 등을 이용하여 시스템을 만들 수 있다.

검색식의 조합을 시스템으로 만들어두면 해당 검색식에 부합하는 종목이 나타날 때 신호를 준다(3-173). 검색식이 복잡하면 신호 발생 종목이 줄어들 것이다. 여러 검색식의 조합을 바꿔보면서, 그 결과로 도출된 종목이 매수 신호로 적합하면 자동 주문과 연결한다. 매도 주문은 신호를 통해 만들 수도 있고, 가격 움직임에 따라 트레이딩 매도로 만들어 사용할 수도 있다.

3-173

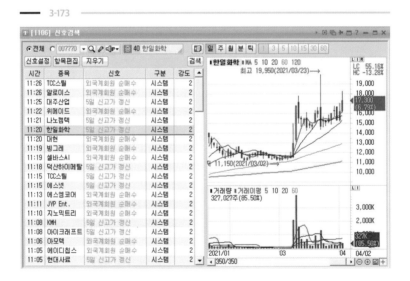

상단에 특정한 주식의 차트를 보면서 현재 자신이 원하는 구간과 똑같은 상황으로 움직이고 있는 종목을 검색할 수 있다(3-174). 과거에 상승이었든, 하락이었든, 눌림목이었든 원하는 구간을 드래그하면 현재 같은 차트를 만들고 있는 종목이 리스팅된다. 리스팅된 종목 중 진성티이씨 차트를 열고 눌림목 상황을 드래그해봤다.

3-174

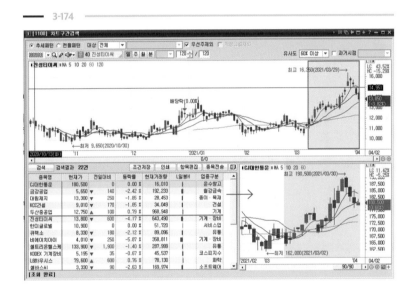

진성티이씨의 눌림목을 드래그했더니 두산중공업이 상승 중 눌림목 상황에서 검색됐다(3-175). 진성티이씨와 주가의 위치는 다르다. 좀 더 길게 드래그했다면 검색되지 않았을 것이다. 기간과 주가 움직임이 나타나고 있는 차트의 상황을 똑같이 찾아낼 수 있으므로 자신이 원하는 종목을 찾아낼 수 있다. 급락하여 바닥권이든, 급등하여 신고

가든, 눌림목이든 과거 그와 같은 상황과 똑같은 현재의 차트를 찾을
수 있다.

지금까지 HTS에서 제공되는 기본적인 검색 기능을 소개했다. 주
가는 기업 가치를 반영하며 움직인다. 단기적인 모멘텀 역시 주가에
즉각적으로 반영된다. 역으로 생각하면, 주가의 움직임을 관찰하면
기업 가치나 모멘텀의 변화를 인지할 수 있다는 얘기가 된다. 차트가
우하향한다는 것은 가치를 훼손한 어떤 이유가 있다는 것이다. 차트
가 우상향한다는 것은 가치 증가의 이유를 반영하는 한편 시장참여
자들이 매수하고 있기 때문이다.

3-176

[1] [0227] 섹터분석(먼포스탁)

섹터항목	등락률	상승	하락	기간수익률
제이이동통신	0.33	2	3	25.17
캐릭터상품	0.84	2	4	19.02
코로나19(모더나)	6.38	6	1	18.79
리모델링/인테리	0.22	11	12	16.31
테마파크	-2.99	2	4	16.04
코로나19(진단키	1.70	23	12	13.57
백신/진단시약/항	2.05	33	10	13.06
2차전지(생산)	5.39	3	0	12.12
코로나19(진단/치	2.28	52	18	11.98
페인트	1.01	3	5	11.87
코로나19(치료제/	3.06	24	5	11.56
조립사업	-0.05	6	6	11.04
메르스 코로나 바	1.52	14	8	11.01
코로나19(렘데시	0.65	2	1	10.84
유전자 치료제/분	1.95	18	10	10.78
슈퍼박테리아	2.34	9	1	10.08
K-뉴딜지수(바이	1.69	9	0	9.78
바이오시밀러(복	3.01	17	1	9.42
면역항암제	2.24	21	5	9.19
치매	2.79	34	8	8.91

종목명	현재가	전일대비	등락률	봉차트	기간수익률	거래량
진원생명과학	18,650 ▲ 4,300	29.97		40.21	10,230,045
진매트릭스	16,700 ▼ 200	1.18		35.63	1,514,609
씨젠	180,900 ▲ 4,400	2.49		27.88	673,396
유바이오로직스	30,550 ▲ 3,650	13.57		26.47	7,506,392
바디텍메드	22,800 ▲ 300	1.33		25.60	1,175,907
엑세스바이오	18,950 ▲ 350	1.88		22.49	1,929,273
옵티팜	12,500 ▲ 1,050	9.17		18.00	434,542
수젠텍	20,800 ▼ 300	1.42		17.31	967,087
캡지노믹스	23,050 ▼ 200	0.86		16.05	657,832
SK바이오사이언	138,000 ▲ 6,000	4.55		16.00	1,185,663
미코바이오메드	11,900 ▲ 50	0.42		15.90	851,038
녹십자홀딩스	37,700 ▲ 500	1.34		13.66	302,817
바이오니아	19,000 ▲ 200	1.06		13.42	527,599
씨티씨바이오	7,710 ▼ 20	0.26		12.71	346,607
아이진	20,800 ▼ 4,100	16.47		10.82	1,619,478
일양약품	35,600 ▲ 750	2.15		10.52	291,948
녹십자	361,500 ▲ 21,500	6.32		10.25	119,176
한미약품	346,500 ▲ 4,500	1.32		9.67	63,625
바이오리더스	5,200 0	0		9.62	132,348

　섹터별 차트를 보면 지금 시기에 어떤 섹터가 좋아지고 있는지 알 수 있다(3-176). 테마 차트를 보면 어떤 테마가 형성되어 있는지 알 수 있다. 다양한 차트 검색을 통해 섹터별·테마별·종목별 현재 상황을 판단할 수 있다. 자신이 매매하고자 하는 상황(어떤 투자자는 급락하는 주식을, 어떤 투자자는 급등하는 주식을, 어떤 투자자는 추세 상승 중 눌림목을 주는 주식을 거래하고자 할 것이다)에 맞는 주식을 골라낼 수 있다. 그렇게 선정한 주식을 자신의 관심 종목으로 매매 풀에 넣어둔다. 그 주식들 중 이 책에서 공부한 매수 및 매도 신호가 발생할 때 거래한다. 미리 준비한 종목이 아닌 경우에는 상승과 하락의 이유, 상승과 하락의 강도, 거래원의 성향 등에 대한 판단이 부족하기 때문에 실수할 수 있다. 매일 검색을 할 필요는 없다. 전문가들도 일주일, 적어도 한 달에 한 번씩은 차트를 통한 종목 검색을 하여 관심 종목을 발굴한다.

박병창의 돈을 부르는
매매의 기술

초판 1쇄 발행 2021년 5월 14일
초판 18쇄 발행 2024년 6월 14일

지은이 박병창
펴낸이 김선준

편집이사 서선행
편집1팀 임나리, 이주영
디자인 김세민
마케팅팀 권두리, 이진규, 신동빈
홍보팀 조아란, 장태수, 이은정, 권희, 유준상, 박미정, 박지훈
경영지원 송현주, 권송이   외주 편집 공순례   외주 디자인 김영남

펴낸곳 (주)콘텐츠그룹 포레스트   출판등록 2021년 4월 16일 제2021-000079호
주소 서울시 영등포구 여의대로 108 파크원타워1 28층
전화 02) 332-5855   팩스 070) 4170-4865
홈페이지 www.forestbooks.co.kr
종이 (주)월드페이퍼   출력·인쇄·후가공·제본 한영문화사

ISBN 979-11-91347-18-0 (03320)

㈜콘텐츠그룹 포레스트는 독자 여러분의 책에 관한 아이디어와 원고 투고를 기다리고 있습니다. 책 출간을 원하시는
분은 이메일 writer@forestbooks.co.kr로 간단한 개요와 취지, 연락처 등을 보내주세요. '독자의 꿈이 이뤄지는 숲,
포레스트'에서 작가의 꿈을 이루세요.